Se não amássemos tanto assim...

Américo Simões
Ditado por Clara

Se não amássemos tanto assim...

Barbara

Revisão
Sumico Yamada Okada

Capa e diagramação
Meco Simões

Foto capa: Louis Moses/Latinstock/Corbis

Quarta Edição 2014/2015

Dados Internacionais de Catalogação na Publicação (CIP)
(Câmara Brasileira do Livro, SP, Brasil)
Garrido Filho, Américo Simões
Se não amássemos tanto assim / Américo Simões. -- São Paulo:
Barbara Editora, 2014.

1. Espiritismo 2. Romance espírita I. Título.

08-0616   CDD-133.93

Índices para catálogo sistemático:
1. Romances espíritas: Espiritismo   133.93

BARBARA EDITORA
Rua Primeiro de Janeiro, 396 – 81
Vila Clementino – São Paulo – SP – CEP 04044-060
Tel.: (11) 5594 5385
E-mail: barbara_ed@estadao.com.br
www.barbaraeditora.com.br

Todos os direitos reservados.
Nenhuma parte desta obra pode ser reproduzida ou transmitida por qualquer forma
e/ou quaisquer meios (eletrônico ou mecânico, incluindo fotocópia e gravação) ou
arquivada em qualquer sistema de banco de dados sem permissão expressa da
Editora (lei n° 5.988, de 14/12/73).

Amar é um deserto e seus temores...
Djavan

Para o sempre alerta
Julio C. A. Sesma da Cruz

Primeira Parte

1 - Entre o amor e a dor..09
2 - O despertar de uma grande paixão...........................13
3 - Em nome do amor...21
4 - Preciso dizer que te amo...29
5 - Entre o ciúme e o desejo...36
6 - Um grande dia..48
7 - Quando a vida diz não...54
8 - Face a face com o destino.......................................62
9 - Explode coração...70
10 - O nascimento do filho tão almejado........................84
11 - Sob um céu de saudade...93
12 - Só por Deus..104
13 - A hora mais triste, a hora do adeus......................116
14 - Depois de ter você..126
15 - O amor que não morreu.......................................141
16 - Um recado dos céus..152
17 - Um coração perturbado.......................................168
18 - Haja o que houver, eu sempre vou te amar...........185

Segunda Parte

1 - Sob a luz de Rá..200
2 - O despertar de um grande amor.............................210
3 - Choque de paixões...224
4 - Toda ilusão leva à desilusão..................................234
5 - Voltas que a vida dá...243
6 - Entre o deserto e um céu de incertezas..................251
7 - Luzes na escuridão...262
8 - A hora da verdade..272
9 - Sonhos que se realizam..283
10 - Suas verdades o tempo não apaga........................308
11 - Sob a luz do perdão..316
12 - A luz nasce na escuridão.....................................329
13 - O amor venceu...336
14 - Se não amássemos tanto assim.............................343
15 - 80 anos depois...363

Reflexões

Primeira parte

Ouvi um toque na porta
Pensei ser o vento querendo entrar para me refrescar
Pensei ser o tufão para me fazer rodopiar
Pensei ser o terremoto para me tirar da rigidez
Pensei ser um maremoto para me levar pelos 7 mares
Mas ao abrir a porta, encontrei a paixão e eu jamais poderia imaginar
o que ela seria capaz de me causar...
Teria sido melhor jamais ter descoberto...
Ah! Se eu não tivesse aberto a porta...
Ah... Se eu não tivesse amado tanto assim...

Hazem

1
Entre o amor e a dor...

O pequeno Tait, filho de Solovar, um dos melhores embalsamadores do Egito na época de 3388 a.C., encontrava-se com o pai dentro da Câmara do Embalsamamento enquanto este executava seu primoroso trabalho. Era proibida a entrada de crianças no local, mas Solovar não considerava a presença de uma criança ali como uma afronta aos deuses.

– Larga isso, Tait. – gritou Solovar, ao ver seu filho mexendo no rolo de ataduras.

O menino olhou para o pai, que tinha no mínimo uns trinta centímetros mais do que ele e perguntou:

– Qual dos deuses é o maioral, meu pai?

O pai olhou para o filho, perplexo, deveras surpreso com sua sapiente pergunta. O menino soltou um suspiro repentino. Um suspiro de impaciência como se o pai estivesse demorando tempo demais para dar-lhe a resposta.

– Todos os deuses são maiorais, meu filho. Anúbis, deus que encaminha a vida eterna. Set, deus do deserto e das mazelas humanas. Hórus, o deus com cabeça de falcão, protege o Egito da barbárie. Afasta o mal. Maat, a deusa da verdade e da justiça. Toda ação do homem egípcio é pautado no conceito de Maat. Até mesmo a vingança só é feita se ela for considerada justa por Maat. Ísis, a deusa da fertilidade.

A grande mãe. Amon-Rá, o deus Sol, que nutre o homem durante a vida. Ptah, o criador da forma humana e de todas as coisas. Osíris, o juiz da vida e da morte. Rá, o deus da existência e da vaidade humana, entre outros...

Por diversos momentos Solovar pensou que o filho, assim como toda criança, desistiria de ouvir sua explanação e partisse em busca de algo mais moleque de se fazer, mas não, o garoto ouviu o pai atentamente até o fim. Quem se cansou foi Solovar.

– Agora, vai brincar um pouco que preciso terminar meu trabalho.

Tait assentiu com a cabeça e procurou algo para se entreter. Com o rosto enrugado de cansaço, Solovar terminou seu trabalho quando o sol já havia se posto. Ficara tão atento à execução de seus afazeres que não se deu conta de que o silêncio fora sua única companhia nas últimas horas. Ao cair em si, achou estranho que o filho ficara sem dialogar com ele por tanto tempo. Não era típico de sua natureza. O egípcio correu os olhos por todo o aposento à procura do menino, mas nem sinal dele.

– Tait, onde estás tu? Tait?! – chamou o homem, mas tudo o que ouviu foi o eco da própria voz.

Imediatamente, Solovar se pôs a procurar o menino.

– Aonde foi parar aquele pestinha? – perguntava o embalsamador às paredes enquanto verificava cada fresta, cada canto dos cômodos que compunham a Câmara do Embalsamamento. Mas nada, misteriosamente Tait parecia ter evaporado do recinto.

O pai começou a suar em profusão, tamanha era sua aflição para encontrar o filho que tanto amava. Tornando a impor a voz, chamou pelo garoto. Logo estava berrando, mas o silêncio continuava mortal, o que começou a incomodar drasticamente Solovar, que logo se viu açoitado por uma sensação de perigo iminente, angústia e desespero.

Então algo prendeu seus olhos. Um dos sarcófagos estava fechado o que não deveria estar; o coração do pobre homem pareceu parar naquele instante. Sem pensar, cravou as mãos sobre o tampo, ao mesmo tempo em que de sua garganta atravessava um grito rouco e trincado de horror.

– Não! Pelos deuses, não!

Os olhos de Solovar pousaram no filho que, brincando, havia se prendido dentro do ataúde e morrera asfixiado. Ele caiu num pranto desesperador. Abraçou o menino com força como se o abraço fosse capaz de lhe devolver a vida, enquanto dizia palavras desconexas ao léu, numa língua que ele próprio desconhecia.

Seus apelos caíram em ouvidos surdos. A dor que sentia era bem mais profunda que todas as que já provara na vida. Até a lança que lhe perfurara numa batalha quando jovem e o deixara entre a vida e a morte não fora tão dolorida quanto aquele momento. Solovar fechou os olhos e suplicou aos deuses que devolvessem a vida ao filho. Não era justo, era apenas um menino, inocente, que tirara a sua própria vida com uma brincadeira impensada. Merecia ser poupado.

O pai ficou ali sobre a criança a chorar convulsivamente, a perder o tempo de vista. Quando caiu em si, os olhos vermelhos pelo pranto ardiam não mais de dor pela morte do filho, mas de ódio, um ódio profundo. Voltando o olhar para a pintura dos deuses sobre a parede, desabafou:

– Fui sempre um homem bom, dediquei minha vida, meus pensamentos, minhas ações a vocês e mesmo assim não foram capazes de proteger uma criança inocente? Meu filho?

Ele bufou:

– Posso arder no mundo dos mortos, mas jamais, ouçam-me bem, jamais me terão a seus pés novamente! Jamais! A partir de hoje, eu serei um outro homem. Irei para as batalhas tirar sangue dos inimigos, matarei os bandidos, os desalmados, os puros e os impuros se for preciso, pois vocês me revoltam, por vocês nada tenho mais, senão asco...

Solovar enxugou o rosto encharcado de lágrimas nas costas do braço direito, pegou o filho sem vida nos braços, e deixou a Câmara do Embalsamamento, como se carregasse consigo a maior dor do mundo.

Como prometera aos deuses, Solovar, daquele dia em diante, mudou totalmente sua personalidade, buscou com todo esforço que lhe ia na alma, o pior que havia dentro de si para por para fora, tornou-se um soldado do faraó* e anos depois, o general do Exército.

---

*Nossa história precede o período dinástico em que o rei passou a ser chamado de faraó. No entanto, chamo o rei de faraó por estarmos mais familiarizados com a descrição quando se fala em Egito antigo. Nessa época os egípcios chamavam sua pátria de Kemet = "terra preta". Chamo de Egito pela mesma razão. (Nota do autor.)

2
O despertar de uma grande paixão...

As águas acinzentadas do Nilo mantinham-se serenas e majestosas naquela tarde do primeiro mês do verão. Era para lá que o jovem Hazem punha sua atenção naquele instante. Sua visão era capaz de adentrar a superfície do rio e mergulhar nele, contemplando o seu denso e curioso interior. O Nilo o fascinava, sempre o fascinara. Se os deuses haviam possibilitado haver vida na Terra, o Nilo era o responsável por manter essa vida sobre ela. O Egito em si provinha do rio, vivia por ele, era sustentado por suas águas. O Nilo era seu coração, pulmão e sangue. O Egito em si lhe devia respeito tal como a um dos deuses.

Hazem era o filho primogênito de Tantanuit, o líder do Egito na época. Uma espécie de faraó e era seu único filho homem.

O herdeiro do trono acabara de completar sua décima sétima primavera. Sua feição era serena, seus traços bonitos, os olhos de um preto profundo, assim como seu cabelo que ele mantinha sempre raspado. Seus modos eram refinados.

Hazem foi despertado de seu estado contemplativo pela voz de Ankh, amigo por quem tinha profunda e sincera admiração.

– Hazem, meu bom Hazem, meditativo como sempre, meu irmão?!

O príncipe adolescente saudou o amigo com um sorriso carinhoso. Ankh sentou-se ao seu lado e juntou-se a ele no silêncio contemplativo da bela vista do Nilo.

A intimidade e o carinho entre os dois rapazes era tanta que ambos se chamavam de irmão. Mesmo não tendo o mesmo sangue correndo em suas veias, sentiam como se tivessem.

Ankh era um jovem da mesma compleição de Hazem. Dono de uma elegância sóbria, possuidor de uma expressão alegre e risonha. No entanto, Hazem era incapaz de se manter o mesmo diante de uma mera poça de sangue, vomitava compulsivamente se não fosse tirado dali rapidamente, o mesmo ocorria se visse um corpo ferido, ensanguentado. Ankh não! Era forte e capaz de costurar a pele perfurada de um ser humano sem náusea. Foi assim que descobriu que seu destino era ser médico. E era para isso que vinha estudando com afinco.

Os dois jovens se conheciam desde os tempos de escola. Sendo Hazem o filho do faraó, uma divindade, os estudos começaram cedo para ele. Aos cinco anos de idade já frequentava a escola. O mesmo ocorreu com Ankh, por seu pai desempenhar as funções de chefe do Estado-Maior para o faraó.

Ambos aprenderam a ler e escrever juntos. Ankh ainda guardava na lembrança a emoção que sentiu quando os dois, após muito treino, foram autorizados a copiar num bom papiro intacto, não apenas um trecho, mas uma obra completa dos exercícios aplicados.

Ankh podia também visualizar com nitidez a caixa e os cálamos, contendo as tintas que usavam para escrever.

Ah, dos primeiros anos de estudo, Ankh lembrava-se com alegria. Do pão e da bilha de cerveja que sua mãe lhe preparava para levar em seu cesto para a escola. Das peripécias que aprontava nas suas idas e vindas de lá, envolvendo brincadeiras e brigas com seus companheiros.

Ankh estava sempre pronto a defender Hazem como se fosse ele o responsável mor pelo amigo. Não o protegia por ser ele o filho do faraó, mas por ter um amor imensurável e inexplicável por ele. Algo que só os deuses poderiam explicar, segundo Ankh.

A cada ano que se passava, novas descobertas. Não era o mundo que os engolia e sim eles que estavam dispostos a engolir o mundo, tudo o que acontecia, havia uma curiosidade visceral e um prazer por descobrir e aprender se não por completo, ao menos um pouco daquilo que o mundo lhes tinha a oferecer.

Ankh ainda podia se lembrar, com nitidez, de como Hazem ficou maravilhado ao descobrir a habilidade com que um artesão manejava suas ferramentas de cobre sobre a madeira extraída das árvores naturais do próprio Egito como a acácia, a alfarrobeira e o zimbro. E as muitas horas que os dois passavam admirando os artesãos fazendo seus belos trabalhos em madeira.*

Outro fato memorável foi quando os dois, já adolescentes, decidiram acolher um dos passatempos mais populares dos egípcios: a pescaria.

Especialmente porque um jovem pescador despertava o encanto nas mulheres.

"Queres encantar uma rapariga torna-te um bom pescador, toda moçoila encanta-se com a habilidade que os rapazes têm com o arpão", dizia-se.

Verdade. Logo eles se encantaram ao se verem admirados pelas jovens e tomando conhecimento da arte da sedução e do prazer que ela causa no interior do ser humano, principalmente dos adolescentes.

A pescaria encantou tanto os dois jovens que ambos quiseram experimentar as muitas maneiras de pescar. Desde a pesca solitária, onde o pescador instalava-se com as suas provisões numa pequena barca fabricada com caules de papiro e cordas confeccionadas com fibras da mesma planta num lugar tranquilo, até a pescaria com redes em forma de garrafa, ou redes bicompartimentadas, que eram mergulhadas nos charcos pouco profundos e puxadas com sábia destreza para a margem do rio.

---

*A carpintaria surgiu no Egito por volta de 3500 a.C., época em que as ferramentas estavam suficientemente desenvolvidas para esse trabalho. (N. do A.)

Nada despertou mais a atenção dos dois meninos do que o esforço dos pescadores para impedir que o synodonte, peixe ágil e vigoroso, que tinha por hábito saltar para fora da rede quando esta era tirada d'água, regressasse ao seu domínio. Era preciso que o pescador fosse ágil e vigoroso tanto quanto o peixe para agarrá-lo no salto antes de ele saltar para o rio novamente.

Os meninos também ficavam encantados com o enorme latés, peixe grande de longa cauda, que ao ser levado pelos pescadores pendurado num pau, varria o chão com a sua cauda.

As primeiras vezes em que os dois pescaram seus primeiros claris*, foram deveras hilariantes. Era de hábito matar a presa com golpes de maço. Ao tentarem, se desequilibravam, muitas vezes indo ao chão, o que lhes provocava gargalhadas.

– Um pescador que se preze pesca nos pântanos do Egito! – desabafou Hazem, certo dia.

De fato, nas regiões mais pantanosas, ao norte do país, estavam os pescadores mais hábeis. Hábeis por ser também o ofício deles.

– Pescar no pântano infestado de crocodilos não deve ser nada prazeroso de se ver e estar – observou Ankh.

– Às vezes temos de enfrentar nossos medos. Fazer o que é preciso. Não podemos deixar que o medo nos escravize aos seus pés – tornou Hazem, seriamente.

– Onde ouviu isso?

– Ouvi um dos professores dizendo.

Ankh refletiu a respeito.

Outro fato marcante e também divertido se deu quando eles, aos doze anos de idade, avistaram uma nuvem de codornizes voando pelo céu.

Estes pássaros chegavam ao Egito em nuvens espessas e eram tidos como uma praga para os egípcios, pois podiam devastar os campos ceifados. Para protegerem as plantações, os agricultores criaram

*Claris: espécie de peixe encontrado no Nilo. (N. do A.)

algumas formas para afugentá-los. A mais usada era colocar panos sobre o campo ceifado, pois eles se agitavam bruscamente causando pânico nas codornizes, que alvoroçadas se batiam contra as redes postas ao redor.

As codornizes em massa pareciam uma nuvem negra errante. Ao ver o pavor que elas provocaram em Hazem, Ankh resolveu brincar com o amigo-irmão. Contou-lhe que aquilo no céu, ou seja, aquelas nuvens espessas de aves, eram na verdade manifestações de espíritos maus condenados a errar pelos céus à deriva, e que se eles ou qualquer outro egípcio não se protegessem, esses espíritos cairiam sobre eles, causando-lhes a morte e a degradação do corpo e da alma pela eternidade.

Hazem acreditou piamente nas palavras do amigo, e desde então, toda vez que avistava uma migração de codornizes, o jovem príncipe se apavorava e procurava desesperadamente se esconder.

Ankh divertia-se interiormente, mal podia acreditar que Hazem acreditara numa história tão tola como aquela. Chegou a pensar, mais tarde, que o amigo-irmão tivesse alguma disfunção na vista para não perceber que se tratava apenas de um bando de pássaros a voar pelos céus.

Certo dia, Ankh, invadido de pena por fazer isso com Hazem, contou-lhe toda a verdade. Se não fosse isso, possivelmente, Hazem teria atravessado bons anos de sua vida, acreditando que a massa de aves era um aglomerado de espíritos do mal a voar pelos céus.

Jamais teria passado pela cabeça do jovem príncipe que ele, Ankh, pudesse ter inventado tudo aquilo e com tanta naturalidade de uma hora para outra e por brincadeira.

Ao saber a verdade, Hazem não ralhou com o irmão, ao contrário, elogiou-o por sua criatividade e o aconselhou a escrever contos e estudar artes cênicas.

Diante do Nilo, Hazem e Ankh continuavam imersos num abençoado silêncio contemplando o majestoso rio.

– No que estás pensando? – perguntou Hazem quebrando o silêncio.

– Lembrando quando nos atrevemos a pescar – respondeu Ankh, saudoso. – Foi tão divertido!

O príncipe riu.

– Tu sempre gostaste de recordar as coisas do passado.

– Recordar é viver – confessou o amigo com alegria. – É um dos meus passatempos favoritos.

– Acompanha-me. As festividades estão prestes a começar – disse Hazem, pondo-se de pé, repentinamente.

Ankh aceitou o convite de prontidão.

Aquele era o período do ano em que se celebrava a vida e os deuses. Aquele dia em especial, tanto o faraó como seus súditos, tanto Hazem quanto Ankh veriam, pela primeira vez, a apresentação de um grupo teatral vindo de Mênfis.

Hazem e Ankh tomaram seus lugares no teatro improvisado e a peça* logo teve início, prendendo de imediato a atenção de todos ali. Em especial de Hazem.

Ao contrário de Ankh e dos demais, não era a peça em si que prendia a atenção do filho do faraó e sim uma de suas atrizes. Jamais vira uma moça com tamanha beleza em toda a sua vida.

Os olhos com cílios pretos protuberantes pareciam ser mágicos como os da própria Ísis. Os lábios eram finos, algo incomum para uma mulher egípcia, e a cútis era de um bronzeado dourado, parecia até de um dourado metálico.

Ela se movia com graça e sutileza. Seus gestos eram de uma feminilidade encantadora. Não havia um trejeito sequer masculino. Ela era pura feminilidade. Uma criatura virtuosa.

A certa altura, Hazem teve a impressão de que a atriz o observava em meio a sua dança exultante. "Será? Teria ela o visto pelo mesmo halo de fascínio em que ele a via?", indagou Hazem aos deuses.

---

*As apresentações teatrais eram sempre ligadas aos deuses e não ao homem. Representava-se o nascimento dos deuses acompanhado de danças guiadas pela deusa Bastet, deusa da arte e da dança. (N. do A.)

Talvez fosse só impressão, mas no íntimo ele queria que ela entrasse na sua frequência e o quanto antes melhor, pois algo lhe dizia que ele acabava de encontrar a mulher de sua vida. A futura esposa do futuro faraó do Egito.

Assim que a peça terminou, Hazem agarrou firme no braço de Ankh e falou exaltado, sem esconder o fascínio:

— Tu a viste?

— Quem? – respondeu Ankh surpreso.

— A jovem atriz...

Ankh jogou a cabeça para trás num sorriso espontâneo:

— Que danado... eu pensando que tu estivesses prestando atenção na peça e, na verdade, estavas atento às formosuras de uma mulher.

— Ankh, jamais vi uma mulher como aquela. Jamais! Indescritível!

— Pelos deuses, Hazem, jamais te vi assim! Pareces em transe!

— Foram os deuses que me fizeram vir aqui hoje! Eu sinto isso!

Ankh maravilhou-se ainda mais com a empolgação do amigo-irmão.

— Ankh. Eu sabia!

— O quê?!

— Sabia que algo estava prestes a acontecer... Foi Ísis, a poderosa Ísis quem me enviou o sinal.

— Hazem... Hazem... do que falas?

— Há dias venho me sentindo introspectivo. Com uma sensação esquisita a me rondar. A princípio, pensei tratar-se de alguma força do mal, mas agora compreendo que não. Agora sei que era um sinal enviado por Ísis a respeito deste encontro. Do meu encontro com esta mulher.

— Nossa! Eu nunca te vi assim antes. Esta mulher te enfeitiçou!

— Preciso conhecê-la, Ankh. Antes que parta. Eu jamais vi tanta beleza... os olhos... creio que ela me olhava também com o mesmo fascínio.

— Acalma-te, Hazem. Não te precipites, meu irmão. Tu serás o futuro faraó, Hazem, e a mulher que escolheres para ser tua esposa será a esposa do faraó e...

– O que queres dizer com isso?

– Quero dizer que... – Ankh preferiu não dizer o que pensou, seria inconveniente, então, continuou: – se tu pressentiste a chegada dessa mulher é porque os deuses a escolheram realmente para ser a esposa do futuro faraó.

Os olhos escuros de Hazem se iluminaram naquele instante, enquanto linhas de preocupação se formaram na testa de Ankh. Mas seu amigo-irmão estava tão alegre que a expressão de Ankh lhe passou despercebida.

Os dois amigos mal tinham tomado o caminho que levava ao "camarim improvisado" do grupo teatral, quando um servo do palácio se interpôs no caminho deles com espalhafato e disse:

– Meu senhor, sua irmã...

Não foi sequer preciso completar a frase. Hazem soube imediatamente que algo de ruim havia acontecido com Samira, sua irmã. O jovem mudou de planos e partiu, estugando os passos, acompanhado de Ankh rumo ao palácio.

A atuação da atriz que tanto fascinou aquele jovem de apenas dezessete anos de idade naquele dia fora plenamente agradável e normal, mas, a partir daquela data, suas representações adquiriram tamanha luminescência e profundidade, que ninguém conseguiu explicar o porquê, só ela no íntimo sabia a verdadeira razão: paixão... paixão à primeira vista. Ela também se encantara por Hazem. Encantara-se por ele, profundamente.

3
Em nome do amor...

Hazem e Ankh entraram no palácio feito um raio e seguiram imediatamente para os aposentos de Samira.

Ao sentir que o ambiente estava carregado e fúnebre, o jovem príncipe sentiu uma fisgada dolorida no peito e acelerou ainda mais os passos, logo estava a correr.

Hazem irrompeu o quarto da irmã como uma flecha e ao vê-la estirada, imóvel, sobre seu leito, petrificou-se de dor.

A febre escaldava sem dó as faces e os olhos de Samira, dando-lhe uma aparência esquálida e desfigurada. A respiração era lenta e pesada, parecendo estar por um fio.

O médico-sacerdote, auxiliado por uma criada, trocava, na ocasião, os panos molhados no azeite.

Ao redor dela havia muitos amuletos sagrados de ouro para protegê-la e espantar todo o mal que a contaminara.

Diante da irmã amada, Hazem se ajoelhou e com carinho massageou seus braços. Não demorou muito para que ele se sentisse doente como Samira. Por amá-la tanto, sofria na alma toda vez que ela adoecia.

Notando-lhe o rosto afogueado, a mãe veio até ele e acariciou sua cabeça a fim de confortá-lo.

Era sofrido para ela, como mãe, ver a filha naquele estado deplorável de saúde e o filho amargurado pela doença da irmã adorada.

Babeth era o nome da esposa do faraó e mãe de Hazem e Samira. Aos 33 anos ainda era uma mulher forte e viçosa cuja maquiagem carregada, que as mulheres egípcias usavam na época, acentuava divinamente seus traços faciais.

– O que dizem os médicos, mãe? – perguntou o filho, arrasado.

A mãe engoliu em seco antes de responder.

– Estão fazendo o possível para salvá-la, Hazem.

– Que façam o impossível, o impossível – deblaterou ele lacrimoso. Com a ajuda de Ísis, eles hão de salvar nossa adorada Samira, hão de impedir que sua vida seja interrompida por essa doença do mal.

Hazem baixou o olhar e se pôs a orar ali mesmo, ajoelhado ao pé da cama da irmã. A mãe o acompanhou na oração. Ankh ficou só a olhar.

Assim que Hazem se viu a sós com a mãe, perguntou:

– Não estás triste assim somente por causa de Samira. Algo mais a está perturbando.

– É impressão tua, meu filho.

– Há tempos que andas triste...

– Impressão tua Hazem, imaginas...

– Podes esconder de mim o que for, minha mãe, mas não dos deuses. Converse com Osíris e ele te guiará na solução do que te aflige!

A mãe esboçou um sorriso e por instantes seu rosto triste e preocupado deu uma trégua.

Não era preciso que a mãe dissesse o que a afligia, Hazem sabia bem. Era a indiferença no olhar, nas atitudes e na presença com que seu pai, Tantanuit, o faraó, tratava a esposa. Mas sua frieza não se estendia somente a ela, como Babeth acreditava. Ele tratava todos daquele modo, como se fosse um deus onipotente e megalomaníaco.

Tantanuit só pensava nele durante todas as fases do ano, não via nada além de seu umbigo, era dominado e guiado por seu ego. Ele,

Hazem, não, procurava ver os outros, suas necessidades, seus sentimentos, bem como o Egito em si.

Hazem pensou em deixar o palácio ainda que fosse noite para ir atrás da atriz que vira naquela tarde e que se alojara em seus pensamentos, porém, por mais que latejasse a vontade de conhecê-la, Samira era prioridade no momento. O dever de um irmão era dedicar-se aos irmãos tal como um anjo tutelar. E quanto mais presente esse anjo estivesse ao lado do ente querido adoecido, maiores as chances de ele melhorar.

Arpad, o escriba de confiança do faraó, ao ser informado do estado delicado de saúde da jovem Samira, foi até o palácio oferecer seus auxílios. Ambos não escondiam de ninguém o amor infindável que sentiam um pelo outro. Um amor sem limites.

Com a permissão dos médicos e do príncipe-irmão, Arpad pôde entrar no quarto para ver a mulher amada. Ele arrojou-se ao lado da cama ocupada por ela, segurou sua mão sem vida, apertando-a delicadamente, para que ela soubesse que ele estava ali, ao seu lado, com todo o seu amor, rogando aos deuses por seu restabelecimento.

"Que Ísis ajudasse Samira contra aquele desagradável morbus", rogava o fiel escriba, incansavelmente.

Na manhã do dia seguinte, Hazem estava novamente às margens do Nilo, desta vez, porém, com os pensamentos voltados para Hórus suplicando-lhe que curasse a irmã, antes que fosse tarde.

Seus apelos foram dispersos ao avistar o barco real singrando pelo Nilo. Não demorou muito para que avistasse a silhueta imponente do pai diante da embarcação.

Tantanuit era um homem alto, em plena forma física, com ares de importância e de autoridade.

O rosto era diferente da compleição do filho. Hazem herdara os traços da mãe. O pai parecia ter herdado os traços de si próprio. Seu tom de voz era proeminentemente alto, dominante e insolente. Raramente variava de tom.

Como na maioria das vezes, a visão do pai inquietou-lhe o coração. Saberia ele que a filha estava doente em estado grave? Provavelmente sim, mas, como sempre, não mudara em nada sua rotina. Continuava cego, surdo e mudo para com o próximo. Aquilo irritava Hazem, irritava-o profundamente.

Sua irritabilidade se desfez quando a lembrança da bela moça de cílios longos e pretos despontou em sua mente novamente, fazendo-o sentir um frêmito de emoção em seu corpo todo. Precisava vê-la, vê-la a qualquer custo, antes que partisse.

Quando Hazem regressou ao quarto da irmã naquela tarde, encontrou Samira agitando as pálpebras. Ajoelhou-se ao lado da cama, trazendo consigo um sorriso de felicidade por vê-la se recuperando. Os lábios de Samira se moveram, tentando falar alguma coisa. Hazem curvou-se mais para perto dela e disse com sinceridade:

– Minha irmã, minha estimada e querida irmã. Não sabes o quanto me fazes feliz em ver-te em plena convalescença.

Hazem não conseguiu conter as lágrimas emocionadas que logo começaram a riscar seu rosto.

Samira, então, falou num murmúrio rouco:

– Hazem, meu irmão, eu te amo. Te amo muito, nunca te esqueças disto.

– Não me esquecerei.

Hazem deixou-se abater no tapete e colou os lábios nas mãos delicadas da irmã.

– Ísis apareceu em meus sonhos várias vezes, meu irmão, e pediu-me para dizer-te algo muito importante.

Tamanha era a sua comoção que ele, sem perceber, cortou o que a irmã tinha a lhe dizer.

– Ísis nos protege, Samira. Permitiu que ficasses para poder casar com teu homem amado e gerar teus filhos. Tu te casarás e serás muito feliz, muito feliz, Samira. Arpad precisa ser informado a respeito da tua recuperação. O pobre coitado está abalado, abaladíssimo. Está coberto de olheiras profundas de tanto chorar e atravessar a noite em claro, orando por teu restabelecimento. Ele te ama.

— Eu o amo também, Hazem. Como amo a ti.

— Como Ísis nos ama!

Ao deixar o quarto, Hazem parou rente ao peitoril de um dos corredores abertos do palácio de onde podia se avistar o Nilo e o pôr-do-sol. Agradeceu aos deuses pela recuperação da irmã tão amada. Nesse momento então, a atriz que fez seu coração bater mais forte despontou no céu dos seus pensamentos. Chegara a hora de seguir ao seu encontro e assim ele fez. Seguiu eufórico por todo o caminho que levava ao local onde o grupo teatral se apresentara, mas para sua decepção, o grupo já havia deixado a cidade.

Foi difícil para ele acreditar no que ouvia. Como o grupo teatral partira da cidade assim tão rápido sem lhe dar tempo de trocar com a jovem atriz ao menos meia-dúzia de palavras?

Taciturno, Hazem caminhou para fora do lugar, arquejando violentamente. Parecia ter ficado submerso na água por um longo e desagradável tempo. Buscou no ar fresco um lenitivo para sua angústia.

Ao avistar o céu colorido com diversos tons de azul, lilás, amarelo, voltou seus pensamentos para a deusa do amor, Ísis e implorou a ela que lhe permitisse encontrar a jovem atriz que tanto o encantara, que guiasse seus passos até ela.

Por todo o trajeto que o levava de volta ao palácio, olhos incômodos percorriam cada jovem passante que cruzava seu caminho, na esperança de ser uma delas, a atriz encantadora.

Uma coisa era certa, se os deuses permitiram que o caminho dos dois se cruzassem, eles haveriam de conceder-lhes um reencontro.

Naquela noite, Hazem dormiu pela primeira vez em companhia da saudade.

***

Acontecimentos cotidianos e imprevistos retardaram a decisão de Hazem de partir atrás da companhia de teatro em que a atriz trabalhava. Mas a fé inabalável de que os deuses o fariam reencontrar a encantadora mulher, aquedou seu coração.

No oitavo dia do segundo mês de verão, Hazem e Ankh seguiram de barco pelo Nilo até Mênfis. Tratava-se apenas de uma viagem de passeio. Entraram na cidade animados, a passos lépidos.

– Pode ser hoje, Ankh, pode ser hoje que eu a verei outra vez – comentou Hazem, com a esperança à flor da pele.

– Ainda não tiraste aquela mulher da tua cabeça, meu irmão?

– Não. Penso nela todo dia, toda hora!

– Que paixão!

– Não sei se é, só sei que me conforta trazer o rosto dela à memória, tranquiliza-me o coração.

– Paixão!

– Amor?

– Amor?! O tempo dirá!

– Ainda hei de encontrá-la, Ankh, tu verás!

– O que é para ser será. Se não puderam se conhecer é porque não era para ser. Os deuses assim quiseram.

– Eu a reencontrarei Ankh, tu verás!

– Há tantas mulheres a nossa disposição. Uma mais linda que a outra...

– Nenhuma é igual àquela. Tenho absoluta certeza disso. Absoluta!

– Ora...

– Estou falando sério. Tenho a certeza de que jamais verei uma mulher igual àquela em toda a minha vida!

– Minha irmã morre de amores por ti, tu bem sabes...

– Eu sei... estima-me muito os sentimentos dela por mim, Nofretiti é uma mulher bonita, mas...

– Não como aquela!

– Não é isso, Ankh, aquela linda atriz tem algo especial. Algo sobrenatural, atrevo-me a dizer. Tenho a impressão de que ela não é como as outras mulheres. Há alguma coisa nela que se sobressai. Talvez bondade. Ou consciência. Só é possível compreender as pessoas se você as sente em si mesmo. E eu não posso senti-la. Não posso, não enquanto não tivê-la junto a mim.

– Sei lá... creio que vais acabar te esquecendo dela e... Hazem... Hazem...

Ankh girou o pescoço ao redor em busca do amigo que desaparecera de seu lado, logo o avistou seguindo apressadamente à frente. Correu atrás dele chamando por seu nome.

– Hazem! Hazem, meu irmão! – gritou Ankh no seu metal de voz sonoro e agudo.

Quando ele o alcançou, Hazem disse:

– Veja Ankh, veja, é ela. A atriz...

Um riso gostoso, de pura felicidade se armou na garganta do jovem naquele instante. Ankh voltou o olhar na direção que seu amigo olhava e mesmo havendo diversas mulheres da mesma idade por lá, ele reconheceu de imediato a mulher que mexera drasticamente com o coração de seu amigo-irmão.

Sim, só podia ser ela, ele já a vira na apresentação, mas não atentamente como agora, e constatou que Hazem não exagerara ao descrevê-la, era de fato linda. Naquele momento, ele próprio chegou a mesma conclusão que o amigo, a mulher era a mais linda que já vira em toda a sua vida. O tempo pareceu parar naquele instante para os dois contemplarem a beleza rara daquela jovem mulher.

Não havia nada de especial nas roupas que ela usava, vestia-se exatamente como qualquer mulher recatada da época que saía para as compras numa tarde em Mênfis.

A moça de rosto delicado e belo sabia que estava sendo observada. Mesmo sem olhar diretamente para o rosto dos dois rapazes que a observavam com interesse descomunal, podia ver a expressão e até sentir a euforia deles. Ainda assim sentiu-se compelida a seguir seu caminho como que suas pernas tivessem adquirido vontade própria e quisessem tirá-la dali o quanto antes.

O reencontro com a jovem deixou o jovem Hazem tão efusivo que ao seguir atrás dela, esbarrou em diversas pessoas que vinham na direção contrária. Era como se todos os transeuntes ali se tivessem tornado invisíveis a seus olhos e as ruelas de Mênfis tivessem ficado desertas, ocupadas apenas por ele e a mulher que o encantava.

A jovem encantadora atriz estava passando pela frente do portão quando Hazem finalmente conseguiu alcançá-la. Diante dela, ele se paralisou. Estava suspenso no espaço, mal respirando. A moça deteve-se, surpresa. O espasmo de olhar e a expressão dele a assustaram.

O coração de Hazem acelerou o ritmo das batidas, cada vez mais irregulares e nervosas. Seu dedo indicador pairou por um instante no ar, sem saber para onde seguir, tampouco o que dizer.

– Preciso falar contigo...

A jovem pareceu terrivelmente feliz por rever o mancebo que também a encantara naquela tarde em que ele a vislumbrou pela primeira vez, mas jamais pensou que pudessem se reencontrar novamente. Jamais! No entanto, ali estavam eles unindo-se novamente como que comparecendo a um encontro marcado pelo destino, um encontro traçado pelos deuses.

4
Preciso dizer que te amo...

Hazem ficou a admirar a encantadora jovem antes de conseguir reunir as palavras. De longe, já era linda, de perto sua beleza era estonteante. Especialmente seus olhos: negros, penetrantes, de um preto cintilante e profundo como a imensidão de um céu noturno. Eram os olhos mais acolhedores e cheios de compaixão que Hazem já vira.

Os olhos e seu espírito deveriam cintilar igual, acreditava ele. Seus cílios eram tão longos e espessos que mal se podiam ver as pupilas negras. As negras sobrancelhas sobre aqueles olhos lindos, sobre aquela bela pele bronzeada também eram encantadoras.

– Meu nome é Hazem, venho de Heliópolis... – apresentou-se de modo direto.

Ao pegar a frágil e delicada mão da jovem para beijá-la, ela sumiu em meio a sua enorme e vigorosa mão.

– Te vi quando esteve em Heliópolis fazendo uma apresentação teatral para o faraó. Quis falar contigo, mas um imprevisto me impediu.

A jovem baixou os olhos embaraçada. Houve um intervalo – uma pausa prolongada antes que o jovem príncipe voltasse a falar:

– Como chamas?

Ela suspirou antes de responder. Era um suspiro lento e vicejante.

– Nebseni – respondeu ela hesitante.

A voz da jovem também encantou Hazem, era quase musical, tal como uma lira. Trazia um ligeiro sotaque – o suficiente para ser encantador, sem ser exagerado.

– Nebseni... – repetiu Hazem, irradiando o mais luminoso sorriso que dera em toda a sua vida.

Recompondo-se, falou ao que vinha:

– Quis muito te rever, pois desde que te vi não consegui mais tirar-te do meu pensamento. Creio que estou perdidamente apaixonado por ti. Acredito em absoluto que és a mulher que os deuses escolheram para eu me casar, ser minha esposa amada e mãe de meus filhos.

A bela moça fechou o cenho bruscamente, aturdida pela declaração que atravessara seus ouvidos. Seu rosto era a própria imagem da mais tênue perplexidade. Hazem percebeu o choque ao ver o sangue dela lentamente subindo para o pescoço, o rosto e a cabeça. Desculpou-se:

– Não te assustes com a minha sinceridade, mas é que o amor provoca em nós um desejo urgente de se declarar...

Desta vez as palavras tocaram a jovem até o recesso de sua alma. Ela assentiu. Sua expressão confortou o coração do jovem.

– Eu me lembro de ti – disse ela, por fim, ainda timidamente. – Jamais me esqueceria da tua face. Jamais alguém me olhara com tanto interesse e carinho como tu me olhaste naquela tarde.

Ela tornou a ficar calada, ao que pareceu a Hazem uma eternidade. Depois voltou a falar:

– Tuas palavras me lisonjeiam. Nem sei se sou digna delas.

Ele riu lindamente.

– És muito mais do que pensa... – disse apaixonado.

Nos minutos seguintes os dois caminharam até as margens do Nilo falando um pouco de cada um. A princípio, ela ainda se mostrava tímida, mas com o passar dos minutos foi se sentindo menos embaraçada, mais à vontade. Logo Hazem descobriu que tudo o que Nebseni dizia soava natural e certo.

O príncipe, encantado, aproximou-se mais da linda jovem e, tomando-lhe as pequeninas mãos morenas, disse reconhecidamente:

– Tu és encantadora.

Ela voltou a encará-lo com seus grandes olhos brilhantes, esboçou um sorriso e nada mais foi dito, apenas sentido com a alma.

Quando Ankh se uniu novamente ao amigo-irmão, Ankh caçoou dele:

– Hazem! – exclamou, tentando controlar o riso. Em vão, o riso escapou pelo nariz fazendo um barulho como se fosse um ronco. O amigo desculpou-se imediatamente, mas não conseguiu parar de rir. – Desculpe-me, meu irmão, é que nunca o vi assim abestalhado por uma mulher...

– Podes caçoar, Ankh, podes caçoar... um dia tu também te apaixonarás por uma mulher e, então, serei eu quem vai rir de ti!

O pensamento do futuro médico parou como um rato que acabara de ser preso numa armadilha.

De volta ao palácio do faraó

– Mãe! – exclamou Hazem, eufórico, ao avistá-la.

– Sim, filho.

Os dois trocaram um abraço como há tempos não trocavam. Pelo acolhimento a mãe percebeu de imediato que algo de bom havia acontecido com o primogênito.

– Parece que a vida te sorri hoje, Hazem.

– A vida me sorri todos os dias, minha mãe.

– Hoje parece que ela te sorri além do habitual.

– Tens razão.

– O coração de uma mãe jamais se engana.

Um sorriso gostoso iluminou o rosto bronzeado do filho.

– Mãe, conheci a mulher da minha vida.

Babeth não conseguiu esconder a surpresa, que logo se estampou em sua face. Jamais previu que aquela seria a verdadeira razão da felicidade que iluminava o filho.

– É a mulher mais linda que já vi desde que me tomo por gente – prosseguiu Hazem: – seu nome é Nebseni. Ela é atriz.

– Nebseni?!

– É de Mênfis.

Hazem resumiu rapidamente onde conheceu a jovem e como a reencontrou. Sua euforia deixou Babeth ainda mais surpresa. Principalmente quando ele afirmou:

– Quero pedir a mão dela em casamento o mais rápido possível.

– Não estás te precipitando, Hazem? Nofretiti, irmã de Ankh te ama tanto! É de família conhecida, por que não te casas com ela?

– Porque não amo Nofretiti. Nunca a amei.

– Estás embriagado de paixão por essa atriz, Hazem. E a paixão nos cega, ludibria-nos, faz-nos ver coisas que não existem.

– Não é paixão o que sinto por Nebseni, mãe! É amor. A-M-O-R! Na tarde em que a vi pela primeira vez, mãe, Ísis me enviou um sinal. Um sinal anunciando sua chegada, pouco antes de eu ir assistir à apresentação do grupo teatral do qual ela faz parte. Eu sabia. Sabia que algo estava para acontecer...

Babeth procurou recuperar o controle e quando se viu mais calma notou que alguma coisa havia se modificado no coração do filho, mas não sabia precisar o que era. Acreditava que mesmo que viesse consultá-lo a respeito, o próprio Hazem não saberia dizer o que mudara dentro dele, não saberia dizer o que sentia, tampouco expressar em palavras seus sentimentos.

– Estou decidido a me casar com Nebseni, mãe. – Pegando nas mãos da mãe, acrescentou: – não te preocupes, quando a conhecer pessoalmente, verás o quanto ela é encantadora, uma mulher iluminada pelos deuses.

– Só quero que sejas feliz, realmente feliz, Hazem.

– E serei, minha mãe, serei ao lado de Nebseni.

***

Uma semana depois, Hazem trouxe Nebseni para Heliópolis para apresentá-la a sua família. A entrada do jovem príncipe acompanhado da jovem atriz, que encantou o seu coração, no grande salão imperial foi triunfal.

Algo nela remetia à imagem da deusa Ísis. Todos os presentes tiveram a mesma sensação ao observá-la. Pareciam estar pela primeira vez diante de uma deusa encarnada e isso era deveras emocionante.

Nebseni mal sabia para onde dirigir seu olhar. Se para os presentes, boquiabertos ou se para a beleza do recinto. As paredes em arco com frisos e pinturas douradas sobre elas e as estátuas dos deuses esculpidas em rocha que abrilhantavam o local eram por demais lindas de se verem.

Enquanto Hazem reverenciava os pais, trouxe Nebseni pela mão um pouco mais à frente.

– Vem – disse ele pegando a mão trêmula da moça: –, nada receies, pois tudo farei para que te sintas bem em nossa morada.

Nebseni pendeu ligeiramente a cabeça para o lado, seus olhos eram vivos, porém, tímidos. Permaneceu praticamente imóvel, com um ligeiro sorriso nos lábios delicados.

As saudações foram feitas de maneira pomposa e vacilante. Todos estavam intimidados com a presença daquela mulher, mais por sua beleza do que por ela em si mesma.

Babeth admirou Nebseni impressionada com sua beleza e encanto. Tudo que ouvira sobre sua fisionomia ainda estava longe, bem distante da verdade. Era realmente uma mulher de raríssima beleza, uma beleza estonteante, de causar inveja a qualquer mulher.

O filho sempre tivera bom gosto desde criança e aquilo era a prova definitiva de seu apurado senso para a beleza. Babeth teve a certeza de que, mesmo velha, Nebseni ainda seria linda. Faraonicamente linda.

Através daqueles olhos negros circundados por aqueles longos cílios espessos, Nebseni também admirou um a um os presentes, que a encaravam com tamanha surpresa e admiração.

– Seja bem-vinda, Nebseni, seja bem-vinda à morada do rei – saudou o faraó sem conseguir tirar os olhos da moça. Tantanuit teve a impressão de que a jovem era o Nilo personificado numa mulher.

Nebseni, por sua vez, também fitava o rei com louvável admiração. Admirava-o como quem admira um dos deuses egípcios. Considerava aquele encontro como uma dádiva. Poucos tinham tal privilégio. No entanto, repentinamente, algo no olhar do faraó a perturbou, ardente rubor cobriu-lhe a face e numa atitude involuntária, Nebseni recuou o olhar, acanhada.

Hazem fingiu não notar o olhar insinuante e malicioso do pai para sua futura esposa. Era o mais sensato a se fazer a fim de evitar um desconforto familiar. Mas ele soube de imediato que o pai a desejou sexualmente e que seria capaz de roubá-la dele, de seu próprio filho e possuí-la.

De todos os presentes a única pessoa que não se deixou abalar pelos encantos de Nebseni foi Samira. Cumprimentou a futura cunhada polidamente como havia de ser, mas seu olhar sobre ela era de uma frieza suspeita.

O que perturbou Samira ela própria não sabia explicar. Talvez uma ponta de ciúme por Nebseni ser tão bela, talvez por ter percebido que Arpad, o escriba, o homem com quem pretendia se casar, ficara abestalhado com a beleza da moça. Ou talvez algo mais que ela própria, Samira, não conseguia transformar em palavras.

Nebseni estava tão emocionada por se ver ali vivendo tudo aquilo que o olhar desconfiado de Samira pareceu passar-lhe despercebido ou talvez fingira não tê-lo notado.

Será?

Naquele mesmo dia Hazem pediu o consentimento dos pais para desposar Nebseni. Como era de hábito naquela época, os pais egípcios consentiram o matrimônio. Não interferiam na escolha dos filhos. A única observação que a mãe lhe fez foi:

– Se segues o que dita o teu coração, meu filho, então teu casamento será abençoado.

O certo a seguir seria ele pedir o consentimento ao pai da noiva, mas como Nebseni fora tirada dos pais quando ainda era praticamente uma menina, este detalhe foi ignorado.

Tudo o que Nebseni fez foi sorrir, emocionada, enquanto lágrimas de alegria caíam de seus olhos lindos, soberbos.

Desde então, Nebseni ficou morando no palácio, ocupando um dos quartos de visita e aguardando o dia marcado para o casamento*.

---

*Apesar de toda a religiosidade do povo egípcio, nada existia de parecido a uma bênção nupcial no templo. Tampouco um período de noivado como no nosso tempo. (N. do A.)

5
Entre o ciúme e o desejo...

Arpad encontrava-se sentado junto ao lago artificial cercado por oleandros e jasmins em flor, dando uma pausa no trabalho quando avistou Samira vindo na sua direção. Imediatamente um sorriso com um misto de alegria e surpresa estampou-se no seu rosto.

Ele esticou sua mão direita, morena, firme e forte, até alcançar a dela e a puxou contra seu dorso vigoroso entrelaçando seus braços por seu corpo carinhosamente e a beijando com ternura. Ela então perguntou:

– Já te recuperaste, meu encanto?

Arpad arregalou os olhos, surpreso:

– De quê?

– Do encontro com a futura esposa de meu irmão.

– Nebseni?!

– Ficaste impressionado, não ficaste?

Sua face enrubesceu diante da *noiva*.

– Pelo teu estado sem graça e ruborizado percebo que sim... – completou Samira fechando o cenho. Com certa acidez na voz acrescentou: – Nebseni impressionou a todos com sua beleza. A todos, sem exceção...

– Até tu, Samira? – arriscou Arpad, com certo cinismo.

Não houve resposta, apenas um olhar desafiador e desgostoso por parte da jovem. Arpad riu gostosamente. Houve uma pausa antes que Samira interrompesse o riso gostoso com que o noivo parecia degustar com prazer:

– Algo me diz que tu e ela se conheciam...

O riso desapareceu dos lábios de Arpad dando um lugar a uma boca entreaberta de espanto:

– Nós?! Eu e Nebseni?! Ora...

– Ela vem da mesma cidade que tu, Mênfis, e pode muito

bem ter te conhecido por lá... bem antes de ela conhecer meu irmão, não é verdade?

Balançando a cabeça positivamente ele disse:

– Eu realmente não a conheço, estou certo de que jamais troquei sequer meias palavras com ela, no entanto tive a impressão... apenas a impressão, diga-se de passagem, de já tê-la visto antes! Mas não sei, nada posso afirmar. Talvez fosse uma jovem parecida com ela. De qualquer modo é um encanto de mulher... um encanto.

– Quando dizes encanto, queres dizer bonita, não é?!

Arpad enrubesceu novamente, parecendo pouco à vontade. Achou por bem resguardar sua real impressão a respeito de Nebseni para não provocar o ciúme de sua noiva. Sabia que as mulheres por mais que jurassem não ter ciúmes uma das outras, tinham e muito. Era parte integrante e imutável de sua natureza.

A verdade é que ele, assim como todos, ficou realmente estarrecido com a beleza de Nebseni. Não haveria em todo o Egito quem ficasse alheio, sem ser tocado por sua rara e imensurável beleza. Era impossível, impossível. Tudo o que ele respondeu foi:

– Sim, ela é bonita. Tanto quanto tu, meu amor.

– Tu a desejas? – perguntou ela de supetão.

– Não! É lógico que não! A mulher de minha vida és tu, Samira. És tu que Ísis escolheu para eu me casar e gerar meus filhos, Samira.

A frase saiu num fôlego só e toda cheia de emoção. Comovida Samira declarou:

– Eu te amo, Arpad! Eu te amo!

– Eu também, Samira. Eu também.

Os dois se abraçaram e se silenciaram por instantes. Após um minuto de calmaria, Arpad, sonhador, confessou:

– Um dia quem sabe poderemos morar em Mênfis.

O comentário afugentou a calmaria.

– Por quê? – Espantou-se Samira. – Pensei que gostasses de viver aqui.

– E gosto, mas sinto saudades da cidade onde nasci.

– Poderemos visitar Mênfis, vez ou outra, meu amor, mas morar lá, jamais. Tu bem sabes que não posso deixar meu irmão só aqui.

– Tu e ele são tão devotados um ao outro.

– Nós nos amamos.

– É invejável a relação entre vocês, gostaria que meus irmãos sentissem o mesmo por mim. Que tivéssemos o mesmo tipo de relacionamento que tu tens com Hazem. Que nos amássemos com a mesma intensidade, mas... nunca temos tudo na vida.

As últimas palavras atravessaram os lábios do homem de rosto rígido e belamente bronzeado sem tanta força quanto as primeiras.

Mudando de assunto, o noivo comentou:

– O faraó encarregou-me solenemente de escrever para um Gran Vizir* que por sinal mora em Mênfis.

– Escrever? Sei... – murmurou Samira, pensativa. – Tenho um sonho, Arpad. Sempre quis aprender a escrever e ler. Tu poderias me ensinar.

Surpreso com a revelação, o escriba falou baixando a altura da voz:

– Uma mulher escriba?!

– Por que não?! Há tão poucos escribas...

– É tudo quanto o grande estado precisa, Samira.

A moça de olhar penetrante e atento tornou-se séria. Disse:

---

*Gran Vizir: governador ou ministro nomeado por um soberano ou rei. (N. do A.)

– Como saberei se o que um escriba diz estar escrito num papiro é de fato o que está escrito? Como hei de saber se o que tu, Arpad, dizes estar lendo é de fato o que está escrito ali na carta ou documento?!

Arpad ficou sem graça.

– Eu sou um escriba leal e de caráter.

Samira deu de ombros e acrescentou:

– As pessoas mentem, Arpad. As pessoas mentem...

O noivo arregalou os olhos e abriu a boca perplexo com o comentário. Samira gargalhou assustadoramente.

– Nunca te esqueças disso, Arpad. As pessoas mentem.

Desconcertado, Arpad perguntou:

– Por que insistes em reforçar tal opinião?

– Por nada. Talvez porque gosto de ver-te abobalhado diante dos meus comentários.

Ela riu. Arpad ouviu uma voz mental dizer-lhe: "Samira no fundo é uma caixinha de surpresa. De tempos em tempos solta uma pérola". Com ela, ele estava certo de que haveria sempre de ter um relacionamento inovador, longe, bem longe da mesmice rotineira e enfadonha.

Os dias seguiam seu curso naturalmente enquanto Hazem devotava a Nebseni um amor ardente, isolando-se da vida ao seu redor. Ele estudava, comia, dormia e passava as horas livres devotados à mulher amada.

Nebseni tornou-se para ele o mundo todo. Ela era o Nilo e ele o Egito. O Nilo que alimenta o Egito. O Nilo onde toda a civilização crescera e se fortificara. O rio que dava vida e era capaz de alimentar até o espírito.

Era com um esforço descomunal que Hazem se afastava da mulher amada para ter aulas com seus preceptores e para continuar a participar de seus treinos de defesa pessoal, montaria e manejo de arco e flecha.

Ao ver seu tormento, Nebseni pediu consentimento aos preceptores e instrutores para poder acompanhar Hazem nos afazeres dele. Ninguém se importou com sua presença, na verdade a tinham como uma bênção, pois ao lado de Nebseni todos tinham a nítida sensação de que estavam ao lado da poderosa Ísis, encarnada no corpo de uma mulher tão linda quanto a deusa.

O sol olhava para todos atento aos pensamentos e atitudes dos moradores da Terra, enquanto Hazem caminhava com Nebseni às margens do Nilo. O lugar tornava-se deslumbrante àquela hora do dia. Ao notar a luminescência que o sol dava à jovem atriz, Hazem comentou:

– Até Rá se põe aos teus pés, Nebseni. Acentua tua beleza e formosura com os raios dele...

– Não digas isso, Hazem, sou apenas uma mera mortal. São teus olhos que me veem assim tão formosa.

– Engana-te. Todos te veem do mesmo modo que eu te vejo porque és de fato assim, espelho da beleza e de Ísis.

Nebseni sorriu constrangida, começava a pesar em seus ombros tal comparação com a poderosa deusa. Um peso esquisito. Por mais que venerasse Ísis ainda assim Nebseni queria ser apenas ela, uma simples mortal, destituída de qualquer grandeza senão o amor infindável e imensurável pelo homem ao seu lado.

Como era de praxe no verão, o almoço foi servido à sombra de um quiosque sob as árvores. As bebidas eram refrescadas em grandes recipientes ocultos por entre a folhagem, ao lado de mesas e prateleiras nas quais os criados arrumavam com arte as várias iguarias da culinária egípcia.

Após a refeição, o casal apaixonado ficou saboreando tâmaras e tomando um bom vinho. Hazem servia-se da bebida com prazer, já Nebseni apenas o bebericava com seus lábios delicados. Nunca fora muito adepta da bebida. Àquela hora do dia agradava-lhe bem mais um bom refresco. Mas Hazem insistiu tanto para que brindasse com ele que ela não quis desapontá-lo.

Um servo pediu licença e aproximou-se, trazendo nas mãos uma caixa com entalhes em ouro. Hazem tomou-a de suas mãos e de dentro dela tirou uma jóia de ametista para presentear sua futura esposa.

De súbito, Nebseni disse, infantilmente, aos tropeços:

– É linda... linda... eu...

– Linda como tu, Nebseni.

A jovem estava sorrindo quando o futuro faraó pendurou a jóia em seu pescoço.

Ambos ficaram se admirando por instantes em silêncio. Nada foi dito apenas sentido com os sentidos de suas almas.

Naquela noite, assim que pôde, Nebseni despediu-se de suas aias* e saiu para dar uma volta pelo palácio apenas na companhia de sua sombra. Era preciso, não estava acostumada a viver cercada de pessoas vinte e quatro horas por dia e aquilo a estava sufocando de certo modo.

Ela aproveitou para conhecer os cantos e encantos do interior do palácio que ainda não havia tido a oportunidade de visitar. Por mais que já houvesse visto, não conseguia parar de admirar as paredes em arco com frisos e pinturas douradas sobre elas e as estátuas dos deuses esculpidas em rocha que havia por todo o palácio.

As taças e ânforas revestidas com desenhos geométricos ou de florais, enquadrando uma cena profana ou uma cena religiosa, ou com uma curta inscrição hieroglífica gravada com perfeição sobre elas, eram também deslumbrantes de se verem.

A jovem encontrava-se numa das salas de oferenda para os deuses, com a mente distante quando o faraó entrou no recinto. Ela não conseguiu esconder o susto que levou ao vê-lo ali parado tão próximo a ela.

Rápida e polidamente, Nebseni tratou de fazer a reverência devida.

---

*Aias: espécie de ama, dama de companhia. (N. do A.)

Ele sorriu.

A maneira que ele a fitava com seus enormes olhos cinzentos a perturbou. Era como se pudesse penetrar até o recesso de sua alma e esmiuçar o que ela ocultava.

Sua voz proeminente, dominante e insolente, soou e ecoou pela sala de oferenda:

– Invejo meu filho – disse ele.

– Desculpe-me?

– Não te faças de surda. Ouviste bem o que eu disse.

Nebseni baixou o olhar envergonhada.

O rei aproximou-se dela e com o dedo indicador da mão direita ergueu seu queixo.

– Olha para mim. Vamos. Deixe-me deslumbrar de pertinho esses teus olhinhos mimosos.

Enquanto ela engolia em seco, Tantanuit devorou o olhar da jovem. Ao sentir as mãos dele nas suas, Nebseni gelou.

– Tu vais te casar com meu filho, mas quem vai deflorar teu corpo pela primeira vez, serei eu.

Nebseni perdeu a cor de vez, enquanto lágrimas de desespero atravessavam seus olhos.

– Até com lágrimas a riscar tua face, tua beleza se conserva encantadora.

– Eu amo Hazem.

– Pode amá-lo. Eu também o amo. Mas antes de casar com ele, serás possuída por mim.

Ele sorriu maliciosamente antes de acrescentar:

– Deitando-se comigo, tu estarás te deitando com um deus. Pois o faraó, tu bem sabes, é um deus encarnado na Terra. Dentre todos, atrevo-me a dizer, o mais poderoso. Pois a realidade do Egito é criada conforme as palavras do faraó. É ele quem cria e faz viver as gerações. Os deuses só podem falar, determinar ações, leis e mudanças através dele, portanto, o faraó é o mais poderoso de todos os deuses. Deitando-te comigo, estarás deitando-te com um deus.

– Eu... – gaguejou Nebseni – eu não posso...

– Esqueceste que ao faraó tudo deve ser dado, tudo o que for de seu agrado?

Os olhos dela arregalaram-se, horrorizados.

Subitamente ele a puxou contra o peito e forçou um beijo. Como a habilidade de uma serpente, Nebseni esgueirou-se dos braços dele e saiu correndo. Ele fuzilou-a com o olhar, enquanto sua figura alta e esbelta movia-se com graça infinita.

Nem bem Nebseni atravessou a porta, chocou-se contra Hazem que vinha pelo corredor.

– O que houve? Estás branca? – perguntou ele, assustado.

– N... não. N...nada! – balbuciou ela.

Ele aprofundou o olhar sobre os dela antes de abraçá-la fortemente. Os olhos dele então voltaram-se para a porta em arco que levava para a sala de oferenda, de onde ela havia saído.

– Estava te procurando – disse ela tentando disfarçar a aflição que corria por suas veias.

E antes que Hazem entrasse no salão de oferendas e descobrisse a presença do pai, Nebseni tratou habilmente de tirá-lo dali.

Poucos passos à frente, Hazem voltou o olhar por sobre os ombros, mas avistou o que vira até então, um corredor vazio. Suas sobrancelhas arquearam-se, ressabiado.

Nebseni rogou aos deuses para que o futuro marido não percebesse nada do que se passara entre ela e o pai, tampouco viesse a descobrir um dia.

Desde então Nebseni vivia em companhia constante de suas aias. Onde quer que fosse, elas a acompanhavam. Quando era obrigada a ficar na presença do faraó, ela usava seus dotes artísticos interpretando o papel da nora perfeita como se nada de desagradável houvesse acontecido entre os dois. Apenas evitava, com cautela, olhar para ele.

Ainda assim, podia ver, através dos sentidos, que ele a devorava com o olhar afrontando sem nenhum pudor sua dignidade.

Mais uma vez Nebseni rogou aos deuses que a protegessem e que nenhum dos familiares percebesse o que se passava entre ela e o faraó. Ao que parecia ninguém notara nada, a não ser que tivessem nas veias o dom de encenar, todos continuavam a agir naturalmente.

Restavam apenas dois dias para o casamento dela com Hazem para total alívio de Nebseni. Quanto antes ela estivesse casada, melhor.

Ela já se encontrava deitada, olhando para o luar a invadir seu quarto quando sentiu um estranho arrepio que a fez encolher-se toda e se perceber trêmula. Uma sensação esquisita dragou seu resto de calma para o nada. Teve a impressão de que alguém a estava olhando, mas só podia ser um espírito do mal, das trevas, ninguém senão um destes, já que ela se encontrava só ali.

Nebseni mal havia baixado as pálpebras para se entregar ao sono, quando um movimento à direita chamou sua atenção. Virou-se naquela direção e, com o coração repentinamente em disparada, deparou com a figura de um homem, parado ali, há poucos metros dela. Por pouco ela não gritou. Não se tratava de espírito algum das trevas e sim de um espírito em carne e osso. Era o faraó.

– Tu serás minha, minha flor – sussurrou ele, libidinosamente.

– Por favor...

– Não temas. Toda virgem pensa que dói a primeira vez, mas não... É só relaxar... Farei tudo bem devagar...

– Vossa majestade sabe que a infidelidade é uma falta grave, um crime hediondo. Sabe que o traído tem por direito, segundo a lei dos homens e divinas, punir o adultério com severidade. Emascular o homem e a mulher violadora.

As palavras mal conseguiam atravessar os lábios de Nebseni, tamanho o desespero que se abatia sobre ela naquele instante.

– Tu estás certíssima, minha cara. Só que ainda não te casaste com meu filho.

– Ainda assim, é ele quem merece me ter pela primeira vez. Pois é o homem que os deuses escolheram para eu amar.

O faraó aproximou-se ficando a apenas um palmo de distância dela. Ainda que faltasse com respeito a ele, ela tinha de dizer o que seu coração mandava.

– Se me tocares eu grito. Eu juro que grito, com toda a minha força.

Tantanuit jogou a cabeça para trás soltando um riso sardônico. Depois, mediu-a de cima a baixo e para não se sentir por baixo falou seriamente:

– Vejo que amas mesmo meu filho. Pensei que fosse apenas uma mulherzinha vulgar, de índole precária querendo se aproveitar de sua inocência. Mas me enganei.

– Eu realmente amo Hazem. Amo-o de verdade. Amo-o mais que tudo, mais que a mim mesma, mais até que...

– Teu próprio faraó – arriscou ele.

– Até mesmo que os deuses – ousou ela.

O faraó ia dizer mais alguma coisa, mas o toque na porta o interrompeu. Sem dizer mais uma palavra, Tantanuit deixou o aposento. Desapareceu como que por encanto em meio a escuridão que se abrigava pelos cantos do cômodo. Nebseni tratou logo de ir ver quem era. Para seu espanto tratava-se de Hazem.

– Tu estás bem?

– S... sim – respondeu ela gaguejando.

– Pareces assustada.

– Tive apenas um sonho mal.

Ele ergueu os olhos por sobre os ombros dela e sondou o interior do quarto.

– O que houve?

A pergunta dela o trouxe de volta.

– N... nada. Apenas queria saber se estavas bem. Só isso.

Apesar de ela responder firmemente, Hazem sentiu algo estranho no ar.

– Podes dormir em paz, meu amor. Precisas ficar bem disposto para o casamento. Nosso grande dia.

Ele a beijou na testa e partiu. Nebseni ficou ali parada por instantes, olhando para o homem a quem amava mais que a si mesma.

Às vésperas do enlace matrimonial do casal, como era de hábito, um dos preceptores de Hazem, o qual exercia também o papel de sacerdote, disse-lhe, baseado em antigas máximas que haviam sido escritas há tempos pelos sacerdotes:

– Se és sábio, guarda tua casa, ama tua mulher sem confusão, alimenta-a como convém, veste-a bem. Afaga-a e satisfaze seus desejos. Não sejas bruto; obterás mais dela com atenções que com violência. Se a repeles, teu lar vai por água abaixo. Abre-lhe os braços, chama-a; dá-lhe provas de teu amor.

A noiva por sua vez recebeu também as matronas encarregadas de dar-lhe conselhos úteis e de prepará-la para seu futuro estado de esposa.

Evocou-se, então, a grande Ísis, protótipo absoluto da esposa e daquela que dá à luz, e cujo amor, fidelidade e solicitude nunca falharam à mulher que evocou sua proteção e luminescência.

Invocou-se também a bênção de Hátor que dá às mulheres filhos e filhas saudáveis, imunes a doenças malignas.

– Uma esposa que se preze nunca deve deixar de dizer as preces para os mortos, pois Hátor, Dama do Ocidente, protege as mulheres da esterilidade e impede os maridos de se tornarem impotentes. Lembra-te de que o apogeu de um matrimônio* se alcança com a concepção e o nascimento dos filhos. Pois um homem é considerado na medida do número de seus filhos. Portanto, cumpre religiosamente

---

*Como de praxe a união do casal foi selada por meio da coabitação, ou seja, Nebseni deixou a casa onde vivia e foi morar na do marido. No caso, o palácio onde morava toda a família dele. O casamento entre os egípcios não dependia da lei. Bastava a concordância do casal envolvido. No entanto, eram firmados contratos entre as partes para garantir sobretudo a situação da mulher nos casos de divórcio, mas não havia leis que impussessem o estabelecimento desse contrato. (N. do A.)

tuas orações para que teu lar seja harmonioso, regado de filhos lindos e saudáveis e que tua união seja abençoada.

Não era necessário dar a ela tais explicações. Nebseni, como toda mulher egípcia sabia de tudo isso, uma vez que uma união conjugal feliz e harmoniosa representava um ideal a ser atingido por todas as mulheres do Egito.

6
Um grande dia...

O dia marcado para o casamento de Hazem com Nebseni amanheceu divinamente ensolarado. Servos, aias, todos os criados madrugaram para poder preparar a tempo todos os comes e bebes para o banquete que seria oferecido logo depois da cerimônia.

Uma hora antes do início da celebração, os convidados já ocupavam o grande salão do palácio reservado para a comemoração. Estavam presentes os mais ilustres ocupantes da corte. Os presentes trazidos por todos chegaram a ocupar um salão tão grande quanto aquele.

Na hora exata marcada para a cerimônia começar, Nebseni entrou pelo grande salão usando sobre a cabeça um diadema adornado de viçosas flores, colar ao pescoço, anéis em todos os dedos. Parecia estar sendo conduzida pela mão de um deus. Movia-se com tanta delicadeza que, de longe, parecia flutuar...

Não, aquilo tudo não era uma representação teatral, tampouco um sonho, lembrou ela a si mesma. Era real. Sim, muito real.

Em alguns minutos ela se tornaria a esposa de Hazem, o homem que amava de paixão, o futuro faraó do Egito e de seu ventre nasceria o herdeiro do trono.

Só naquele instante é que Nebseni percebeu a tamanha responsabilidade que cairia sobre suas mãos.

Sentiu vontade de chorar por tamanha emoção, mas teve medo de que suas lágrimas fossem interpretadas como fraqueza. Por esse motivo, controlou-se ao extremo para que nenhuma gota atravessasse seus olhos.

A seguir o mestre de cerimônias começou a celebrar os esponsais.

– Eu te faço minha esposa – afirmou Hazem, emocionado, na hora determinada pelo mestre-de-cerimônias.

– Fizeste-me tua esposa – respondeu Nebseni, comovida, como havia sido instruída a dizer.

Assim a união do casal foi selada.

Após a cerimônia os convidados fartaram-se com o repasto servido em homenagem ao casamento do herdeiro da coroa. O banquete era composto de pães em quantidade numerosa, patos assados alourados, carne de vaca e de ganso e muitos barris de cerveja e vinho que eram servidos em lindas taças de ouro e prata, decoradas refinadamente em motivos geométricos. Ao fundo ouviam-se encantadoras melodias dedilhadas por virtuosos músicos nas garbosas cítaras... Enquanto lindas dançarinas apresentavam danças sensuais.

A certa altura Hazem sussurrou no ouvido da esposa:

– Sente, meu amor, os deuses estão aqui, ali, em todo lugar... estão a celebrar conosco a nossa união. E a nos abençoar...

Sim, Hazem tinha razão. Os deuses, todos eles, pareciam estar ali celebrando com eles aquele grande momento de suas vidas e do país. Pensou Nebseni, embevecida.

Minutos depois, Hazem encontrou Ankh e entrelaçou seu braço por sobre o pescoço do rapaz.

– Vamos brindar, meu irmão. Brindar a nós. À felicidade. Aos deuses. Ao nosso país amado.

E erguendo as taças para o alto o brinde foi consumado.

A lua já ia alta no céu cravado de estrelas quando Hazem e Nebseni se recolheram em seus aposentos para viverem sua noite de núpcias.

Hazem largou a mão de Nebseni apenas o tempo suficiente para acender uma luminária. A pouca claridade invadiu o quarto, dando-lhes um tom dourado luminescente. Ele segurou as mãos dela novamente, as duas desta vez, e falou com sinceridade:

– Eu te amo, Nebseni. Mais que tudo, mais que a mim mesmo e mais que o próprio Egito.

Os dois se beijaram ternamente enquanto ele desprendia o robe de seda que ela vestia e a túnica dele. Ambos se detiveram por alguns segundos para admirar a nudez do outro, até Hazem pegar a esposa no colo, com seus braços fortes, deitá-la na cama de madeira e entrelaçar seu corpo ao dela.

Ambos se amaram com tamanha intensidade e sintonia que atingiram o êxtase do orgasmo juntos.

Nebseni que para Hazem já era sua própria carne, seu próprio sangue, após o ato de amor, tornou-se definitivamente.

Quando Hazem despertou do breve cochilo, encontrou Nebseni adormecida, porém, não mais em seus braços. Jazia a seu lado como uma princesa dormindo suave e encantadoramente.

Nebseni só poderia ser mesmo uma deusa em forma de gente, pois só uma deusa manteria sua beleza imaculada, adormecida.

Ele permaneceu ali, deitado, contemplando a esposa querida, lembrando todas as coisas belas que viveu desde que ela entrara em sua vida.

Ao encerrar suas reflexões, Hazem estava inteiramente desperto, com uma vontade louca de tomar um pouco de ar. Com a máxima cautela, ergueu-se da cama para não despertar Nebseni, deixou o quarto e seguiu até o átrio aberto.

Em sua mente havia uma voz feminina cantarolando baixinho uma canção de amor. Hazem pousou seus olhos no Nilo adormecido sob o luar. Adormecido lindamente como Nebseni.

Muitos chegaram a pensar que Nebseni, a bela jovem de corpo tão belamente esculpido pelas mãos da natureza mudasse de comportamento após tornar-se esposa do futuro faraó do Egito. No entanto, Nebseni manteve a mesma modéstia e simplicidade que sempre carregara consigo. Na verdade parecia ainda mais humilde e humana do que quando chegara em Heliópolis. Tratando todos, do mais rico ao mais pobre, com o mesmo carinho e complacência.

Todos que admiravam sua beleza logo se encantaram também por sua benevolência. O Egito, como se diz, rendia-se a Nebseni, entretanto, ela não se aproveitava para tirar vantagem de nada, nem de ninguém por momento algum.

Semanas depois...

Ankh encontrava-se mergulhado nos estudos quando um guarda entrou esbaforido no recinto. Estava tão atordoado e sem fôlego que se esqueceu de pedir licença para entrar, tampouco fez a reverência habitual de praxe. Seu estado assustou Ankh profundamente.

– Meu senhor, vem, é urgente...

Ankh largou o que fazia no mesmo instante e saiu apertando os passos atrás do guarda.

– O que houve?

– O faraó, meu senhor, o faraó está morrendo!

Diante do rei estirado na cama, Ankh roxeou. Tantanuit parecia-lhe já completamente tomado pela morte. Ele examinou-o rapidamente, mas nem bem suas mãos trêmulas tocaram o corpo do doente, Tantanuit deu seu último suspiro.

Quando Hazem chegou ao local encontrou o amigo-irmão ajoelhado ao lado do corpo, chorando amarguradamente. Não era para menos, tivera Tantanuit como a um pai.

Ao vê-lo, o futuro médico levantou-se e o abraçou.

Hazem, ao contrário de Ankh, manteve-se o mesmo. Reagiu ao acontecimento como o pai sempre reagia à morte de entes queridos e pessoas que lhe eram fiéis. Com uma frieza inumana.

Mas Hazem agiu assim propositadamente, como vingança contra o pai por ele ter sido tão frio e distante para com ele, a mãe, a irmã e até com o próprio Egito. No íntimo sangrou sim, por sua morte, por mais que não quisesse admitir.

Imediatamente foram convocados os melhores embalsamadores do Egito para mumificar o corpo do faraó que foi sepultado ao lado de todos os seus pertences com todas as honrarias devidas.

Foi no mesmo dia do sepultamento, à noite, quando já não havia mais ninguém junto a Câmara Funerária, que dois estranhos vestidos com túnicas escuras que lhes cobriam dos pés à cabeça invadiram o local.

Rapidamente abriram o sarcófago onde estava o corpo mumificado de Tantanuit, retiraram-no dali e colocaram sobre uma amurada de pedra.

Com muita agilidade e presteza os dois homens retiraram toda a tala que cobria o morto, deixando-o nu. Depois, um deles, sem piedade, começou a arremessar golpes contra o cadáver com uma força demoníaca.

Ao notar que seu coração batia disparado violentamente, o intruso deu uma trégua para se recuperar. Retomadas as forças, arremessou um golpe certeiro contra o maxilar do morto esfacelando-o. Ao término de seu propósito, soltou um suspiro de alívio.

Enquanto o outro invasor aguardava tudo aquilo teve um pequeno estremecimento ao olhar em torno da tumba, parecia ter visto alguém passar por ali. Mas não havia ninguém, nada, a não ser os dois e o corpo mutilado do ex-faraó do Egito.

Os dois intrusos repuseram o corpo do rei no sarcófago, fecharam-no e recolocaram no mesmo lugar em que estava quando ali chegaram. Limparam meticulosamente os arredores para não deixar um pingo de sangue por ali, tampouco qualquer vestígio, indício do que haviam feito e depois partiram sorrateiramente da tumba.

Não muito distante dali os dois homens se despiram daquelas roupas pesadas e as enterram na areia. Despediram-se e cada um seguiu de camelo para um lado. Às margens do Nilo, um deles parou para apreciar o reflexo da lua sobre a superfície espelhada do rio. A visão o encantou, acalmou e o envaideceu de satisfação. Voltou o olhar para o céu e com seu pensamento em Osíris, Hazem disse:

– Sei que tu me compreenderás, poderoso Osíris! Sei que sim. Com o maxilar quebrado, o faraó não te poderá cobrir de mentiras.

Não terá como negar os quarenta e dois pecados na hora em que tu questioná-lo para fazer o julgamento dele, pois acredite-me, ele os negaria, mentiria descabidamente para ti, sem o menor respeito e consideração, alegaria não ter nunca cometido pecado algum, tampouco ter sido cobiçoso em toda a vida dele aqui na Terra. Convencer-te-ia com a lábia, com o talento para a dramaturgia.

Assim acabaria ganhando o teu perdão e recebendo a bênção de poder regressar a este mundo e isso, oh! poderoso Osíris, não seria nada bom para nós, nem para o Egito. Por isso, mutilei o corpo dele para poupar o nosso país.

Hazem entrou no palácio, usando a mesma passagem secreta que usara para sair de lá sem ser visto. Passagens que só os familiares tinham conhecimento e que haviam sido construídas para serem utilizadas por eles para se protegerem de ataques inimigos.

Quando Nebseni soube delas, por meio de Hazem, ela, finalmente, compreendeu como o faraó havia aparecido e desaparecido, como que por encanto, de seu quarto naquela noite.

Na semana seguinte, Hazem tornou-se definitivamente o faraó do Egito e Nebseni a rainha.

Heliópolis ficou em festa e todas as honrarias foram feitas em homenagem ao novo faraó. O Egito agora se encontrava nas mãos de Hazem tanto quanto nas mãos do magnânimo Nilo.

O casamento de Samira e Arpad se deu logo em seguida. Aquele canto do planeta nunca fora tão vastamente saudado por celebrações consecutivas como até aquele período de sua história.

7
Quando a vida diz não...

Meses haviam se passado desde os últimos acontecimentos. Havia uma leve brisa pairando no ar quando Nebseni desceu as belas escadas amparadas por majestosas colunas que levavam ao salão principal do palácio, cujo teto alto era decorado com painéis de gesso finamente trabalhados. Movia-se graciosamente como de costume. Ao vê-la, Hazem pousou sua taça de vinho sobre a mesa e foi até ela.

– Meu amor.

A esposa acolheu o marido exibindo como sempre aquele sorriso bonito, repleto de compaixão.

Hazem retribuiu o gesto e teve uma idéia:

– Que tal darmos um daqueles nossos passeios às margens do Nilo?

Ela sorriu como quem diz "ótima idéia". A tarde estava realmente agradável para um passeio.

Marido e mulher seguiram trocando idéias, gestos e palavras de amor até um planalto de onde se podia ter uma belíssima visão do Nilo deitado entre as dunas do Egito.

Ali os dois ficaram contemplativos, enquanto uma brisa suave acariciava de leve os corpos dourados de ambos.

Hazem então voltou o olhar na direção do sol poente e, usando uma das mãos para proteger os olhos, confessou o que sempre sentira na alma:

– Eu amo estas terras. Não quero partir daqui jamais. Nunca! Quero viver aqui por toda a eternidade.

As palavras do marido tomaram a esposa de surpresa, fora quase um susto para ela:

– Pela eternidade?

– Sim. Se eu não cometer nenhum dos 42 pecados, Osíris me permitirá voltar a viver no Egito para todo o sempre. Se tu fizeres o mesmo, ele também de cobrirá com a mesma graça, minha amada. Assim, nós dois, poderemos viver ao lado de nossos filhos amados pela eternidade.

Nebseni guardou para si o que pensou e acreditava ser verdade, o fato de que os deuses poderiam não existir, bem como a vida após a morte e tudo o mais.

Para ela, tudo aquilo havia sido criado com o objetivo de acalmar o coração dos egípcios diante do destino inevitável de todos eles, a morte. Para ela a morte era o fim, nada mais do que o fim total de um ser humano.

– Sabe, preciso te confessar uma coisa – acrescentou Hazem. – Não gosto de mudanças. Gosto que tudo permaneça imutável.

A esposa encarou o marido antes de opinar:

– Impossível vivermos sem mutação, meu Hazem. Cada dia que nasce acrescenta algo em nós e a cada acréscimo tornamo-nos diferentes do que éramos até o dia anterior. Vivemos uma constante mutação. É graças às mudanças que amordaçamos o tédio.

– Ainda assim, prefiro confrontar o tédio a ter de encarar qualquer tipo de mudança... quero e os deuses hão de me ajudar a manter tudo o que compõe a minha vida sempre do mesmo jeito, sem tirar, nem pôr.

Ele entrelaçou os dedos nos dedos da esposa e apertou sua mão delicada entre as dele, com profundo afeto. Puxou-a depois contra seu peito e a abraçou carinhosamente por um longo e prazeroso tempo.

– Ter uma mulher como tu ao meu lado, Nebseni – disse ele, num tom apaixonado –, é uma bênção e tal bênção é raríssima. Concedida pelos deuses somente àqueles que muito apreciam, eleitos por eles para liderar neste mundo.

Hazem e Nebseni estavam jantando quando Samira, grávida de quatro meses, reuniu-se a eles.

– Em breve nossos filhos estarão correndo pelos corredores do palácio, Nebseni – disse ela num tom amável. – A propósito, meu querido irmão e minha estimada cunhada, não deveriam esperar muito mais tempo para conceber um filho. Deveriam pedi-lo a Ísis o quanto antes. Será bom que o filho que gero em meu ventre e o de vocês tenham a mesma idade assim ambos farão companhia um ao outro.

– Nosso filho em breve chegará! – declarou Hazem, com ligeira inquietação.

Nebseni, porém, manteve-se calada, com uma expressão incógnita no rosto. Hazem não notou, mas Samira sim, o lampejo de preocupação que transpareceu em seus olhos e ela logo compreendeu a razão: Nebseni estava ficando preocupada por não ter conseguido engravidar até aquele momento.

Naquela noite, Hazem, mais uma vez, aninhou-se no corpo nu de Nebseni para dar-lhe amor e conceber um filho que ambos almejavam.

Ansiosa por saber se ficara grávida ou não, Nebseni, recorria ao procedimento adotado na época. Urinava todo dia sobre dois sacos de tecido com trigo e cevada e noutros dois sacos cheios de tâmaras e areia. Se a cevada e o trigo germinassem era sinal de que ela procriaria. Se nenhum dos dois germinassem, ela não procriaria. Infelizmente eles nunca germinavam.

– Não te amofines, meu anjo – aconselhou uma de suas aias, a que lhe era mais devota. – Rogue a Hátor, a deusa protetora da maternidade, que te ajude a conceber um filho. A deusa-mãe é poderosa, neste caso tudo pode fazer por ti.

Ainda que descrente de que a deusa pudesse ajudá-la, Nebseni passou a orar para Hátor diariamente por cerca de meia hora, mas por mais que tentasse se concentrar na oração, ainda assim sua mente era perturbada por vozes dizendo-lhe: "desista, Hátor nada pode fazer por ti neste caso".

Aquelas vozes a assustavam profundamente. Um lado seu tentava lutar contra elas, mas logo desistia diante de sua tamanha e incansável persuasão.

Hazem, por sua vez, continuava se entregando ao ato de amor cheio de desejo e vontade de fecundar na esposa amada um herdeiro.

No entanto, Nebseni já não conseguia mais se entregar ao ato como antes. Em meio ao fluxo de prazer, ela se via tomada por uma sensação de perda. Uma perda irreparável. E por mais que ela procurasse se esquivar da sensação, mais ela persistia.

Aquilo iria passar sim, em breve passaria, como muitas pestes haviam vindo e passado. Não podia sentir aquilo toda vez que viesse a se deitar com seu homem amado, não podia, não era justo para com ambos.

Havia uma única ponta de alívio em tudo aquilo para Nebseni, perceber que Hazem não se dava conta de seu estado perturbador e continuava a se entregar ao ato de amor na sua cadência rítmica com o rosto transbordando de prazer.

Com o passar do tempo, nem mais o orgasmo Nebseni conseguia atingir, ainda assim, ela fingia para não desapontar o homem amado. O que não era difícil para uma mulher que nascera com o dom para a dramaturgia. Um dom abençoado pelos deuses, acreditava e agradecia ela.

Com isso tornou-se ainda mais difícil para ela engravidar.

A lua já ia alta no céu quando Hazem encontrou Nebseni com os cotovelos apoiados no parapeito da amurada de cantaria que acompanhava o grande corredor e ficava em frente aos aposentos da família, contemplando a escuridão da noite.

Ele se chegou a ela, abraçou-a por trás e compartilhou por alguns minutos seu abençoado silêncio. Depois disse, pronunciando as palavras bem devagar e com bastante calma:

– Estás preocupada, eu sei. Acalma-te. Abranda o teu coração. Ísis e Hátor vão nos ajudar. Confia nelas.

– Confiarei... é tudo o que me resta – respondeu a esposa com a voz profunda e gutural, enquanto apertava as mãos, nervosamente, no parapeito da amurada.

Apesar da afirmação, o marido notou que o que ela acabara de dizer fora apenas uma interpretação de um texto. Nebseni estava totalmente descrente de que houvesse solução para o problema de infertilidade dela.

Ele a puxou até encostá-la em seu peito e a envolveu nos braços com todo afeto que lhe vinha da alma. Com o rosto escondido, ele deixou as lágrimas contidas atravessarem seus olhos. Lágrimas de profundo pesar pelo martírio que atormentava sua esposa amada.

Cinco meses depois

O filho de Samira e Arpad nasceu saudável e viçoso e recebeu o nome de Hori. Sua chegada transformou a vida de seus pais, bem como dos demais membros da família em pura alegria.

O modo como Hazem olhava o sobrinho, cheio de ternura e admiração baqueou Nebseni. Não por ciúme, mas por medo. Medo de que ela jamais pudesse dar um filho a ele para contemplar com tamanha admiração e ternura como contemplava o filho da irmã.

A preocupação da esposa violentou seu corpo e seus sentidos mais uma vez, provocando-lhe uma mistura de náusea e dor capazes de amargar sua saliva e ressecar seus lábios profundamente.

Ela tentou se controlar para que ninguém notasse seu estado desesperador, mas foi em vão, quando os olhos dela bateram nos da cunhada, Samira percebeu imediatamente pelo seu olhar o que se passava com ela.

Nebseni teve a impressão de que ouvira a cunhada rir dela interiormente, um riso satisfeito e felino por vê-la naquele estado perturbador.

Mas teria Samira chegado mesmo a tal ponto?

Naquela noite, Hazem encontrou a esposa chorando baixinho em seu quarto.

– O que houve? – perguntou aflito.

Nebseni voltou o olhar cheio de amargor para o marido e com toda a força que ainda lhe restava em seu interior desabafou:

– Temos de encarar a realidade, Hazem. Eu não poderei te dar um filho. O filho que tanto queres e que é de teu direito.

Estupefato, ele exclamou:

– Não diz isso!

– Digo. Temos de ser fortes e francos.

– Os médicos que têm se esforçado em te ajudar a engravidar ainda não desistiram de ti, meu amor, o que significa que ainda podem fazer-te engravidar...

– Não conseguirão, eu sei, eu sinto.

– Não te precipites em tuas conclusões.

– Hazem, meu amado Hazem, não sabes o quanto me dói não poder te dar um filho.

Hazem balançou a cabeça em sinal de discordância.

– Não desistas ainda.

– Oh, meu Hazem, me amas tão profundamente que te recusas a querer ver e aceitar a realidade. Meu útero é seco.

– Se os deuses não querem que tu concebas um filho, não há por que te preocupares, meu amor. Aceitemos os desígnios dos deuses.

Nebseni observou com severidade:

– Mas tu precisas de um herdeiro, Hazem. Ele é vital para o Egito.

– Eu sei...

O esposo baixou a cabeça, chateado.

– O que podemos fazer? – indagou Nebseni, apreensiva.

Um silêncio interpôs-se na conversa. Marido e mulher ficaram ali alguns minutos só ao som da respiração ofegante de ambos. Por fim, Hazem falou:

– Posso me casar* com outra mulher para conceber um herdeiro.

A resposta do marido não assustou Nebseni, ela já esperava por ela. Era a única solução plausível para o caso.

– Será contra a minha vontade este segundo casamento, mas como tu mesma disseste, é necessário que este herdeiro nasça, em nome do Egito. Somente pelo meu amado Egito sou capaz de fazer tal sacrifício, meu amor. Somente pelo Egito.

A esposa disse, de modo submisso:

– É o que deves fazer, Hazem. Eu sinto muito. Creio que estraguei nossos planos.

– Não digas isso nunca mais!

Houve uma breve pausa antes que ela dissesse:

– Tu precisas escolher uma mulher o mais rápido possível, Hazem.

– Eu sei. Não será difícil encontrar. Creio até que já sei a quem posso recorrer para realizar tal propósito. Seu nome é Nofretiti e ela é irmã de Ankh, meu amigo-irmão. Ela sempre...

Ele cortou a frase pela metade. Ele ia dizer: ela sempre me amou desde que era ainda uma menina, ele sabia, todos sabiam... Mas receou deixar a esposa enciumada.

Mergulhando fundo nos olhos dela ele acrescentou:

– Só tomarei essa atitude com o teu consentimento. Se realmente sentires que devo fazer e que não vai te aborrecer.

A esposa ia falar, mas ele a deteve pondo delicadamente os dedos sobre seus lábios. Acrescentou:

– Não me respondas agora. Reflete... reflete. Só então me digas o que pensas. Farei o que teu coração me pedir para fazer. Nada mais...

Fez-se novamente uma pausa antes que Hazem dissesse:

---

*Era normal, na época, um homem ter mais de uma esposa. (N. do A.)

– Nofretiti pode me dar um filho, mas jamais, jamais em toda a minha vida eu a amarei, Nebseni, jamais. Ouviste bem? O amor que tenho é indivisível, o que significa que é só teu... só teu, Nebseni. Eu te juro!

– Eu sei. Não é preciso jurar. Sei que jamais amarás outra mulher como me amas e eu jamais amarei outro homem como te amo. Porque há um fato irrefutável e definitivo entre nós dois: nascemos para vivermos juntos para todo o sempre.

– Sim. Para todo o sempre e nada vai nos separar...

8
Face a face com o destino...

Já era outono quando Nofretiti tornou-se a segunda esposa do faraó.

Nebseni estava sentada num canto do pórtico ao lado do lago artificial cercado de flores e cuja sombra bem-vinda era fornecida por uma figueira, com o olhar perdido no nada quando avistou o marido, acompanhado de sua nova esposa, descendo a passarela que levava ao lugar aonde ela se encontrava.

Chegara finalmente o momento de ambas as esposas serem apresentadas.

Os olhos de Nebseni se ativeram a estudar Nofretiti durante o percurso.

A jovem de apenas dezenove anos de idade andava delicadamente como se flutuasse. Era alta, magra, morena e cheia de vivacidade. Tinha mãos e pés particularmente delicados.

Quando os dois alcançaram o lugar onde Nebseni encontrava-se, a primeira esposa do faraó saudou o casal com um sorriso sincero, verdadeiramente feliz pela chegada dos dois. Nofretiti, por sua vez, mediu a moça a sua frente de alto a baixo, sem esconder o desdém.

As saudações foram feitas de maneira trôpega e vacilante. Pouco foi dito a não ser pelos olhares trocados pelas duas esposas.

Enquanto os olhos negros e brilhantes de Nebseni observavam Nofretiti, ela também observava Nebseni através de sua meticulosa análise crítica.

Já ouvira falar dela, obviamente. Quem no Egito não ouvira, mas nunca a tinha visto pessoalmente. Nem mesmo de longe. Recusara-se a conhecê-la terminantemente por ser ela a mulher que indiretamente lhe roubara Hazem.

Ouvira dizer que sua beleza era tal como uma jóia rara, mas pensou tratar-se de mais um dos exageros dos homens, no entanto, não havia exagero algum. Nebseni era de fato linda, ultrajantemente linda.

Aquilo poderia ter deixado Nofretiti desconcertada, feito perder seu rumo, mas a lembrança de que ela em breve estaria gerando em seu útero fértil um filho de Hazem e a "outra" não, apaziguou qualquer revolta que poderia atacar-lhe a alma naquele instante.

Nebseni podia ser bonita, mas não tinha o que permitiria gerar o filho tão almejado pelo faraó, o filho que ele amaria profundamente e que em pouco tempo faria com que ele tivesse olhos só para ela, a segunda esposa, Nofretiti, levando a primeira esposa, Nebseni, com toda a sua beleza ao esquecimento.

Aí, então ela reinaria ao lado de Hazem, o homem que sempre amou desde quando era uma simples garotinha. E jurou para si mesma que ele haveria de ser seu, só seu. Ainda que tivesse de ser jogada aos crocodilos que habitavam as regiões pantanosas do Nilo.

De longe, Arpad observava com curiosidade o primeiro encontro das duas esposas do faraó.

Nofretiti não era tão bela quanto Nebseni, sem sombra de dúvida. Ainda assim podia ser considerada uma mulher bonita, extremamente bonita. Ao contrário de Nebseni, que se vestia de modo simples e pouco fazia uso de jóias e maquiagem, Nofretiti adornava seu corpo com colares, pulseiras, anéis, diademas, broches e amuletos, tudo enfim que a ourivesaria egípcia pudesse oferecer a uma mulher para que sua beleza se acentuasse ainda mais.

Ainda que de longe, o escriba pôde perceber que Nofretiti não olhava para Nebseni com o mesmo encanto com que ela a olhava. Seu olhar sobre ela era o mesmo de uma naja se preparando para dar o bote. Estaria ele enganado?

Arpad sentiu-se inquieto desde então.

A noite de núpcias do casal, a qual Nofretiti aguardou com tanta ansiedade, foi decepcionante para ela. Hazem se mostrou de uma frieza escabrosa, evitando todas as suas tentativas de beijá-lo e acariciá-lo.

Nos dias que se seguiram, Hazem só voltou a procurar Nofretiti após saber que ela não ficara grávida. Nofretiti compreendeu então, definitivamente, que o que diziam era a mais pura verdade: Hazem só havia se casado com ela para gerar seus filhos, nada mais...

— Ainda assim eu vou conquistá-lo – disse para si mesma – não só com o filho que lhe darei como por mim mesma.

Virou a cabeça no travesseiro curvo de madeira e dormiu sorrindo palidamente com sua boca felina.

Crente de que nada era mais sedutor e encantador para um homem do que uma mulher num vestido diáfano com o corpo adornado de jóias, Nofretiti passou a se vestir com os mais lindos, finos e sedutores robes de seda que uma rainha podia ter, tudo para chamar a atenção de Hazem e ofuscar Nebseni.

No entanto, para sua decepção, nada daquilo atraía a atenção de Hazem. Ele só tinha olhos para Nebseni. Estudava, comia, dormia e passava as horas livres devotado a ela.

— Mas, afinal, o que essa sonsa tem que eu não tenho? – indagou Nofretiti a Hadail, seu fiel mucamo.

E antes que o moço respondesse, ela completou:

— Pois eu vou descobrir o que há em Nebseni que encanta tanto Hazem, que o enfeitiça, que o faz viver à sua sombra, a ser na verdade a própria sombra dela.

Hadail encorajou-a com seu olhar.

Desde então, Nofretiti passou a estudar Nebseni com atenção: como ela empinava os ombros e andava; como se sentava; como apoiava o queixo sobre mão; o modo e o tom que usava para falar, principalmente com o marido; e o que apreciava na comida, na bebida e na arte. Até o modo como se ajoelhava e orava... tudo, enfim, era observado por Nofretiti com um interesse visceral.

Às vezes ficava tão concentrada em suas observações que a própria Nebseni percebia que ela a estava observando.

Apesar de não ter nascido uma atriz como Nebseni, Nofretiti acreditava ser capaz de que com um pouco de treino, poderia imitar os trejeitos da primeira esposa, adquirindo assim um pouco ou quase tudo do que havia nela que deslumbrava Hazem.

Para isso, chegava a passar horas trancafiada em seu quarto, imitando os trejeitos de Nebseni diante do espelho. O modo de ela andar, falar, ponderar, rir. Era um desafio e, ao mesmo tempo, algo divertido de se fazer.

Logo, toda vez que Nofretiti se via a sós com o marido ela incorporava os trejeitos de Nebseni para agradá-lo. E como acontece com todos aqueles que tentam ser o que não são, principalmente diante da pessoa amada, as interpretações dela soavam falsas e só serviam para repelir Hazem ainda mais de seus agrados.

Foi certa noite enquanto Nofretiti tentava relembrar com vivacidade o modo como Nebseni beijava Hazem que ela percebeu que se esquecera de algo crucial no seu intento de incorporar a *outra*.

– Como tu pudeste esquecer algo tão importante, Nofretiti? – repreendeu-se diante do espelho.

Ela precisava saber como Nebseni se comportava na cama com Hazem durante o ato sexual. Apesar de não haver muitos segredos para realizar o ato em si, ela já ouvira dizer que muitas mulheres inovavam o intercurso usando sua criatividade. Fazendo desde posições inovadoras a coisas sexualmente ousadas e tidas como depravadas e imorais.

Ela precisava vê-los durante um intercurso sem ser notada. Mas como?

– Simples, sua tola, muito simples. Precisas te esgueirar para dentro do quarto deles e ficar em surdina, na penumbra quando eles estiverem fazendo amor.

Aquilo seria um risco, sim, um grande risco, mas por mais que fosse descoberta por Hazem, ele nada faria contra ela, não enquanto não lhe desse o filho tão almejado. Nem depois de tê-lo parido, primeiro porque o filho faria ele se apaixonar por ela e segundo porque almejava ter mais filhos. E útero fértil era só o dela.

Ela tinha de ficar atenta aos dois para descobrir quando ambos se recolheriam para fazer sexo. Para isso, Nofretiti contou mais uma vez com a colaboração de Hadail, seu fiel e leal mucamo.

– Entendeste bem o que te peço?!

– Sim, minha ama.

– Não podes falhar.

– Já falhei alguma vez com a senhora? – respondeu Hadail exibindo os dentes grandes e viçosos num sorriso bonito.

Atento ao olhar de Hazem para Nebseni, Hadail conseguiu prever a noite em que os dois se viram dispostos a fazer amor. Correu até o quarto de sua ama e a avisou.

Após um momento de hesitação, Nofretiti dirigiu-se para o quarto do marido e da primeira esposa. Se não fosse o leal mucamo incentivá-la a prosseguir com seu plano com um olhar encorajador, ela não teria ido além da porta velada.

Com o dedo nos lábios, em sinal de silêncio, Hadail acenou para que Nofretiti entrasse no hall que antecedia o cômodo. Assim ela fez, com a agilidade de uma naja silenciosa.

Discretamente, entreabriu uma pontinha da cortina que velava o interior do quarto para lançar um olhar pelo interior. Logo avistou Hazem e Nebseni na cama envoltos de paixão.

Naquele momento ela sentiu um aperto no estômago, não de medo de ser vista, mas de ódio por ver o homem amado nos braços daquela que tinha por rival. Ela respirou fundo, porém, calmamente para que não a ouvissem e ficou ali observando atentamente o marido e a primeira esposa envoltos no ato apaixonado.

O ato de amor entre Hazem e Nebseni deixou Nofretiti completamente desapontada. Era simples, puramente simples. Sonso, insípido, tal como Nebseni.

Ela própria usava de muito mais criatividade durante o intercurso do que a rival. Ela própria, se fosse um homem, escolheria ela, Nofretiti, por seus malabarismos na cama. Muito mais sensuais e deleitosos do que os de Nebseni, a sonsa.

Aquilo só serviu para ela perceber que era melhor, bem melhor do que Nebseni, não só fisicamente por ter um útero sadio, mas na cama. Aquilo a deixou envaidecida, sentindo-se mais aliviada e mais confiante. Certa de que apagaria Nebseni da vida de Hazem mais rápido e mais fácil do que imaginava.

No dia em que Hazem se deitou com Nofretiti novamente, ela se entregou ao ato de amor com mais voracidade que o habitual. Ainda que ela soubesse que ele estava ali fazendo amor com ela somente com o propósito de gerar um filho, Nofretiti acreditava que sendo melhor na cama que Nebseni em pouco tempo enfeitiçaria o marido como a *outra* havia feito com ele.

No entanto, por mais que ela inovasse o ato de amor entre os dois nada parecia cativar Hazem. Por mais que tentasse beijá-lo durante o intercurso ele continuava a evitar seus beijos. Assim que ele atingia o êxtase levantava-se, vestia seu robe e partia. Dizendo apenas "boa-noite", nada mais. Nem um beijo sequer.

Era humilhante, deveras humilhante para uma mulher o comportamento do marido. Mas aquilo não perduraria para sempre, muito em breve, ela conceberia um filho dela e de Hazem e ele, o filho, ofuscaria Nebseni de uma vez por todas. Voltando a atenção do pai só para ela, a mãe.

No entanto, o tempo foi passando e nada de engravidar de Hazem.

Nofretiti chegou a temer que o marido pensasse que ela estivesse evitando a gravidez só para continuar se deleitando com ele na cama e se revoltasse contra ela e, pior, arranjasse outra esposa para concretizar seu propósito. Por isso ela tinha de engravidar o quanto antes.

Ankh, seu irmão, acreditava que a ansiedade desesperadora para se ver grávida de Hazem é que estava dificultando, prejudicando a concepção e tratou logo de receitar um chá de ervas calmantes para a irmã se tranquilizar.

Hadail, o mucamo de Nofretiti, tão devoto a ela, orava com fervor para que os deuses ajudassem sua ama a conceber um filho antes, bem antes que a ansiedade desesperadora a definhasse.

Semanas se passaram ou foram os deuses ou as poções médicas que fizeram com que Nofretiti finalmente se descobrisse grávida.

O dia da descoberta foi saudado por todos com euforia. Hazem dava a impressão de que Nebseni é quem daria a luz àquela criança de tão contente que estava.

Em meio ao faustoso banquete oferecido pelo faraó no palácio em homenagem à encomenda do filho, estavam os mais ilustres ocupantes da corte. Havia também lindas mulheres dançando languidamente ao som de encantadoras melodias dedilhadas por virtuosos músicos nas garbosas cítaras.

– Amemos, cantemos, honremos a vinda do herdeiro da coroa do Egito – orou Gran Vizir erguendo sua taça num gesto de respeitosa homenagem. Todos os convivas acompanharam o gesto honroso com excepcional magnificência.

68

Após a descoberta da gravidez, Hazem parou de se deitar com a segunda esposa. Tratava-a com carinho, era lhe cordial e polido, mas não mais a procurava.

Nofretiti não se espantou com sua reação. Já esperava por ela.

– Aguarde, Nebseni, aguarde só até meu filho nascer... – disse Nofretiti no seu tom de voz dominante e insolente. – Porque assim que ele nascer, tu, ladra de corações, tu serás completamente ofuscada por ele e voltarás para o lugar de onde nunca deverias ter saído: à miséria, à insignificância, à podridão.

9

Explode coração...

Nebseni encontrava-se sentada junto ao lago artificial como de costume, admirando o lugar, que àquela hora tornava-se lindo, dourado com o sol da tarde. Girou o pescoço ao redor com delicadeza e moveu os ombros exercitando a nuca para tirar qualquer tensão que por acaso houvesse ali.

Ao voltar a cabeça avistou Nofretiti vindo pela rampa íngreme que levava ao local onde ela se encontrava sentada. A segunda esposa do faraó vinha, como sempre, acompanhada de Hadail, o mucamo, que mais parecia sua sombra. Nebseni observou o servo pela primeira vez com atenção.

Era um homem de físico bem-delineado, músculos proeminentes nos bíceps, tríceps, dorso, ombros. Seus traços eram bonitos, se não fosse um servo, seria um nobre. Talvez tivesse sido e fora escravizado. Quem poderia saber... O passado das pessoas naquelas terras guardava muitos segredos...

Os passos de Nofretiti se apressaram e quando ela alcançou o lugar onde Nebseni se encontrava repousando meditativa, olhou em torno e sorriu. Era um sorriso forçado e fingido. Hadail pediu licença e se retirou.

Nofretiti olhou em torno de si novamente como que se sondasse a área à procura de alguém. Ao ver que o lugar estava praticamente deserto, pareceu mais tranquila. Ela então encarou Nebseni com sua boca felina curvando-se num sorriso e perguntou:

— Posso me sentar ao teu lado?

— Por favor.

A expressão inocente que vivia a bailar os olhos de Nebseni incomodou Nofretiti mais uma vez, fazendo seu sangue arder de ódio por todo o seu corpo.

No entanto ela logo procurou se controlar. Sorriu mais uma vez, fingida como sempre e sentou-se ao lado da Nebseni. Levou quase dois minutos até que ela dissesse alguma coisa:

— Deve ser triste... triste não, dolorido para ti me ver grávida de Hazem, não é, Nebseni?

Havia um sinal de malícia em sua voz, mas Nebseni permaneceu impassível, serena e indulgente. Tranquila respondeu:

— Estou feliz por poderes conceber o filho que meu estimado e querido marido tanto almeja...

Nofretiti apertou os lábios contrariada. Nebseni parecia protegida por uma muralha, capaz de repelir qualquer provocação daquele nível. Sem se dar por derrotada, Nofretiti atacou a mulher novamente com palavras.

— Eu sei que deves estar preocupada com a reação que Hazem terá após o nascimento do nosso filho.

Observadora como sempre, Nofretiti notou que o comentário deixou Nebseni desconcertada. Maravilha! Era o que ela queria. Nofretiti acrescentou:

— Tu sabes, não é, querida? Que o homem se volta mais para a esposa que lhe concebe filhos do que para as que não.

Nofretiti remoeu-se de prazer ao ver as mãos de Nebseni se crisparem sobre o joelho e o súbito endurecimento dos músculos de seu rosto. Nebseni disse:

– Nunca ouvi falar a respeito...

A resposta de Nebseni soou numa voz frágil e trépida. O nervosismo de sua parte indicava que ela estava consciente de que isso poderia tornar-se verdade e aquilo confortou imensamente o coração de Nofretiti.

Era a primeira vez que a voz de Nebseni deixava entrever alguma dor e preocupação. Seu corpo mantinha-se imóvel, mas estava tenso.

Quando Nofretiti voltou a falar foi evidente que o simples som de sua voz contribuiu para piorar a tensão.

– Eu amo Hazem – disse ela em tom amável. Falsamente amável. – Sempre o amei desde que o vi pela primeira vez e sofri muito, muito mesmo, Nebseni, por ele não corresponder ao meu amor. Mas o que é para ser, será... Quando um amor é tão intenso e verdadeiro como o meu por ele, nada, simplesmente nada o impede de ser vivido. Como vês, o destino nos uniu... ou melhor os deuses nos uniram porque sabem o quanto é importante para o faraó do Egito viver ao lado de uma mulher que devota a ele um amor tão forte quanto o meu.

Desta vez houve uma pausa significativa antes que Nebseni fizesse algum comentário. E quando ela o fez foi num tom de voz bem diferente do que usara para se expressar segundos antes.

– O meu amor e o de Hazem é eterno e, o principal, recíproco. Só os amores recíprocos é que são verdadeiros e jamais se separam.

A conversa morreu. Nebseni levantou-se e partiu sem dizer mais nenhuma palavra.

Nofretiti baixou a cabeça, e seus dedos começaram a agarrar a roupa em volta da cintura. Sua vontade era de esganar aquela mulher com toda sua força. Riscar-lhe a face com as unhas até sangrar e deixá-la marcada com cicatrizes profundas, mutilando para sempre aquela face bonita.

"Essa sonsa me tem apenas como um útero fértil para gerar o sucessor do faraó. Eu vou mostrar a ela que sou bem mais que isso, ela verá...", murmurou.

"Meu filho será tão iluminado pelos deuses, que ofuscará o brilho que essa vadia emana e enfeitiça Hazem. Aí então, seremos somente eu e meu filho a ocupar o coração de Hazem e a ter toda a sua atenção e afeto. Aguarda Nebseni, aguarda pois este dia não tarda a chegar."

E, voltando-se para sua barriga, Nofretiti se pôs a alisá-la enquanto dizia:

– Oh, meu bebê, mal posso esperar por teu nascimento, para que juntos desbanquemos essa sonsa...

Um ar desdenhoso de divertimento passou pela face de Nofretiti ao fechar seu pensamento. Mas não demorou muito para que sua face obscurecesse outra vez. Uma hipótese abominável despontou em sua mente, uma hipótese que foi capaz de cegar-lhe a visão e ensurdecer seus ouvidos de pavor.

E se o filho não ofuscasse o amor que Hazem sentia por Nebseni, fazendo com que Hazem se apaixonasse por ela, Nofretiti? Seria dolorido, dolorido por demais continuar sendo para Hazem

apenas um útero para gerar seus filhos quando ele bem os quisesse.

Ela não suportaria, não, não suportaria viver ali sem o amor de Hazem, não suportaria vê-lo amando a outra perdidamente, trocando beijos e carinhos explícitos pelos cantos do palácio a toda hora, todos os dias...

Aquilo seria para Nofretiti tal como ingerir um veneno que queima e corrói o físico interminavelmente, mas não o mata.

Ela tinha de conspirar com os deuses para que tudo seguisse o curso de seus pensamentos e eles tinham de ajudá-la quanto àquilo não só em nome do amor, do mais puro e sincero amor que ela sentia por Hazem, mas pelo Egito, afinal era ela quem estava gerando em seu ventre o futuro líder do país.

Ainda que orasse, nos dias subsequentes, Nofretiti não conseguia se tranquilizar quanto ao futuro.

Ansiosa para saber o sexo do bebê que crescia em seu ventre, Nofretiti fez uso do mesmo procedimento que havia na época para saber se estava grávida ou não. Colocou cevada e trigo em dois sacos de tecido e regou-os diariamente com sua urina.

Segundo a tradição, se a cevada germinasse primeiro, a mãe daria à luz um menino; se fosse o trigo que germinasse primeiro, o bebê seria uma menina.

Ela estava ansiosa para saber se o bebê seria um varão, tinha de ser, principalmente o primogênito. Somente dando a Hazem um filho homem é que ele a veria com mais apuro.

Estava disposta a fazer um aborto caso descobrisse que daria à luz uma menina. Para seu alívio e felicidade, foi a cevada quem germinou primeiro.

Crente de que Nebseni se corroía de inveja por vê-la grávida, Nofretiti, adquiriu todos os tipos de proteção que os deuses pudessem lhe conceder. Adornou seu corpo com marfins mágicos, uma espécie de plaqueta em forma de hipopótamo e lâmina curva de faca.

Passou a usar também amuletos que continham em uma extremidade imagens de gênios como Aha, protetor das mulheres e das crianças e Bes, deus da família e protetor das mulheres grávidas.

Exigiu que os sacerdotes a cobrissem diariamente de rituais, magias e unguentos protetores que impedissem que o bebê nascesse antes do tempo e que evitassem que a mãe morresse no parto, algo muito comum de acontecer na época.

Apesar de temer a inveja que Nofretiti acreditava que Nebseni sentia por vê-la grávida, hipótese nunca confirmada, a própria se estarrecia de prazer por crer que ela estivesse sendo carcomida por esse sentimento.

Nofretiti chegou a rogar aos espíritos do mal que fizessem brotar em sua rival, o nível mais profundo de inveja que pudesse atingir o ser humano, para que esta corroesse Nebseni de dor e amargura e a levasse à loucura, simplesmente à loucura.

Meses depois...

...a mesma cena se repetia. Nebseni estava sentada no seu lugar habitual junto ao lago artificial, tão imersa em seus pensamentos que demorou para notar que Nofretiti estava parada ali, atrás dela, e já há um bom tempo, aguardando por seu olhar.

Se fosse um assassino a teria matado tranquilamente.

Ao vê-la, Nebseni assustou-se tanto que levou a mão ao coração ao mesmo tempo em que soltou um grito curto e seco.

Desta vez Nofretiti pôde ver que Nebseni não conseguiu disfarçar seu aborrecimento por se ver ali só na sua presença. O ar de contrariedade atravessou seus poros e estampou-se na sua face. Num tom de deboche Nofretiti comentou:

— Veja, meu anjo – disse ela acariciando sua barriga protuberante – está crescendo, cada dia mais viçosa... Gerando o futuro rei do Egito.

Nofretiti divertiu-se interiormente ao ver Nebseni perder o seu equilíbrio dessa vez. Chegou a sentir pena ao perceber que podia atingir a mulher que odiava com tão poucas palavras. Ainda assim continuou espicaçando a *rival*.

— Oh! Nebseni, querida. Deves te corroer de martírio por teres um útero seco, não?! De que vale tanta beleza se... – Nofretiti mordeu os lábios propositadamente. Com cinismo acrescentou: – teria sido melhor, bem melhor se os deuses tivessem te dado menos beleza e um útero fértil como o meu, não achas? Sabe-se lá porque alguns nascem tão prósperos em algo e pobres em outras coisas. São os mistérios da vida, e quando esbarramos nos mistérios da vida...

Nofretiti aproximou-se ainda mais de Nebseni e ergueu o queixo dela com seu dedo indicador ereto, pois Nebseni havia baixado a cabeça, como se as palavras provocantes e a voz afiada de Nofretiti houvessem pesado sobre ela pendendo-a para baixo, o que de fato aconteceu.

Havia agora um peso por fora e por dentro sobre a cabeça de Nebseni, Nofretiti podia sentir. Quando os olhos negros da primeira esposa voltaram a deparar com os da segunda esposa, eles estavam cheios d'água.

Nofretiti ficou tão satisfeita e realizada com o que viu que uma súbita vontade louca de gargalhar de alegria desabrochou em seu interior. Ela tentou conter-se, mas foi em vão, o riso escapou pelo nariz fazendo um barulho como se fosse um ronco de um porco. Logo ela estava a gargalhar com espalhafato. Como uma galinha cacarejante.

Quando sua gargalhada zombeteira alcançou os ouvidos de Nebseni, seu físico pareceu trincar, o espírito o acompanhou.

Como no último ercontro, a primeira esposa se retirou do local calada e cabisbaixa com o olhar sem brilho, totalmente opaco e sem vida. Ela parecia toda destituída de vida.

– Sofra, Nebseni, sofra... – rogou Nofretiti balançando a cabeça positivamente assim que a moça tomou distância. – Agora quem morre de inveja de mim és tu, ordinária! Ladra! Se não houvesses aparecido na vida de Hazem ele teria se casado comigo, por amor... ele amar-me-ia... amar-me-ia profundamente. Ainda assim, tu não conseguiste interpelar minha união com o homem que amo... Não por completo. Tornei-me a segunda esposa dele e serei eu a mãe do filho dele e de todos os demais que ele almejar.

Mais uma vez, um ar desdenhoso de divertimento tomou a face de Nofretiti. Continuar enchendo os ouvidos de Nebseni com aquelas verdades tão desalentadoras seria o ideal para atormentar suas ideias até levá-la à loucura, a ponto de atentar contra a própria vida, percebeu triunfante.

Novamente um riso maligno atravessou seus lábios.

Foi nesse momento que uma ideia cruel, mas eficaz para riscar de uma vez por todas Nebseni do coração de Hazem e tê-lo somente para si para todo o sempre despontou na sua mente.

Nebseni tinha de morrer. Só morrendo, repentinamente, de um mal súbito é que ficaria livre dela para todo o sempre. Nofretiti deu uma risada histérica, feliz por ter pensado naquilo.

Mas que mal súbito seria esse?, indagou a seguir. Poderia envenená-la, mas as suspeitas cairiam sobre ela, e Hazem não a perdoaria jamais. Jamais!

O que fazer então? O ideal seria se Nebseni morresse de morte natural. Aí sim... Mas para isso acontecer só com a ajuda dos deuses.

Sem pensar duas vezes, Nofretiti voltou-se para eles e falou em tom de súplica:

— Pelos nove deuses de Enead! Nebseni tem de morrer, o quanto antes e de morte natural! Ouviram? De morte natural.

Nem bem ela terminara a frase, uma sombra se manifestou no chão chegando a ponto de assustar a grávida.

— Tu me assustaste! — ralhou Nofretiti olhando com ar severo para o dono daquela sombra.

Tratava-se de Arpad. Ele também a olhava seriamente. Deu os passos necessários para se prostrar a seu lado e então numa voz baixa e autoritária ele falou:

— Não te deixes embriagar com o veneno do ódio, do rancor e da inveja, Nofretiti, pois esse veneno te corrói, mas não mata, só vai deixá-la sofrendo pelo maior tempo possível.

Nofretiti olhou-o de soslaio, tomada de desdém. Disse:

— Tu não me compreendes, Arpad. Nebseni roubou Hazem de mim. Roubou! É uma ladra, uma ladra barata... Se ela não tivesse aparecido...

Um riso curto e desagradável escapou de seus lábios antes de acrescentar:

— Se eu fosse um homem forte e viril teria forças suficientes nos músculos e nas veias para torcer o pescoço daquela sonsa de rostinho bonito... E o torceria com o maior prazer...

Tenso, Arpad disse:

— Abranda teu coração, Nofretiti, não desejes o mal ao próximo pois o...

Ele calou-se incerto se deveria ou não expor por completo seus pensamentos.

– O quê? – cutucou ela, com desdém.

– Não desejes o mal ao próximo, pois ele voltará para ti!

– Crês mesmo nisso?

– Sim. Piamente. Desejou, voltou!

– Aonde aprendeste isso?

– Observando a vida. Nós e a vida... Podemos aprender muito observando e refletindo sobre a vida. Ela é um livro aberto, se nos permitirmos estudá-lo podemos cada vez mais compreender e aprender a lidar melhor com ela e consequentemente conosco.

– Tu pareces crer em coisas diferentes do que ditam os deuses...

– Creio em todos os deuses com reflexão e ponderação. Há muita coisa deturpada, mal compreendida.

– Como o quê?

Arpad olhou ao redor como que para se certificar de que ninguém mais pudesse ouvi-lo e baixando a voz disse:

– Acredito piamente que os deuses nos permitam voltar a vida caso sejamos bons... só que não por meio dos corpos mumificados...

Nofretiti tentou segurar o riso, mas em vão... gargalhou sem constragimento. Arpad mordeu os lábios sem graça. Num tom zombeteiro ela perguntou:

– Ora... ora... como voltar à vida, então sem um corpo?

A resposta do escriba saiu sem titubear e sem sequer uma centelha de dúvida.

– Por meio de um corpo novo...

Nofretiti novamente gargalhou:

– Corpo novo? Enlouqueceste? Aonde e quando alguém pode conseguir um corpo novo? Por meio de um feitiço?

– Não! Nofretiti pela concepção.

A mulher frisou os olhos. Arpad prosseguiu devagar como que escolhendo as palavras certas para expressar seu pensamento de modo certo:

– Creio que o espírito dos bebês que nascem são os espíritos dos antepassados. O espírito do bebê que tu trazes no teu ventre já viveu antes neste mundo e foi absolvido por Osíris para regressar.

– Que ideia estapafúrdia, Arpad! Não a reveles para ninguém ou serás acusado de blasfêmia. Parece até que concebes um outro deus cujas leis divergem dos nossos.

– O céu é igual para todos: para os povos além do Egito tanto quanto para nós, egípcios. A água que alimenta o Nilo é a mesma por toda sua extensão; a terra é igualmente fértil para todos, a luz do sol também cai sobre todos por igual, idem o vento, em suma, as leis que regem a vida e a morte são as mesmas para todos os que habitam este planeta e, portanto, os deuses devem ser os mesmos para todos os povos...

Nofretiti tornou a olhá-lo de esguelha, cheia de descaso antes de se pronunciar:

– Ainda assim Nebseni roubou Hazem de mim e me fez muito mal, muito mal e por isso ela merece sofrer tanto quanto me fez e faz sofrer até apodrecer de dor.

– Repito o que te disse Nofretiti: não desejes tampouco faça mal ao próximo porque ele voltará para ti...

Arpad ia dizer: "voltará para ti nessa ou numa vida futura" segundo sua crença nas reencarnações, mas aquilo seria também ridicularizado por Nofretiti.

Abrandando o tom, ele acrescentou:

– Procure tirar pelo menos um minuto por dia para limpar sua mente de ideias malignas contra o próximo. Expelir uma a uma. Pois mesmo poderosos, receio que os deuses não podem impedir que uma pessoa deixe ser contaminada por pensamentos do mal, pensamentos negativos. Demoníacos. Por mais que se esforcem...

"Cabe a cada um de nós evitar que isto aconteça, antes que estes pensamentos negativos nos façam escravos deles. Prontos a atender suas ordens maléficas que voltarão, cedo ou tarde, para nós e em proporções muito piores.

"Saiba que mesmo os desejos maléficos para com o próximo não expressos em palavras são ouvidos pelos deuses, pois eles têm o poder de atravessar nossos pensamentos."

– Quanta bobajada. Mesmo que o mal volte para mim, como tu dizes, ainda assim quero ver Nebseni apodrecendo de dor por ter roubado de mim o homem que tanto amo.

Ela ia dizer mais alguma coisa, mas calou-se ao ver Samira com o filho nos braços aproximando-se dos dois.

O rosto de Arpad se iluminou ao ver a esposa e o menino. Foi até a mulher amada e tomou a criança de seus braços, acolhendo-a num abraço caloroso.

Dali, Nofretiti voltou para os seus aposentos e se trancafiou dentro dele.

Ficou deitada na posição fetal suplicando aos deuses que Nebseni morresse o quanto antes de morte natural. Mas quanto mais ela suplicava mais e mais a voz de Arpad ecoava em algum canto do seu ser:

"Não desejes nem faça mal ao próximo, pois o mal voltará para ti..."

E de fato Arpad estava certo, tanto quanto o que pensou, mas calou: "Voltará para ti nessa ou numa vida futura..."

Naquele mesmo dia, quando o céu já estava escurecendo, Nebseni dirigiu-se ao templo de orações. Ajoelhou-se diante da imagem de Ísis, fechou os olhos e se pôs a orar com fervor.

Sexto mês de gravidez

Nofretiti acabara de dispensar Hadail e caminhava sozinha quando teve uma desagradável surpresa. Avistou Nebseni envolta nos braços de Hazem não muito longe de onde ela estava, roçando-se nele apaixonadamente.

Aquilo foi para ela como se uma lança embebida em vinagre houvesse perfurado seu coração. E tudo o que ela almejava era que aquela lança perfurasse o coração de Nebseni até tirar o sopro de sua vida.

Com o sangue fervilhando de ciúme e a boca espumando de raiva Nofretiti imediatamente tomou a direção oposta aos dois.

Não muito longe dali, vindo do que parecia ser do nada, uma naja empinou-se diante de Nofretiti, sibilando malignamente.

A grávida soltou um grito agudo de susto e pavor. Suas pernas travaram, seu corpo endureceu, ela ficou estática naquela posição, como se houvesse sido transformada em pedra.

O choque era tanto que levou alguns minutos para que ela percebesse a chegada de alguém por trás dela que numa rapidez surpreendente arranjou um pedaço de pau e golpeou a naja.

Nofretiti olhou perplexa para a cena. Seus olhos mal podiam acreditar no que acabara de ocorrer, estirada a sua frente sangrava a naja e ao lado dela estava Nebseni, parada, segurando o pedaço de pau.

Subitamente, uma vertigem baqueou Nofretiti e se não fosse Nebseni ampará-la rapidamente ela teria ido ao chão.

Quando Hazem se juntou a elas, Nofretiti imediatamente agarrou-se em seus braços chorando como uma menina assustada.

– Acalma-te. Está tudo bem. Tudo bem, minha esposa.

Salientou o marido numa voz doce enquanto deslizava sutilmente sua mão por seus cabelos a fim de acalmá-la.

Haviam se passado algumas horas desde o incidente e Ankh acabava de examinar a irmã:

– Está tudo bem. Nada aconteceu ao bebê, podes ficar tranquila.

Num repente, Nofretiti cravou suas mãos feito garras no antebraço do irmão e desabafou com sua voz profunda e agitada:

– Aquela cobra... aquela cobra... ela ia me matar... me matar!

– Graças aos deuses tudo acabou bem, Nofretiti, tudo...

– Tu não me entendeste. A cobra a que me refiro é Nebseni...

– Ora, minha irmã, não sejas mal agradecida, Nebseni salvou tua vida! – ralhou ele.

A irmã não se conteve e retrucou trêmula:

– Eu estava lá, Ankh, tu não e eu vi nos olhos dela o que ela almejava fazer, era a mim que ela queria golpear com aquele pedaço de pau. A mim...

– Descansa, tu precisas descansar para passar o susto. Se não te acalmares, isso pode fazer mal ao bebê.

Nofretiti agarrou-se às vestes do irmão com força até contorcê-la, dizendo indignada:

– Tu não me acreditas, não é? Ela me odeia, odeia-me por eu poder gerar um filho e ela não.

Ankh perdeu a complacência e num tom sério falou:

– Estás sendo ingrata, Nofretiti. Ingrata. Agora dorme e relaxa.

– Ela vai acabar me matando, tu verás, ela matará a mim e a minha criança...

– Descansa, agora... – a voz de Ankh soou com confiança suprema – ninguém pode te fazer mal!

– Vocês não devem tomá-la por frágil, tampouco tola, Nebseni é inteligente. Na verdade eu diria que ela é inteligente por demais. Abram os olhos...

Quando ia falar mais alguma coisa, o irmão a interrompeu reforçando seu pedido:

– Agora descansa, para o teu bem e do bebê.

Mesmo sob protestos da irmã, Ankh retirou-se do quarto a passos resolutos. Nofretiti ficou ali agonizando de preocupação. Hadail chegou até ela, sentou-se ao seu lado e estendeu-lhe a mão até entrelaçar na dela. Carinhosamente aconselhou-a:

– Acalma-te, minha senhora, estou aqui...

Os olhos mareados de compaixão do mucamo conseguiram acalmar sua ama que logo adormeceu sob o efeito do chá calmante que Ankh havia lhe prescrito. Hadail deu um suspiro, aliviando sua preocupação.

***

Mais tarde, a lua brilhava no místico céu do Egito enquanto Ankh passeava pelos arredores do pálacio acompanhado de Agmar, a mulher que cortejava já havia alguns meses.

Os dois falavam de amenidades quando o pé dele esbarrou em algo estirado pelo caminho. Ele voltou o olhar e agachou-se para ver o que era. Para seu espanto, tratava-se dos restos da naja que se atrevera a se pôr no caminho da irmã naquela tarde e que fora morta por Nebseni.

Mesmo sob o luar Ankh pôde ver que o réptil estava todo retalhado indicando que ele recebera diversos golpes violentos e certeiros. Um ou dois daqueles teriam sido suficientes para matá-la, mas...

Ao perceber que se tratava dos restos de uma naja, Agmar sentiu um arrepio de pavor.

– Odeio cobras...

Ankh levantou-se e confortou a moça em seus braços. Disse:

– Está morta.

– Ainda assim não gosto de cobras – tornou Agmar, trépida.

A voz de Nofretiti ecoou na mente de Ankh naquele instante:

"Aquela cobra... aquela cobra... ela ia me matar... me matar! Tu não me entendeste. A cobra a que me refiro é Nebseni!".

– Algumas pessoas são como cobras traiçoeiras... – comentou Agmar.

Ankh franziu o cenho e opinou:

– Esta é uma comparação injusta.

– Por que? – redarguiu a acompanhante.

– Porque as cobras não são traiçoeiras, se fazem mal a alguém é porque estavam se defendendo, apenas isso... já os humanos quando fazem mal é por maldade realmente...

Agmar franziu o cenho.

10
O nascimento do filho tão almejado

Uma das aias de Nofretiti saiu corrrendo do quarto de sua ama, com o coração aos pulos, em busca do médico real. Sua ama estava prestes a dar à luz.

O momento do parto finalmente chegara, e, com a ajuda de suas aias, Nofretiti despiu-se, pois era costume, na época, a mulher ficar nua para dar à luz, caminhou até os quatro tijolos rituais* e ficou acocorada sobre eles.

Assim que o bebê foi posto no cesto, os sacerdotes empregaram sobre o menino fórmulas mágicas para mantê-lo com vida e imune a qualquer tipo de doença.

A criança recebeu o nome de Alar, o nome que o pai sempre quis por num filho. Razão? Ele próprio não lembrava.

Como de hábito, a mãe após dar à luz ficou catorze dias afastada de sua vida normal enquanto passava por uma purificação ritual numa espécie de pavilhão.

Durante esse período, Nofretiti ficou incumbida apenas de alimentar bem o bebê e protegê-lo do mal. Era importante que ela amamentasse a criança no seio durante os três primeiros anos de vida,

---

*Representavam as quatro Nobres Damas que presidiam o nascimento e que mais tarde acompanhavam os humanos ao túmulo para protegê-los. (N. do A.)

e médicos e sacerdotes ajudavam-na a cumprir tal missão, proclamando uma receita mágica que permitia manter os mamilos sempre sadios.

Também proclamavam encantamentos para afastar qualquer espírito malfazejo: vieste para importunar esta criança? Não permito que a importunes. Vieste para lhe fazer mal? Não permito que lhe faças mal! Vieste para levá-la? Não permito que a leves!

Ao ouvir o sacerdote declamar tal encantamento, Nofretiti proclamou, mentalmente, as mesmas palavras, porém acrescentando a elas as palavras que eram sugeridas em sua mente por uma voz que ela chamaria de "um lado seu".

Se vieste para importunar esta criança, não permito que a importunes! Importuna até a morte aquela que surrupiou o amor de meu amado: Nebseni. *Se vieste para lhe fazer mal, não permito que lhe faças mal!* Devolva todo o mal que aquela criatura das trevas derrubou sobre minha alma: Nebseni. *Se vieste para levá-la, não permito que a leves!* Leva daqui, de todo o Egito, para todo o sempre, aquela que enfeitiçou o coração do homem a quem amo... Dizia ela mentalmente.

Nofretiti estava ansiosa para ficar frente a frente com Nebseni. Desde o parto não mais a vira, queria olhar nos olhos dela, bem no fundo, para ver a dor que devia estar sentindo ao ver o homem amado acolhendo nos braços o rebento que ela nunca poderia lhe dar.

A hora tão almejada finalmente chegou. Nofretiti estava face a face, olhos nos olhos com a rival enquanto Hazem, tomado de emoção, acolhia nos braços, Alar, o filho tão almejado.

Nofretiti levou seus lábios até os ouvidos de Nebseni e sussurrou:

– Vê, querida, o presente que dei para Hazem... O presente que o torna feliz... O presente que tu nunca poderás dar a ele...

Nebseni encolheu-se toda. Seus olhos assustados e perdidos colidiram com os olhos de Samira, depois com os de Babeth, a seguir com os de Ankh e Arpad e todos pareciam estar felizes por vê-la ali humilhada diante de Nofretiti. Será?

Naquela noite, encolhida na cama, Nofretiti voltou à mente de Nebseni, envolta em nuvens escuras e carregadas, com sua língua viperina a lhe sussurrar nos ouvidos aquelas palavras verrinosas.

A voz de Nofretiti parecia tão real que era como se ela estivesse ali em carne e osso falando ao pé de seu ouvido. Um estremecimento violou todo o corpo de Nebseni a seguir.

"Defenda-te! Reage!", sussurrou uma voz no interior de Nebseni repetidas vezes, frisando: "Um ser que não sabe se defender vai sofrer muito na vida."

Sim, Nebseni sabia muito bem que aquilo era a mais pura verdade, no entanto, parecia de mãos atadas, não só as mãos, mas o corpo todo diante daquela mulher que não poupava esforços para provocá-la e incitá-la ao ódio.

Em certos momentos ela sentia vontade de abrir sua pele, cortando-a para que o intenso e infindável amor que sentia por Hazem e percorria seu sangue saísse de dentro dela. Assim poderia partir dali e não mais se sentir espremida contra a parede da humilhação e do sofrimento.

O suspiro de Hazem deitado ao seu lado, fê-la voltar o olhar para ele e admirar seu rosto adormecido. Parecia um menino Deus, embalado pelo sono. Como querer se desfazer do amor que sentia por aquele homem lindo, seu marido, aquele amor que se tornara o bálsamo de sua vida, a essência de seu espírito, o alimento que a mantinha viva? Como?

Desde o nascimento do filho, Hazem era só alegria. Pura alegria. Esbanjava sorrisos a todos sem poupar esforços. Jamais pensara em toda a sua vida que um filho fosse alegrá-lo tanto e transformá-lo em uma pessoa ainda melhor. Vivia a agradecer Ísis por ter lhe dado uma criança saudável e viçosa.

Tamanha era sua vontade de estar ao lado do menino que assim que deixava a sala de reuniões ou terminava seu treino de luta com Solovar, o general do Exército do faraó, seu fiel aliado, seguia imediatamente ao encontro do garoto e o cobria de beijos.

Certa tarde, quando se aproximava do local onde o pequeno Alar se encontrava com sua mãe, Hazem ouviu uma voz bonita e afinada de homem cantando uma bela canção acompanhado de uma cítara bem afinada.

Era Hadail, o fiel mucamo de Nofretiti, quem tocava e cantava olhando para Alar como se olhasse para um deus e para Nofretiti como se fosse ela uma deusa.

Mesmo à distância, Hazem pôde ver com clareza que sua segunda esposa cantarolava a canção e sentia-se satisfeita e aconchegada com o dote artístico de seu mucamo querido. O filho também parecia estar usufruindo da melodia com apreço.

Hazem sentiu um rubor estranho subindo-lhe na face. Como se o sangue fervilhasse por debaixo de sua pele.

Quando estava prestes a chamar pela esposa, algo em seu interior o fez mudar de ideia e dando meia-volta Hazem seguiu na direção contrária observando com os olhos incômodos os aposentos por onde passava.

Ao chegar no fim de um corredor, por pouco não colidiu com Samira que vinha por ele. Hazem corou diante do olhar da irmã.

– Aconteceu alguma coisa? – perguntou Samira, ressabiada.

O irmão sorriu sem graça.

– Não... nada...

– Tens certeza, meu irmão?

– Absoluta.

A resposta foi enfática, mas não convenceu Samira. Assim que o irmão partiu, ela parou no parapeito de uma das plataformas que levava até o jardim e, ao avistar Nofretiti com o filho nos braços ouvindo Hadail cantando e tocando, ela entendeu o que mexera com o irmão.

Alguma coisa estalou em seu cérebro. Sua expressão pesou e uma ideia brotou no solo de sua mente. Era mais uma hipótese, uma hipótese absurda que com esforço sobrenatural Samira tentou podar de si e para todo o sempre.

Alguém mais, que se encontrava parada numa das sacadas do palácio também observou o que acontecera e também levantou tal hipótese. Esse alguém, ao contrário de Samira, não quis repudiar tal conjectura, na verdade a saboreou com certo prazer.

Ao perceber o quanto Hazem procurava se manter ao lado do filho, Nofretiti não se desgrudou mais do menino, por nada. Se Hazem quisesse usufruir a companhia do garoto teria que usufruir a dela também. O procedimento não só serviria para aproximá-la de Hazem como para provocar ainda mais Nebseni.

Seria uma mãe capaz de usar o próprio filho para conquistar o homem que considerava o grande amor de sua vida? Bem, Nofretiti seria...

Usava descaradamente o garoto e não se sentia culpada por isso. Ela dera vida ao menino e a colaboração dele em seus planos, na concepção dela, era o mínimo que o filho poderia fazer por ela como retribuição pelos nove meses em que ela o carregara em seu ventre.

Dias depois, ao anoitecer...

Hazem achou estranho que Nebseni não houvesse descido para o jantar e assim que terminou a refeição seguiu imediatamente para os seus aposentos.

Encontrou o cômodo envolto num silêncio profundo e desconfortante, tal como a mulher dentro dele.

O marido colocou-se ao seu lado e num tom singelo, perguntou:

– Está tudo bem contigo? Parece-me tão distante!

– Sim, está tudo bem – respondeu ela, distante.

– Tens certeza?

Ela reforçou que sim com a cabeça. Apesar disso, Hazem manteve a impressão de que a mulher amada procurava ocultar-lhe alguma coisa.

– Nunca me escondas nada, meu amor, nada que te faças sofrer...

Ela sorriu delicadamente:

– Fica tranquilo.

Ele ficou ali por cerca de meia hora, trocando ideias com ela, então, num pulo, como se fosse um adolescente empolgado, Hazem se pôs de pé. Nebseni olhou-o com expressão surpresa.

– Aonde vais?

– Vou dar um beijo de boa-noite em meu filho e logo volto!

As pupilas de Nebseni dilataram-se ainda mais diante do comentário. Chegou a tremer, mas o marido estava por demais empolgado para notar. Ele inclinou-se sobre ela e a beijou na testa carinhosamente.

– Não durmas sem que eu tenha chegado.

Hazem deixou o aposento lépido e faceiro. Nebseni ficou pensativa. Os minutos foram passando e nada de Hazem voltar. Nebseni acabou adormecendo cansada de tanto esperar.

Quando acordou já era meio da noite e ela suava em profusão. Talvez tivesse tido algum sonho ruim, que foi interrompido com o despertar repentino. Seu semblante agravou-se ainda mais ao perceber que Hazem não se encontrava na cama. "Teria ele dormido com a outra?", perguntou a si mesma, aflita. Nunca dormira antes...

Preocupada, Nebseni levantou-se e saiu do quarto ainda que trôpega. Seguiu direto para o quarto de Nofretiti. Sem delongas entrou, tomando apenas o cuidado de não fazer ruído algum que despertasse quem ali estivesse dormindo.

Ao ver o marido estirado sobre a cama da segunda esposa o coração de Nebseni por pouco não parou.

Hazem estava nu, completamente nu, deitado de bruços e com o braço pousado rente aos seios também desnudos de Nofretiti.

Nebseni sentiu o sangue subir por seu pescoço e seu rosto até alcançar seu cérebro. Chegou a sentir vertigem e apoiou-se na parede rente à porta em arco para não ir ao chão.

Arquejando, retirou-se e voltou ao seu quarto quase se arrastando pelo corredor mal iluminado pelas tochas. Arrojou-se até a cama e cedeu ao pranto doloroso.

Por mais discreta e silenciosa que Nebseni tivesse sido ao entrar no quarto, Nofretiti soube que ela estava ali e assim que ela partiu, os olhos da mãe de Alar se abriram e um sorriso felino tomou-lhe o rosto. O plano dera certo.

O sonífero colocado no vinho, que ela insistiu para que Hazem tomasse como um brinde ao filho, surtira o efeito desejado. Depois, com a ajuda de Hadail ajeitou o marido sobre a cama, despiu-o e foi só aguardar a 'Ladra de corações" ir até lá flagrar os dois nus adormecidos sobre o leito. Um suspiro de realização atravessou suas narinas e em seguida ela pôde dormir como há muito tempo não dormia: soberbamente feliz.

Nebseni, deitada em sua cama, estava com a mente girando repleta de pensamentos confusos. Dormiu repetindo para si mesma:

– Tudo isso vai passar... tudo isso vai passar!

Mas não passou.

Nas noites que se seguiram, Nofretiti continuou aplicando o mesmo golpe no marido. Convidava-o sempre a fazer um brinde em prol do filho e lhe servia vinho ou chá com sonífero só para ele dormir a seu lado e fazer, pouco a pouco, Nebseni pensar que ele não só estava apaixonado pelo filho como se apaixonando perdidamente pela mãe do filho.

Dito e feito.

Foi exatamente o que começou a passar pela cabeça de Nebseni. Tão cismada ficou, que ela chegou a indagar Hazem a respeito, mas ele negou piamente. Ainda assim a suspeita se manteve no coração da esposa.

Numa noite, quando eles faziam amor, o marido sem querer trocou o nome de Nebseni por Nofretiti e aquilo por mais que tivesse sido sem querer e sem significância, foi como que se uma lança embebida em vinagre entrasse no peito de Nebseni sem dó nem piedade.

Naquela noite algo em Nebseni morrera. Algo que ela só veio a descobrir muito tempo depois...

Passado algum tempo, os compromissos do faraó o tiraram de sua morada por quase um mês. Em seu regresso, assim que entrou no palácio, foi imediatamente rever o filho amado.

– Alar, meu filho querido. Como tu cresceste, meu rapaz...

Envolver o menino em seus braços era para Hazem como renascer para a vida. Não precisava sequer haver contato físico, bastava um olhar e pronto: a chama da vida se reacendia em seu interior.

Foi só quando devolveu o menino ao chão, onde brincava com um brinquedo feito de madeira, que Hazem notou que havia algo estranho no olhar da mãe, da irmã e da segunda esposa.

Uma escuridão sinistra o envolveu naquele instante. Tomado de súbita tremedeira ele, sem perguntar nada, saiu correndo dali, aflito, afoito. Tomou a direção dos quartos e ao chegar diante do quarto de Nebseni entrou impetuosamente. Os olhos atordoados de Hazem depararam com um quarto vazio.

– Nebseni?! – gritou ele no seu metal de voz sonoro e agudo. – Nebseni...

Babeth chegou ao quarto logo em seguida. O filho voltou seu olhar agoniado para a mãe.

– Ela se foi, filho... Foi embora daqui na calada da noite sem se despedir de ninguém, tampouco deixar sinal de seu paradeiro.

O grito de dor que Hazem soltou ao saber da verdade ecoou demoradamente por todo o palácio.

– Estás brincando comigo?!

– Não, filho, antes estivesse...

– Nebseni não pode ter feito uma coisas dessas comigo, não pode, mãe!

– Eu sinto muito.

Babeth sentiu pena do filho. Seus olhos lacrimejantes expressavam uma dor descomunal, e Babeth chorou com ele.

Um súbito sentimento de culpa começou a esmagar o coração daquele homem apaixonado, algo em seu interior ou uma voz vinda do Além dizia que o culpado pela atitude de Nebseni era ele. Única e exclusivamente, ele.

– A culpa é toda minha... toda minha... – desabafou Hazem exasperado. – Mas Nebseni não pode ter ido longe. Não pode! Vou reunir toda a guarda e mandar revistar cada canto deste país até descobrir seu paradeiro. Não sossegarei enquanto não a trouxer de volta para o meu lado... que é seu lugar de direito. O lugar que os deuses determinaram...

A partir daquele momento, a vida para Hazem pareceu uma contagem regressiva em direção à morte, sua morte.

11
Sob um céu de saudade...

Transtornado, Hazem imediatamente se reuniu com seus conselheiros e com Solovar, o general do Exército e ordenou:

– Ide com magotes de soldados procurar vossa rainha Nebseni até as mais distantes províncias. Batei em todas as portas, de ricos e pobres residentes por todo o Egito até encontrá-la, seja sob a luz de Rá ou sob a luz de Thot, e a trazei de volta para o lugar real e divino que é dela por direito.

"Aquele que encontrar a rainha seja ele o mais ínfimo soldado terá régia recompensa. Será elevado à primeira categoria, receberá honrarias e seus pósteros serão desobrigados para o resto de suas vidas de pagar qualquer imposto."

Cada soldado apoderou-se de seus aprestos e partiram todos ao dealbar da aurora.

A seguir, Hazem se recolheu no templo de orações na companhia dos sacerdotes para orar por seus fiéis soldados, a fim de que eles tivessem êxito na busca de sua amada esposa.

– Oh! Grande Rá – exclamou Hazem, com uma voz que lhe vinha d'alma –, querido Senhor, Pai e Benfeitor dos egípcios, estende tua mão sobre tua filha escolhida para dirigir teu país e comandar sua prole ao meu lado.

E empinando-se para a frente, alçando os braços num gesto de respeito, acrescentou:

– Protege-a de todo o mal onde quer que ela esteja até que meu soldados a encontrem. O Egito precisa dela para ser comandado, guiado, vivido e alhanado. Oh! Grande Rá traz Nebseni de volta a este palácio, que é sua morada, seu templo...

Hazem ergueu a cabeça e, tomando um amuleto, estendeu os braços para o alto em fervorosa ação de graças.

Combalido, acabrunhado, o monarca recolheu-se naquela noite aos seus aposentos sem tocar na refeição que lhe serviram. A taça com vinho também ficou intacta e ninguém ousou quebrar o pesado silêncio que permaneceu o tempo todo em sua companhia.

Na manhã seguinte, Hazem acordou com o gosto amargo e persistente da saudade. Nem bem abrira os olhos voltou imediatamente seus pensamentos para os deuses. Beliscou alguma coisinha durante o dejejum e imediatamente se dirigiu ao templo de orações na companhia dos sacerdotes, onde ficou enfurnado até o anoitecer em profunda corrente de oração.

Os dias foram se passando, logo se tornaram semanas e nem sinal de Nebseni.

A saudade então começou a devastar o corpo de Hazem. E além dela havia o medo. O medo de algo que ele próprio não sabia definir.

Todos que o amavam profundamente começaram a se preocupar consideravelmente com seu estado de saúde física e mental. Sua mãe principalmente. Sabia que o filho gemia surdamente. E por vê-lo naquele estado, sofria tanto quanto ele.

Toda noite Hazem se recolhia, deprimido e triste em seu quarto, sentindo o medicamento prescrito pelos médicos, para relaxar e poder dormir mais sossegado, queimando-lhe o estômago e lhe provocando ânsia de vômito. Ânsia que o fez muitas vezes vomitar.

Infelizmente, o medicamento nunca lhe surtia efeito, o rei ficava então caçando o sono e quando conseguia adormecer, logo acordava gritando ou suando frio, chamando desesperadamente por Nebseni.

Uma noite, exausto de tanto procurar pelo sono, Hazem levantou-se e caminhou até o corredor frente ao seu aposento de onde podia avistar o Nilo. Queria vê-lo, mesmo que de longe, pois toda vez que seus olhos pousavam no rio, sentia-se mais tranqüilo. No entanto, a noite estava tão escura que ele não pôde enxergá-lo dali. Mas sabia que ele estava lá fora, assim como Nebseni em algum ponto de sua extensão.

Ele voltou para a cama e tentou dormir. Estava quase adormecendo quando ouviu uma voz interior lhe dizer algo apavorante:

"Ela já pode ter morrido e tu estás aí aguardando sua volta em vão."

A hipótese era altamente plausível. Se Nebseni tivesse morrido ele não teria como saber. E pior, teria morrido em qualquer lugar sem que seu corpo fosse devidamente embalsamado o que era imprescindível para abrigar seu espírito novamente, caso Osíris a julgasse digna de regressar ao Egito.

Não, aquilo não podia ter acontecido a Nebseni, tampouco poderia acontecer. Nebseni não merecia morrer tão jovem. Ísis não permitiria, não permitiria jamais.

Ainda assim o comentário deixou-o inquieto e essa inquietação o fez desistir do sono e seguir até o templo de orações, no qual vivia entrevado diariamente para suplicar aos deuses que protegessem sua mulher adorada e a trouxessem de volta para o palácio o mais rápido possível, sã e salva.

Na manhã seguinte, uma violenta tempestade se abateu sobre Heliópolis, amenizando o calor que havia feito nos últimos dias. Os raios e o som ameaçador dos trovões pontuavam as palavras do jovem faraó para Ankh.

– Espero sinceramente que Nebseni esteja abrigada, meu *irmão*, seja lá onde for.

– Ela deve estar, Hazem, acalma-te – confortou Ankh, tomado de pena e adquirindo um tom sério, acrescentou: – agora, tu precisas te alimentar, Hazem, antes que teu corpo sucumba à fraqueza.

– Não tenho fome, não tenho sede...

– Ainda assim, deves te esforçar, nenhum físico, por mais protegido que seja pelos deuses, mantém-se vivo sem uma alimentação sadia.

Era verdade, Hazem sabia, ainda assim apenas beliscou uns pedaços de pão.

Desde a partida de Nebseni, Nofretiti era só sorrisos e gratidão. Gratidão aos deuses por terem levado aquela que tinha como rival para bem longe dela, do filho e de Hazem.

Nem era preciso questionar quais as razões que fizeram com que Nebseni partisse sem se despedir de ninguém na calada da noite. Principalmente do marido. Partira para fugir da humilhação por se ver incapaz de dar ao seu homem amado um filho tão lindo e saudável como Alar.

Não demoraria muito para que Nebseni caísse no esquecimento e ela reinasse absoluta ao lado de Hazem, acreditou Nofretiti.

Um sorriso malicioso enviesou todo o seu lábio. No entanto, despencou de sua face na mesma rapidez com que apareceu. Assim que um pensamento sagaz atingiu seu cérebro por inteiro.

Por mais que Nebseni houvesse partido do palácio, da vida de Hazem, sem deixar paradeiro, aquilo não queria dizer que ela, Nofretiti, estaria livre de Nebseni para todo o sempre. Os magotes de soldados que o marido mandara ao seu encalço poderiam encontrá-la e trazê-la de volta para o palácio, transtornando novamente sua vida conjugal.

Os olhos aturdidos e felinos de Nofretiti piscaram de pavor enquanto um calafrio de medo congelava suas entranhas.

Para se ver livre de Nebseni de uma vez por todas era preciso que ela morresse de inanição, de uma doença sem cura, qualquer coisa, antes que os soldados a encontrassem. Só assim ela ficaria livre dela para todo o sempre.

Era preciso também que seu corpo não fosse encontrado em hipótese alguma, principalmente pelo marido, pois se Hazem o encontrasse ele lhe daria um funeral com todas as honrarias e a mumificaria permitindo que Nebseni chegasse até Osíris e lhe respondesse suas quarenta e duas perguntas.

Sendo Nebseni boa como era, Osíris, certamente permitiria seu regresso à Terra, com isso ela voltaria a se interpor entre ela e Hazem estragando mais uma vez seus planos, roubando-lhe a paz.

Não, o corpo de Nebseni não poderia ser mumificado* jamais. Jamais!

Nofretiti elevou novamente seus pensamentos a Ísis para que ela a ajudasse a evitar que Nebseni fosse encontrada viva ou morta por Hazem. A qualquer custo.

Atarantada de preocupação, Nofretiti partiu imediatamente à procura de um dos sacerdotes do palácio.

– O que a trazes aqui, minha rainha? – perguntou Mersu, o sacerdote.

– Desejo saber o que é preciso fazer para que a deusa Ísis afaste forças malignas de meu marido, de mim e de meu filho.

– As forças malignas são proferidas por uma pessoa viva ou morta? – perguntou o senhor de modo direto.

– Pelo que sei, ou melhor, pelo que sinto, é um espírito que ainda habita o reino dos vivos – respondeu Nofretiti seriamente.

– Compreendo.

– Sei que Ísis tudo vê, tudo protege, mas preciso da ajuda do senhor sacerdote urgentemente, pois esse mal está afetando drasticamente

---

*Os egípcios acreditavam nessa época que somente mantendo o corpo devidamente embalsamado é que o espírito poderia reencarnar na Terra. Daí a importância de embalsamá-lo devidamente. O fundamento do embalsamamento mudou com o passar dos séculos. (N. do A.)

97

nosso faraó e isso compromete negativamente o nosso estimado Egito. Compreendes?

O homem assentiu com a cabeça pensativo.

– Eis o que deves fazer.

Desde então Nofretiti dedicou boa parte de seus dias a proferir orações e a espalhar amuletos pelo palácio na intenção de afastar todo mal dali, um mal que tinha um nome bem definido – Nebseni.

Nos meses que vieram, Hazem tornou-se ainda mais deprimido. Nada nele lembrava o jovem saudável e cheio de vitalidade de outrora. Acordava diariamente tomado de desinteresse pelo dia e o mesmo desinteresse se estendia às necessidades do Egito.

Os únicos momentos de alegria que ainda usufruía eram quando se via diante do filho. Alar era o único capaz de alegrá-lo um pouco, fazê-lo rir ou chorar de emoção. Mas assim que se distanciava do garoto, a depressão voltava a açoitar seu coração.

Hazem estava ciente de que precisava encontrar Nebseni enquanto ainda lhe restavam forças e antes que seu corpo sucumbisse à saudade que sentia dela.

Cansado de esperar que seus soldados encontrassem a mulher amada, o jovem faraó resolveu, ele mesmo, certa manhã, partir ao encalço da rainha desaparecida. Imediatamente, formou uma caravana para acompanhá-lo. A decisão chocou todos, principalmente Nofretiti, Samira, Babeth e Ankh.

– Tu estás fraco, meu irmão. Não vás! – protestou Ankh, exasperado.

– Preciso ir atrás dela, Ankh... Tu sabes que preciso ir... antes que a saudade arranque de mim a última centelha de vida.

Hazem respirou profundamente e acrescentou emocionado:

– Desde que ela se foi parece que há um peso puxando minhas tripas para baixo. Como se a terra quisesse me tragar vivo.

– Eu vou contigo! – prontificou-se Ankh.

– Não! Preciso de ti aqui cuidando de tudo na minha ausência. Minha busca pode levar mais tempo do que se pensa... Cuida de minha mãe, minha segunda esposa, minha irmã, meu filho...

– Se tu preferes assim...

– Prefiro.

Depois de uma breve pausa, Hazem falou com profundo pesar:

– Se não reencontrá-la, Ankh, prefiro morrer.

– Não digas isso, tu tens um filho para criar, o Egito para administrar. O Egito depende de ti, Hazem. Não te esqueças disso!

– O Egito nada é sem o Nilo. Nebseni é o Nilo da minha alma. Sem ela minha vida não tem sentido... não há razão para eu existir, não há sequer razão para eu chegar até Osíris, responder suas perguntas... ter meu coração pesado na balança...

– Eu sei, meu irmão, eu sei – respondeu Ankh, choroso.

– Cuida de meu filho, Ankh, por favor, cuida principalmente de meu filho adorado – ao dizer "filho", Hazem rompeu-se em lágrimas.

Ankh imediatamente o acolheu em seus braços e os dois ficaram ali agarrados um ao outro chorando convulsivamente.

– Que Ísis te proteja, meu faraó.

– Que Ísis te proteja também, meu amigo-irmão.

Sem mais delongas, Hazem partiu acompanhado de uma caravana composta de cerca de vinte homens e seis mulheres, em busca do paradeiro de Nebseni.

Ankh ficou no parapeito do palácio vendo a caravana seguir caminho até perdê-la de vista. Havia mais alguém observando a partida de Hazem. Era Nofretiti, e de seus olhos escorriam lágrimas profundas e doridas.

– Hazem vai encontrá-la, Hadail, e vai trazê-la de volta a este palácio – disse ela para o fiel mucamo parado atrás dela.

– Não te desesperes, minha ama.

– Como não me desesperar, Hadail? Desespero-me sim. Se aquela ordinária voltar para cá, Hazem nunca, nunca vai me ver por inteira, nunca vai me deixar ocupar seu coração.

99

Hadail baixou o olhar amargurado.

– Por outro lado, Hadail – continuou Nofretiti –, temo que se ela não voltar... Hazem morra de tristeza...

– Então é melhor que ele a encontre e a traga de volta, minha senhora.

– Eu sei... não há outra saída. Mas eu te digo uma coisa, Hadail, ele deveria esquecer-se de Nebseni para sempre, para todo o sempre... algo me diz que ela ainda vai acabar matando-o de um modo ou de outro.

As palavras de Nofretiti foram pronunciadas com tanto ímpeto que o fiel criado assustou-se. As mesmas palavras ecoaram até os ouvidos de Samira que se encontrava nas imediações, não muito longe dali, em surdina. Seu cenho fechou-se diante do que ouviu e um certo tremor brotou em seu peito.

Nofretiti caminhou cabisbaixa de volta ao quarto onde se encontrava seu filho. Pegou-o nos braços e o apertou fortemente em seu peito. O gesto então a tranquilizou ao menos naquele momento.

Quando Babeth se viu a sós com Ankh, desabafou:

– Meu filho não devia ter cometido essa loucura, Ankh. Não devia...

– Mas...

– Tu deverias tê-lo impedido.

– Eu bem que tentei, mas...

– Hazem está muito fraco, com a saúde debilitada...

– Eu sei.

Babeth reforçou sua opinião:

– Deverias tê-lo impedido, Ankh...

– De que adiantaria impedi-lo, minha senhora? Se ele aqui ficasse, preso à saudade de Nebseni, não tardaria a ser morto por ela. Saudade mata, ainda mais a que Hazem está sentindo por ela. Ao menos, enquanto estiver à procura dela, a saudade vai lhe dar uma trégua e lá fora ele tem bem mais chances de encontrá-la do que aqui. Os deuses permitam que ele a reencontre, pois só assim recuperará sua vitalidade e seu ânimo de viver.

Babeth olhou seriamente para o futuro médico e disse:

— Se ao menos houvesse um remédio para curar essa saudade...

— Não há – respondeu resoluto. – A não ser, a própria Nebseni...

Babeth soltou um suspiro carregado, tenso, e disse:

— Se Nebseni amasse Hazem de verdade não teria ido embora jamais, veja só o que sua partida lhe causou.

— Creio que nem ela própria pensou que Hazem sofreria como vem sofrendo. E mesmo que tenha passado por sua cabeça tal hipótese, certamente deve ter achado que o filho, adorado, aliviaria a sua dor, o entreteria e o faria aceitar a ausência dela de sua vida...

— A princípio pensei o mesmo...

— Todos nós, creio eu...

— Confesso, Ankh, que Hazem me decepcionou. Pensei que era um homem forte, criei-o para ser um homem forte e, no entanto...

— Babeth... todos nós somos fortes, mas diante do amor nos tornamos frágeis como um cristal. Nada mais que uma duna do deserto... uma simples rajada de vento tem o poder de derribá-la com seu sopro. No íntimo admiro Hazem... o amor entre ele e Nebseni me aterra, jamais vi alguém amar assim um ao outro com tanta intensidade, beleza, sinceridade...

— Tudo o que não tem limites torna-se perigoso... – acrescentou Babeth, pensativa.

— Perigoso?

— Sim. Quando um indivíduo começa a depender da pessoa amada para viver sua vida, corre um tremendo perigo. Porque se essa pessoa amada morrer ou desaparecer como fez Nebseni, esse indivíduo estará perdido. Exatamente como está acontecendo com Hazem.

"Tudo aquilo de que nos tornamos dependentes na vida não nos faz bem. É altamente perigoso. Devemos amar, mas jamais nos tornarmos dependentes do amor. Aquele que se deixa escravizar pelo amor, pode ser destruído por ele quando este bem quiser. Devemos amar sim, mas amar na medida certa, com respeito... Foi isso que eu aprendi ao longo da vida."

– Para muitos amar na medida certa é tão difícil...

– Para muitos esta é a grande lição da vida...

Ankh gostou do que ouviu. Babeth havia dito palavras de um profundo sentido e significado. Veio-lhe à mente, naquele instante, o rosto da irmã. Nofretiti era uma das pessoas que precisava aprender a amar na medida certa, deixar de ser, enfim, dominada pelo amor e seguir em frente dominando o amor, caso contrário, sofreria a vida toda por amar perdida e descontroladamente Hazem.

Se houvesse aprendido a dominar o amor que sentia por Hazem e não tivesse se deixado ser dominada por ele, teria evitado aborrecimentos na vida e perturbações inumanas; poderia ter encontrado a felicidade que todo ser humano almeja, homens e mulheres, ao lado de um homem que a amasse reciprocamente...

Amar reciprocamente... isso sim, valia a pena... esse sim era o ideal do amor... de um verdadeiro amor... uma atitude digna para consigo próprio e para com o próximo... uma atitude de respeito!

Diante da reflexão, Ankh sentiu pena de Nofretiti, uma pena terrível. Àquela altura ela devia estar arrasada duplamente, com a partida de Hazem e os riscos que sua jornada poderia acarretar a ele, enfraquecê-lo ainda mais, definhá-lo por completo, além da possibilidade de Nebseni voltar a morar no palácio.

Novamente Ankh repetiu para si mesmo: "Mas essa é a única salvação de Hazem, o único remédio que pode fazê-lo recuperar sua vitalidade e seu ânimo de viver".

Elevando os pensamentos a Ísis, suplicou: "que Hazem encontre Nebseni, que reencontre a mulher amada e a traga de volta para viver a seu lado, para seu próprio bem. Para o bem de todos os seus familiares e do próprio Egito."

A caravana que acompanhava Hazem atravessou noites e noites sob o luar dealbando as dunas do deserto sob um céu recamado de milhares de estrelas e guiados pelos últimos resquícios de esperança.

Cerca de um mês e meio após sua partida, Hazem regressou ao palácio. Ao ser informado de sua chegada, Ankh correu ao seu encontro ansioso por revê-lo. Tomou-o nos braços e apertou-o fortemente contra o peito.

– Hazem, meu Hazem, quantas saudades!

– Meu amigo-irmão, que bom reencontrá-lo. Que bom... – saudou o faraó, emocionado.

Os dois se abraçaram novamente e só quando Ankh se desvencilhou dos braços de Hazem é que pôde observá-lo melhor.

Ainda se encontrava magro e abatido, apesar de estar bronzeado pelo sol escaldante do deserto. Só uma coisa havia mudado nele, seu olhar. Havia um brilho nele, um brilho de alegria e alívio agora. Ankh logo compreendeu a razão. E sorrindo verdadeiramente feliz Ankh exclamou:

– Tu a encontraste, não é Hazem? Tu a encontraste!

Hazem afirmou com a cabeça que sim e ambos irromperam em lágrimas, lágrimas de alegria. Hazem por ter encontrado Nebseni e Ankh por saber que amigo-irmão teria novamente ao lado dele sua amada esposa.

12
Só por Deus...

A seguir, o rosto de Hazem endureceu e, num tom preocupado, disse:

– Preciso de tua ajuda, Ankh*. Nebseni não está bem. Encontrei-a adoentada e muito febril.

– Onde ela está?

– Vem. Mandei levarem-na para o quarto dela.

Diante de Nebseni estendida sobre a cama, Ankh compreendeu de imediato que a felicidade que Hazem sentiu por reencontrar a primeira esposa fora tanta que lhe passou despercebido o quão grave era o estado de saúde dela.

Ankh imediatamente tomou-lhe o pulso. Estava fraco, fraquíssimo. Nebseni ardia de febre. Uma febre demoníaca. Não era preciso examiná-la mais profundamente para saber que o mal, que se abatia sobre ela, era letal. Se quisessem salvá-la, os médicos teriam de agir rápido, muito rápido.

Novamente, Ankh observou a jovem rainha acamada mais atentamente. Apesar de doente, Nebseni ainda mantinha sua beleza infinita e encantadora. Perturbadoramente encantadora.

---

*O rapaz, nesta época, prestes a se formar em medicina já auxiliava os médicos. Uma espécie de residência médica. (N. do A.)

A notícia da volta de Nebseni foi como uma punhalada em Nofretiti. Infelizmente, ela não morrera como ela tanto rogou aos deuses. Que ingratidão por parte deles, ainda mais depois de todas as horas que gastara orando, fazendo-lhes oferendas e defumando os cantos do palácio com preces e objetos religiosos. Decepcionante. Simplesmente decepcionante.

Ao saber do estado delicado de saúde de Nebseni, uma luz iluminou os pensamentos dela. Sem delongas, partiu atrás do irmão. Aguardou ansiosamente até que ele estivesse só para lhe falar. Disse:

— Deixe-a morrer, meu irmão.

Ankh voltou-se para a irmã agonizando de indignação pelo que acabara de ouvir.

— O que disseste? Como és capaz, minha irmã?

— Deixe-a morrer pelo próprio bem de Hazem, Ankh... – reforçou Nofretiti, num tom autoritário.

— Se ela morrer, Nofretiti, Hazem morrerá também. Será que tu não percebeste ainda... Há um laço que os une, um laço invisível. Que alimenta a vida de ambos... Se for rompido...

— Deve haver uma poção, um feitiço, capaz de libertar Hazem dessa paixão doentia por essa vadia...

— Se houver, tu, minha irmã, serias capaz de tomá-la? Pois tu também vives uma paixão doentia por Hazem. Seria mais fácil tu te livrares da paixão que sentes por ele, do que...

As palavras de Ankh chocaram e enervaram Nofretiti profundamente. Ankh estava prestes a deixá-la quando a voz aguda e determinada da irmã o deteve:

— Se não fizeres o que te peço, direi a todos o que sei. A todo o Egito... e tu perderás todo o prestígio que tens.

O tom da irmã assustou-o bem mais que a ameaça. Voltando-se para ela, perguntou-lhe procurando manter seu tom normal:

— Do que falas?

— Eu sei, Ankh, eu sei o que fizeste ao antigo faraó.

Ankh engoliu em seco e pareceu ser envolvido por um transe profundo durante alguns instantes.

– Sei que tu e Hazem fizeram alguma coisa com o corpo mumificado dele para impedi-lo de se defender diante de Osíris.

Ankh não sabia o que dizer nem o que pensar, mas conseguiu perguntar:

– Tu serias capaz de delatar teu próprio irmão?

– Sou capaz de fazer qualquer coisa por Hazem... pelo amor de Hazem.

– Repito o que te disse há pouco, Nofretiti – tornou Ankh, rispidamente: – se Nebseni morrer, Hazem morrerá com ela.

– Ele vai se recuperar com o tempo.

– Não creio... só sei que tens mais chances de tê-lo ao teu lado, minha irmã, ao longo desta vida, se Nebseni sobreviver... pensa nisso.

Nofretiti emudeceu.

Naquela noite, a segunda esposa do faraó estava prestes a se recolher quando sentiu uma vontade louca de ver Nebseni, mesmo correndo o risco de ser contaminada pelo mal que devorava seu corpo. Ela precisava vê-la. Vê-la à morte. Indefesa, prestes a apodrecer por completo como ela sempre almejou.

Infelizmente, Nofretiti se viu obrigada a mudar de ideia ao avistar o aglomerado de pessoas, sacerdotes, curandeiros, aias, entrando e saindo do quarto de Nebseni. Ela queria vê-la a sós, sem ninguém ao seu lado, perturbando-a. E assim, ela deixou a visita para um momento mais propício.

Junto da mulher velada, Hazem permanecia apertando-lhe uma das mãos com delicadeza, para que ela soubesse que ele estava ali, o tempo todo ao seu lado, rogando com ardor por seu restabelecimento.

Após velar a esposa por horas a fio, esquecendo-se até de prover os alimentos que seu corpo necessitava diariamente para manter suas forças, Hazem finalmente desgarrou-se da vista do quadro doloroso da esposa e recolheu-se aos seus aposentos.

Na quietude de uma manhã...

...por volta das dez horas, Nofretiti encaminhou-se novamente até o quarto de Nebseni. Ao contrário do murundu de pessoas, que se encontravam ali da outra vez, nesse dia não havia ninguém por lá, a não ser dois soldados guardando a porta.

Ainda que determinada a visitar Nebseni, Nofretiti sentiu suas pernas bambearem diante da entrada do aposento. Por pouco não mudou de ideia, respirou fundo para se dar a coragem necessária para prosseguir e entrou.

O aspecto do quarto era desolador, tanto quanto o da mulher estirada sobre a cama. Lá estava ela, Nebseni, extenuada como um cadáver, no seu leito de repouso, tão branca como a gaze que cobria seu corpo. Revestida de panos molhados de azeite e cercada de ânforas cheias de suco de sargaço como os médicos haviam solicitado.

Nofretiti fez sinal para que as aias ali presentes a deixassem a sós no quarto, no qual foi atendida prontamente. Ela então caminhou até ficar bem rente ao leito.

Seu rosto nada exprimia, a não ser um desconforto esquisito que parecia vir de sua alma. Um desconforto que a fez começar a suar de repente copiosa e vastamente. Ao olhar Nebseni mais de perto uma onda de piedade a invadiu, começando a vibrar intensamente em seu interior. Era como se ela compreendesse o que ela estava sentindo ali presa nas mãos daquela enfermidade horrível.

Teve muita pena de Nebseni, tão gravemente adoentada e estirada naquela cama. Tão debilitada, que parecia uma ânfora quebrada e tão inofensiva quanto uma flor de lótus.

Nada nela agora ameaçava Nofretiti. Simplesmente nada. Jamais ela pensou que um dia fosse ver Nebseni com os olhos da compaixão.

Tampouco se arrepender como se arrependia naquele instante por ter almejado tanta coisa de ruim contra ela.

Como podia estar com pena de Nebseni, justo ela, Nofretiti, que sempre fôra como um rochedo, firme e imutável...

Seus novos sentimentos em relação àquela que sempre tivera como rival a assustaram. Ou ela estava se tornando outra pessoa ou Nebseni tornara-se outra pessoa. Não, Nebseni ainda era a mesma Nebseni. Diferente apenas por estar doente. Então, só podia ser ela, a própria Nofretiti, quem mudara.

Já ouvira dizer que as mulheres mudam após ter filhos, que algo de bom aflora nelas. Deveria ser essa a razão por trás de sua mudança. Ela julgara Nebseni sem nunca se permitir conhecê-la direito. Tivera-a sempre como uma inimiga à espreita, uma intrusa, uma ladra que roubara o coração do homem de sua vida. Jamais se permitiu vê-la com outros olhos, saber quem era no íntimo, sua história, de onde provinha...

A vida dela devia ter sido bem difícil e triste, sem família, rodeada sempre de pessoas estranhas. Não deveria ter sido fácil...

Talvez houvesse espaço para as duas no coração de Hazem. Ela, de tão egoísta, é que não notara.

Nofretiti sentiu um arrepio ao deparar com a hipótese de que só estava sentindo tudo aquilo por Nebseni por crer que ela não sairia viva daquela doença, que em pouco tempo seria tragada pela morte deixando Hazem inteiramente livre para ela. Novamente arrepiou-se e indagou aos céus: Será?

Nem bem Nofretiti deixou o quarto, Hazem se juntou à Nebseni.

– Meu amor, não sei o que podes ouvir ou compreender. Por trás de teus olhos tu podes estar alerta e consciente ou completamente inconsciente. Talvez só percebas a claridade e os meus movimentos como percebe uma criança recém-nascida. Há bastante dano em seu cérebro eu sei, mas espero de coração que possas me ouvir, Nebseni... espero do fundo do meu coração.

Ele calou-se, engoliu seco, fechou seus belos olhos negros e disse com a voz ligada diretamente ao coração:

– Eu te amo... eu te amo tanto...

Para surpresa de Hazem, os olhos da esposa estirada na cama tremeram ligeiramente; era um sinal, pensou ele, o máximo que ela conseguiu emitir para revelar a ele que ouvira tudo o que dissera. Hazem soltou um suspiro de alívio e, emocionado, desabafou o que lhe vinha da alma:

– Alegra-me muito que estejas recuperando-te, meu amor. Em breve, muito em breve, com a proteção de Ísis tu estarás totalmente curada. E juntos poderemos viver felizes novamente como nos velhos tempos... Tu verás...

A boca de Nebseni se mexeu, em seco, sem emitir qualquer ruído. A voz de Hazem interveio:

– Acalma-te, meu amor. Não te esforces tanto... Assim que estiveres bem, teremos tempo de sobra para jogarmos conversa fora. Muita conversa fora...

Ele tornou a sorrir, emocionado. Voltou então, à sua memória, o dia em que ele a encontrara naquele estado deplorável e ela fingira não ser ela...

"Cansado de procurar pelo sono, ele havia deixado sua tenda para caminhar um pouco pelos arredores de onde sua caravana estava alojada. No meio do caminho avistou uma senhora idosa envolta em negro manto, carregando com muito esforço um jarro d'água, imediatamente procurou ajudá-la, mesmo sob seus protestos.

Logo, os dois chegaram a uma pocilga. A senhora voltou-se para ele, tomou-lhe o jarro e lhe agradeceu imensamente.

– Agora sai daqui, meu senhor – disse com certa tensão.

– Por quê?

– Porque há uma mulher gravemente doente aí dentro e sua doença pode ser contagiosa.

– Uma mulher?

– Uma jovem mulher...

– Preciso vê-la.

– Não faças isso, meu senhor. Sei muito bem que és o nosso faraó. Sentir-me-ia muito mal se o permitisse entrar aí pondo em risco tua vida.

– Agradeço tua preocupação para comigo, ainda assim preciso ver essa jovem – respondeu ele secamente e sem mais passou pela senhora e entrou no recinto.

O lugar cheirava muito mal e parecia um breu. Hazem voltou até a ruela, pegou uma das tochas dali e tornou a entrar no cortelho. Logo avistou a doente estirada sobre uma esteira num dos cantos do cômodo.

Com a tocha que trazia na mão, iluminou-a, e apesar de seu rosto estar terrivelmente mudado: pálido, olhos esbugalhados, quase disforme e suas vestes serem sujas e desmanteladas, ele reconheceu-a de imediato.

Finalmente encontrara Nebseni. Sua Nebseni.

Sob o revérbero das chamas da pequena tocha que iluminava o humilde aposento, Nebseni parecia apenas um corpo embalsamado, divinamente embalsamado pelas mãos habilidosas de um dos melhores mestres nessa arte do Egito.

Os olhos da doente piscaram lentamente, como uma rã pisca.

– Podes me ouvir, Nebseni? – perguntou Hazem embargado de emoção.

Ela olhou-o assustada, na verdade apavorada. Pareceu-lhe, a princípio, que ela não o reconhecera, ele então ajoelhou-se aos seus pés e iluminou melhor sua face para que ela pudesse vê-lo com mais clareza. Os olhos da esposa não mudaram nem se moveram. Pareciam paralisados, olhando para ele como se fosse invisível, como se ela estivesse cega.

O marido emitiu um suspiro de tristeza, pegou um lenço e enxugou gentilmente o suor que a febre provocava e que inundava o rosto de sua amada.

– Afasta-te dela, meu senhor. Antes que seja contaminado pela doença – alertou a senhora.

– Não, eu a levarei para o palácio agora mesmo; os médicos e sacerdotes, juntamente com a graça divina de Ísis, irão ajudá-la a recuperar a saúde.

Pouco importava se o corpo dele era ou não imune à doença que corrompia o corpo de Nebseni, ele arriscaria sua vida para tê-la novamente junto, custasse o que custasse.

A doente disse alguma coisa, mas sua voz era tão fraca que mal atravessou seus lábios. Hazem teve de pôr seu rosto rente ao dela para poder ouvi-la.

– Repete-me o que me disseste, Nebseni...

– Larga-me aqui, entrega-me à morte... médico nenhum pode me salvar, meu senhor...

– Não digas isso, tu haverás de sobreviver com a graça de Ísis...

– Deixa-me aqui, por favor – tornou ela, num tom ainda mais fraco – não sou essa mulher que tu procuras...

Hazem achou graça das palavras da esposa amada.

– És sim quem procuro, não precisas mais fugir de mim... quereres me enganar, quereres te enganar, sei que me amas tanto quanto te amo e se te dei motivos para duvidar deste amor imenso que sinto por ti, mil perdões, mil perdões, meu amor...

Receoso de que Nebseni fugisse dali mesmo fraca como estava, Hazem pediu à senhora que fosse até sua caravana e trouxesse um de seus guardas. A mulher não esperou ele ordenar pela segunda vez, partiu imediatamente. Hazem voltou então a olhar Nebseni de frente, sorrindo-lhe encantadoramente, ainda que ela o olhasse como se não o enxergasse.

Minutos depois, um dos guardas entrava na pocilga, onde Hazem permanecia rojado ao lado do corpo de Nebseni estirado na esteira. Disse:

– Meu faraó, estamos prontos para levá-la.

Hazem assentiu com a cabeça e em seguida Nebseni foi retirada dali sobre uma padiola envolta em panos alcatroados e levada diretamente ao palácio para receber socorros médicos urgentemente.

Emergindo de suas lembranças, Hazem ainda continuava com os olhos pousados sobre os olhos fechados de Nebseni. Apertando carinhosamente a mão delicada da mulher enferma entre as suas para que seu calor humano a confortasse.

– Mil perdões, minha amada... – murmurou ele a seguir.

Hazem prometeu-se naquele instante mais uma vez jamais sequer outra vez deixar de dedicar atenção e paixão àquela mulher que dava sentido a sua vida, como havia dado até a chegada do filho.

Os dias seguintes decorreram tristes e apesar de muitos egípcios orarem fervorosamente para que os deuses libertassem a rainha das garras da doença maldita que se alojara em seu corpo e a escravizara, muitos pressentiam a aproximação de uma desgraça iminente.

Tudo o que podia ser feito para que Nebseni recuperasse sua saúde já havia sido feito pelos médicos hábeis e de grande experiência.

Poções para fazê-la vomitar e sucos e ervas potentes para fazê-la recobrar sua saúde, haviam lhe sido administrados, mas nada surtia efeito.

Amuletos sagrados foram aplicados e poderosos ornamentos foram proferidos pelos médicos sacerdotes, mas a força maligna que se abatera sobre ela parecia ser ordinariamente indestrutível.

O sacerdote voltou-se para um dos médicos prostrado ao seu lado e, baixando a voz, quase num cochicho confidenciou:

– Que febre estranha essa. Parece até fruto de alguma força maligna. Algum espírito do mal.

– Deve haver algo mais que se possa fazer. Algum medicamento...

– Fizemos tudo o que estava ao nosso alcance. Simplesmente tudo. O corpo dela parece fechado para qualquer tratamento.

O sacerdote suspirou pesadamente:

– Ela não deve passar desta noite. É melhor prepararmos o faraó para a triste notícia. O quanto antes...

Alguém tinha de encontrar coragem para revelar a Hazem a verdade, por mais dolorida que fosse. Continuar a omitir dele o verdadeiro estado da esposa poderia fazer com que se revoltasse contra eles mais tarde. Mersus foi quem decidiu ser o portador da notícia.

– Fizemos tudo o que estava ao nosso alcance, meu faraó. Simplesmente tudo. Infelizmente sem sucesso... – o homem mordeu os lábios antes de acrescentar, receoso do efeito que suas palavras poderiam causar ao amado rei – meu senhor, não creio... não creio que ela sobreviva por muito mais tempo.

O homem baixou os olhos, apreensivo.

As palavras caíram sobre Hazem como lâminas cortantes a rasgar-lhe a pele, sangrando-a sem piedade. Enlouquecido, Hazem deu um murro no médico, um murro tão forte que o fez perder o equilíbrio e ir ao chão.

– Nebseni não pode morrer, não pode... – bramiu Hazem, revoltado, repetidas vezes, até sua garganta secar.

Em seguida correu para o quarto da esposa.

Os que se encontravam por lá se assustaram ao vê-lo chegar naquele estado perturbador e trataram logo de deixá-lo a sós com a rainha enferma.

Como sempre, ele ajoelhou-se ao pé da cama e se pôs a acariciar o rosto úmido de suor provocado pela febre ardente que queimava a esposa, sussurrando as mesmas palavras repetidamente:

– Vive, minha rainha, permanece viva!

Logo seu rosto parecia tão sem vida quanto o da esposa.

A mão de Hazem encaminhou-se para um dos amuletos que usava e seus olhos fecharam suplicantes, rogando a Amon-Rá mais uma vez que poupasse a vida de sua amada esposa.

No dia seguinte foi feita uma nova oferenda aos deuses. Vários bois foram sacrificados para que Amon-Rá afastasse os maus espíritos da morte de Nebseni. Ainda assim, nada fez com que a febre que queimava a rainha desaparecesse, tampouco desse uma trégua. A sensação de morte iminente podia ser sentida por todos, mesmos os mais distantes do palácio.

Às oito horas da noite, em ponto, Hazem estava novamente diante da porta do quarto que abrigava a esposa amada. Parou por instantes diante dela, procurando despir-se de qualquer esmorecimento e abatimento, pois não queria que, se a esposa porventura estivesse lúcida, o visse naquele estado deplorável.

Ao se ver mais calmo, tomou fôlego e atravessou a porta. Lá estava ela, sua Nebseni deitada como uma rainha, com seu peito subindo e descendo trepidamente.

Ao aproximar-se da cama, Hazem sentiu seu peito se incendiar de alegria ao ver que ela se encontrava com olhos semi-abertos.

Abriu um sorriso para ela e abaixou-se como um beija-flor para dar-lhe um beijo na testa. Assustou-se, sem deixar transparecer o susto, quando seus lábios tocaram a pele dela. Estava gelada, sardonicamente gelada.

Assustou-se também diante do manancial de tristeza que minava de seus olhos escuros e vidrados. Havia um misto de horror em meio à tristeza.

– Estou aqui, Nebseni. Estou aqui, meu amor – disse ele, entrecortadamente.

As pálpebras dela agitaram-se levemente enquanto seus lábios se moveram como se tentasse falar alguma coisa. Hazem levou seu rosto para mais perto dela e disse:

– Estou aqui, Nebseni. Estou aqui, meu amor. O que é?

Nebseni então falou num murmúrio rouco e agonizante:

– Quero que saibas... que saibas algo muito importante, meu faraó... – a voz dela parecia por um fio, espelho de sua vitalidade.

– Não te preocupes com isso agora, minha querida...

– Preciso... eu preciso dizer-te o que desconheces...

As palavras de Nebseni morreram em silêncio. Seus olhos fecharam-se e sua cabeça pendeu para o lado, sem vida, antes que pudesse dizer qualquer coisa.

13

A hora mais triste, a hora do adeus...

– Nebseni – chamou Hazem, com intervalos cada vez mais curtos entre uma chamada e outra.

De repente, gritos desesperadores começaram a atravessar seus lábios e logo o quarto foi invadido pelos sacerdotes e médicos que há pouco haviam se retirado dali.

Imediatamente, eles se puseram a friccionar desesperadamente a testa e as mãos da rainha com compressas umedecidas com essência revigorante na tentativa de reanimá-la. Restabelecer o sopro de vida. Mas nada mais podia ser feito. Nebseni estava morta. Irremediavelmente morta. E a descoberta não era bonita de se ver, tampouco de se sentir.

O faraó deixou o quarto completamente aparvalhado, repetindo o mesmo grito de dor, que reboou em todas as salas e corredores do palácio.

Nofretiti, que se encontrava brincando com o filho no pavilhão, ao ouvir os gritos desesperados de Hazem foi tomada de súbito desespero. Aqueles gritos pavorosos revelavam que Nebseni estava morta. Finalmente ela estava morta. Como ela sempre quis vê-la. No entanto, sentiu uma dor horrível apertar seu coração e uma vontade imensa de chorar, de dó pela morte daquela a quem tivera a vida toda como sua rival.

Nesse instante a voz de Ankh soou na memória de Nofretiti: "Se Nebseni morrer, Hazem morrerá", seu coração se apertou ainda mais, como se uma mão invisível estivesse ali a comprimi-lo. Segundos depois, ela mesma estava chorando descompassadamente pelo sofrimento do marido e pela própria Nebseni.

Ainda trêmula, Nofretiti pegou no colo o menino que engatinhava no chão e seguiu apressada para seus aposentos.

O corredor que levava aos quartos já estava repleto de gente que, entristecida, comprimia-se junto ao leito em que jazia a rainha morta...

Ao virar um dos corredores, Hazem colidiu com Samira e quase a derrubou. Ele se agarrou às mangas do robe dela enquanto lastimava, exasperado, agonizando de dor:

– Ela se foi... Samira... ela se foi!

A irmã acolheu o irmão que chorava como uma criança perdida, nos braços, afagou-lhe a cabeça lisa carinhosamente e disse:

– Tu precisas ser forte, muito forte, meu irmão... meu amado irmão.

Minutos depois, Ankh chegava até Hazem. Passou o braço por suas costas e o puxou contra si. Hazem encostou a cabeça no ombro do amigo-irmão, ficando ali como se fosse um ser lobotomizado.

– Tu fizeste tudo o que podias, meu amigo-irmão. Tudo. Osíris vai recebê-la no reino dos mortos e há de ser justo com ela.

– Eu odeio a morte, Ankh. Odeio-a!

– Eu sinto muito, meu irmão. Mas lembra-te de que ela, agora, será amparada por Osíris no reino dos mortos.

– É só o que me conforta.

– Não te esqueças, meu faraó, que teu filho ainda precisa de ti e muito. O Egito tanto quanto. Reage por eles!

Hazem pareceu surdo aos apelos do amigo. Tudo o que disse foi:

– Que Osíris permita que ela volte para o Egito, Ankh. Caso contrário, prefiro morrer.

Ankh mordeu os lábios, preocupado. Horas depois, o corpo de Nebseni foi transferido para a Câmara Funerária.

Como naquela época os egípcios acreditavam que uma pessoa morta precisaria de seu corpo tanto na vida após a morte quanto nesta própria vida, caso Osíris a considerasse digna de regressar para este mundo, tomava-se grande cuidado em manter os corpos dos mortos no mais perfeito estado durante o processo de mumificação.

Daí a razão pela qual Hazem fez questão de que o melhor embalsamador do Egito na época embalsamasse o corpo da rainha. Abusir, era seu nome e era considerado uma sumidade na arte de embalsamar, por seu dom divino de manter o cadáver com o absoluto frescor da vida, como se estivesse apenas repousando tranquilamente.

O escriba prontamente tirou do estojo a paleta e o cálamo e começou a transcrever no papiro a ordem real.

Assim que Abusir recebeu o comunicado, viu-se obrigado a passar os corpos que estavam em suas mãos naquele momento para os seus ajudantes e seguiu diretamente para Heliópolis.

Com o devido respeito, o corpo de Nebseni foi deixado de molho no banho de salmoura e azeitado pelo tempo necessário para o embalsamamento. Depois, foi esfregado com sais e só então foi devidamente envolto em ataduras e protegido por amuletos na sua viagem para o outro mundo.

Hazem ordenou uma escolta para guardar o corpo da esposa durante todo o processo de mumificação. Desde que um dos encarregados do embalsamamento havia sido pego violando o corpo de uma mulher recém-falecida, o rei decretou uma lei determinando que o cadáver de mulheres, principalmente o das mais belas, só fosse posto nas mãos dos embalsamadores sob a guarda acirrada de pelo menos dois soldados.

Durante os 70 dias que o corpo levou para ser embalsamado, os egípcios ficaram de luto. Um luto profundo onde as mulheres e os homens deixaram de cuidar de sua beleza e comer certos alimentos em sinal de respeito à morta.

Nesse período os artesões e artistas plásticos decoraram minuciosamente a tumba que abrigaria a rainha.

Junto à sala, feita especialmente para abrigar o sarcófago de Nebseni, foi também construída uma especial para abrigar os pertences dela: baixelas, pratos e taças de ouro e prata, vasos, áureas ânforas, roupas e jóias. Tudo enfim que lhe pertencera em vida.

E outra foi destinada para abrigar os animais mumificados: gatos, cães, crocodilos, macacos, gazelas e íbis que eram oferecidos aos deuses como oferendas. Pedaços de carne também mumificados foram postos ali para servirem de alimento na vida após a morte.

Seu sarcófago, o último receptáculo do corpo, recebeu uma atenção especial. Todo o seu interior foi decorado com textos e ilustrações que assegurassem o bem-estar do morto no outro lado da vida.

Em seu tampo foram pintados os dois olhos de Hórus, que tanto serviam de amuleto de proteção para o corpo do morto como lhe permitiam olhar para o exterior.

Dentro do magnânimo ataúde construído especialmente para abrigar o corpo de Nebseni foram colocados papiros com inscritos protetores. Bons augúrios como "Que sua cabeça não role...". Algo importante, pois uma múmia que perdesse a cabeça permaneceria acéfala por toda a eternidade, segundo a crença egípcia da época.

Foi posto ali também um mapa por meio do qual o falecido poderia encontrar o seu caminho no mundo subterrâneo.

Textos sagrados de uso exclusivo dos reis eram a parte mais importante da decoração do esquife.

Durante o período de luto profundo, Hazem definhou. Todos, dos mais próximos aos mais distantes, do mais pobre ao mais rico, que queriam bem ao faraó, e isso era praticamente o Egito todo, sofriam por ver a dor da perda corroê-lo física e mentalmente.

Antes do corpo de Nebseni ser completamente envolto com faixas de tela de algodão embebidas em cola, Hazem quis ver a esposa amada pela última vez. Ankh o acompanhou.

Se não fossem as ataduras que a envolviam até o pescoço, poderia supor que sua amada ia levantar-se a qualquer momento.

– Ela parece apenas adormecida, meu irmão – disse ele, emocionado.

– Eu sei.

Hazem admirou a esposa amada pela última vez por quase meia hora e Ankh o aguardou, até que disse:

– Agora precisamos ir, Hazem.

– Não. Deixe-me admirá-la por mais algum tempo.

– Os embalsamadores precisam terminar o trabalho deles... antes de serem passadas as bandagens.

– Por favor, Ankh.

O amigo-irmão engoliu em seco. Entristecido.

– Eu mal posso acreditar que isso tenha acontecido – desabafou Hazem entre lágrimas. – Não faz sentido... ela era tão boa...

Ankh agarrou com delicadeza o braço descarnado de Hazem e, olhando firme em seus olhos, fez-lhe um pedido:

– Volta ao teu leito, meu irmão. Não esgotes tuas forças. Não permitas que a fraqueza se apposse de teu coração. Uma vez alojada por lá, vai sucumbi-lo.

Foi com grande esforço que Hazem foi arrastado para fora da Câmara Funerária pelo amigo-irmão. Durante o trajeto de volta ao palácio, Hazem estava tão desfigurado pela dor, branco como cal que Ankh temeu que seu coração parasse repentinamente de uma hora para outra.

Concluído o trabalho dos embalsamadores, o corpo estava pronto para seguir para a tumba. O dia do enterro chegara. E deparar com ele, era, no íntimo, a última coisa que Hazem queria viver na vida.

Era por volta das oito horas da manhã quando o imponente e interminável cortejo atravessou as ruas atúpidas de moradores, tapizadas de flores e ramos de palmeiras.

A multidão aglomerada, a perder de vista, de longe, lembrava uma massa negra, as cabeças comprimidas e entrelaçadas umas as outras ululavam febrilmente entristecidas. Outras bocas ululavam sem propagar som algum.

Lamentos, gritos e súplicas ecoavam pelo ar.

Ankh, silencioso, com olhar triste e embaçado pelas lágrimas contemplava o rosto triste e amargurado dos presentes.

O faraó seguia em sua liteira, na companhia dos padres que conduziam as estátuas dos deuses.

Logo o cortejo ganhou a planície além da cidade, onde uma multidão já aguardava ao pé do túmulo faraônico em que seria guardado o corpo de Nebseni mumificado.

Quando Hazem chegou diante do templo, o rosto dele se tornou ainda mais devastado pela dor. Todos os olhares se convergiam para ele, com comiseração e estima.

Ele era o soberano de todos eles, o escolhido pelos deuses para cuidar do país amado e vê-lo sofrendo daquele modo penalizava todos.

O grã-sacerdote, seguido dos acólitos e sacerdotisas, recebeu o corpo na entrada da tumba e o conduziu para dentro dela. Deu-se início então à cerimônia religiosa.

Finalizada, os grandes sacerdotes, acompanhados de seus dignitários começaram a deixar o túmulo. Hazem, no entanto, permaneceu prostrado onde estava desde que ali chegara, com a cabeça baixa, o olhar perdido, a derramar lágrimas que pareciam intermináveis. Lágrimas de uma dor aguda e profunda.

Ele não queria deixar Nebseni sozinha. Ela era sua, completamente sua. Sua mulher amada e idolatrada. Cujo destino os unira para viver sobre o Egito, servindo-o, liderando-o, abençoando-o.

Aquilo só podia ser um desatino do destino... um lapso... onde já se viu interromper a vida de uma mulher tão linda, humana, rainha exemplar daquele modo tão brusco?

A mão de Ankh pousou, calmamente, sobre o ombro esquerdo de Hazem, mas nem isso o despertou daquele estado lamentável. Com todo o carinho que lhe vinha da alma o amigo-irmão transformou em palavras aquilo que todos precisavam dizer a Hazem e não tinham forças:

— Precisamos ir, meu faraó.

Nada em Hazem se alterou.

— Hazem. Meu irmão, ouve-me, por favor. Sei o que estás sentindo. Todos nós compartilhamos a tua dor. De nada adiantará permaneceres aqui.

— Eu não posso mais voltar, Ankh. Vai. Deixe-me aqui com ela, por favor...

— Nosso povo precisa de ti. O Egito precisa de ti.

— Eu a amava, Ankh. Mais que tudo. Mais que a mim mesmo. Isto não é justo. Não é justo!

— Ela agora está sob os cuidados dos deuses. Do outro lado da vida.

— Eu a quero de volta, Ankh. Eles têm de permitir sua volta. Nebseni era boa...

— Os deuses reconhecerão isso. Agora vamos. Por favor.

Com tato, Ankh passou seu braço pelas costas do amigo dilacerado pela dor e foi arrastando-o para fora do túmulo.

A saída dele da tumba causou certo alarido e perturbação entre os presentes que aguardavam, em sinal de respeito, por seu faraó.

Ankh ajeitou o amigo na liteira que partiu em seguida de volta ao palácio, carregando um homem, cuja alma fora devastada pelo que muitos consideravam tratar-se de um lapso do destino.

A seguir, a tumba faraônica que agora abrigava o corpo de Nebseni e todos os seus pertences e fortunas foi fechada. E nada mais restou ali senão um silêncio dorido.

Assim que Hazem chegou ao palácio, recolheu-se ao quarto que ele ocupara com Nebseni, pedindo para não ser importunado por ninguém. Queria ficar só.

Nos dias que se seguiram, Hazem se manteve em completo isolamento, não saindo nem recebendo ninguém. Dedicava todos os seus minutos a um único propósito. Suplicar, com imprecações tremendas aos deuses, que protegessem sua amada no caminho até Osíris e que Osíris livrasse Nebseni daquela situação intolerável e imerecida.

O que o impedia de atentar contra a própria vida, não era o fato de o Egito estar sob seu amparo, tampouco o filho amado ou mesmo pelos deuses não aprovarem tal conduta. Era a fé, a fé absoluta de que Osíris absolveria Nebseni diante do julgamento e lhe permitiria voltar para o Egito para continuar a viver ao seu lado e governar seu país tão amado.

Uns diziam que Hazem derramou mais lágrimas desde a morte de Nebseni do que em toda a sua vida. Outros que ele carregava em seu coração toda a dor provocada pela saudade que se abatera e se abatia na alma de todo o ser humano.

Diante do estado desesperado de Hazem ninguém ali dormia mais tranquilamente. Somente quando dominados pela fadiga...

Quanto aos deveres do faraó, um dignitário passava para o rei os papiros que necessitavam de sua assinatura, e ele, sem se ater à leitura habitual que fazia antes de assinar qualquer documento, assinava a esmo, sem entusiasmo algum e em seguida outro dignitário lhes apunha o selo real.

Após mostrar ao faraó a saborosa refeição que havia sido preparada e insistir para que ele provasse dela mais uma vez, pelo menos um bocado, o cozinheiro calou-se, ao perceber que Hazem só estava ali de corpo presente. Um corpo isento de espírito, quase um vegetal, cuja alma havia sido arrancada de seu corpo e levada junto com a mulher amada para o reino dos mortos.

– Prova, meu senhor, ao menos uma taça de vinho para umedecer tua boca – insistiu o homem impondo uma taça cheia de vinho na mão na direção do rei.

Tanto o pobre homem insistiu que Hazem acabou aceitando, mas tudo o que fez foi apenas umedecer a ponta de sua língua, nada mais.

Novamente, o fiel criado se viu invadido de pena por seu amado e estimado faraó e pensando no amor:

"Ah! O amor, quão bom era senti-lo desabrochar no coração, vivê-lo , ele próprio já sentira na pele as delícias que ele provoca no ser humano e infelizmente a dor que ele provoca em todos quando se é obrigado a se separar de quem se ama por imposição da morte.

"Todos deveriam aprender a amar sem se apegar tanto ao amor de sua vida para evitar assim a dor terrível da separação. Mas seria possível amar sem se apegar tanto? Seria amor de verdade sem se sentir apegado?

"O ideal seria que os deuses tirassem a vida de um casal ao mesmo tempo para que nenhum sentisse a dor da perda, a saudade que nasce e corrói. No entanto, os deuses que comandavam o mundo haviam criado a vida daquele modo talvez para que todos aprendessem a a lição do desapego. Uma das mais difíceis.

"Sim, uma lição... Para ele a vida era feita de lições..."

Por mais que o tempo passasse, Hazem não conseguia acreditar que tudo aquilo estivesse acontecendo de verdade. Era absurdamente cruel demais para ser verdade. Ouvira dizer que a vida era cruel, mas jamais pensou que fosse cruel àquele ponto.

Novamente, Hazem se pegava passeando pelo quarto passando a ponta dos dedos por tudo o que ele acreditava que Nebseni havia tocado no aposento só para sentir o que havia restado dela ali.

Se Hazem fechasse os olhos poderia imaginá-la ali na cama, com seus olhos brilhantes e argutos pronta para lhe dizer: "Eu te amo!".

Podia sentir também através de um simples suspiro seu perfume suave e doce perfumando o ar ao redor. Ah! Que Osíris a absolvesse o quanto antes, ele não suportaria viver por mais tempo longe da mulher amada.

Nesse instante, as últimas palavras da esposa morta, pronunciadas segundos antes de ela falecer repetiram-se na mente de Hazem: "Quero que saibas... que saibas algo muito importante, meu faraó... Preciso... eu preciso dizer-te o que desconheces...", Hazem sabia que jamais poderia apagar de sua mente aquelas palavras, simplesmente por terem sido a última coisa que ela lhe dissera.

Mas afinal o que Hazem desconhecia? Ele, por estar tão atarantado, nunca parou para atinar.

14
Depois de ter você...

Ankh e Agmar caminhavam de mãos dadas vagarosamente, conversando descontraidamente pelo terraço da ala norte do palácio quando Ankh avistou Hazem debruçado sobre o parapeito da amurada da ala sul do palácio, olhando fixamente para o chão lá embaixo. Mesmo de longe, Ankh podia ver os lábios do rei tremendo e para Ankh, Hazem estava prestes a pular.

Tomado de desespero, Ankh largou sua esposa e se pôs a correr na direção do amigo-irmão. Ao se aproximar de Hazem, chamou-o com tanta força que sua voz ecoou pelos quatro cantos do palácio repetidas vezes.

O faraó tentou dizer alguma coisa, mas suas palavras saíram desconexas, ao fim, virou-se, caminhou até Ankh e se agarrou a ele, caindo num choro compulsivo e desesperador. Ankh imediatamente confortou-o em seu peito como quem conforta um filho a chorar de medo da escuridão.

Jamais Ankh vira alguém fisicamente ser dilacerado em tão pouco tempo pela dor da perda de um ente querido. O rosto de Hazem estava tão enrugado que lembrava um terreno cheio de erosões. Tudo aquilo por amor, pelo amor violento que sentia por Nebseni. Pela saudade esmagadora da mulher que o enfeitiçara com sua delicadeza, polidez e compaixão.

Diante daquela constatação, Ankh se perguntou se aquilo era amor de fato ou uma espécie de doença. Sempre ouvira dizer que o amor existia para unir os seres humanos e fazer-lhes bem, mas agora, diante da história de Hazem e Nebseni, o amor parecia a Ankh um ser cruel, desumano e mesquinho. Capaz de destruir uma pessoa sem dó a seu bel prazer.

"Teria o amor duas caras? Por trás de toda a sua beleza escondia-se um ser maléfico e sem coração?", indagou ele aos céus.

Hazem desvencilhou-se dos braços dele e em meio a um gesto de impotência com as mãos disse:

– Se Osíris não absolver Nebseni, permitindo sua volta para o Egito para viver ao meu lado para que continuar a viver por aqui?

Havia mais que tristeza profunda no tom que ele proferiu cada palavra, havia de fato a sombra da morte, notou Ankh apreensivo.

– Acalma-te, meu irmão. Tu precisas ser forte. Reagir – disse Ankh, num tom sério e ao mesmo tempo doce.

No entanto, suas palavras pareceram ter sido ditas numa língua desconhecida para Hazem.

Uma onda de desespero e ódio se desencadeou por todo o corpo de Ankh a seguir. Sim, ele estava com ódio. Um ódio mortal. Ódio de Nebseni.

Ele já sentira aquele ódio por ela antes, na verdade muitas vezes, mas fingira para si que não. Por achar que era um desrespeito para com a rainha. Mas agora bastava, tinha de ser honesto para consigo mesmo. Odiava Nebseni. Odiava-a profundamente por ela ter despertado em Hazem aquele amor descomunal capaz de elevá-lo às alturas e ao mesmo tempo ao fundo do poço. E algo lhe dizia que não era só ele quem a odiava por isso, muita gente, todos que queriam Hazem bem.

Nebseni entrara como uma brisa suave na vida dele e tornara-se uma tempestade de areia infindável. Se isso não houvesse acontecido, ele não estaria ali a ponto de atentar contra a própria vida.

127

Ah! Se ele pudesse voltar no tempo e impedir o encontro dos dois. Mudar todos os sonhos plantados por Hazem em relação a Nebseni que, quando colhidos, transformaram-se em pesadelos.

Ah! Se ele pudesse voltar no tempo. Ah! Se os deuses lhe concedessem essa graça. Ele jamais, jamais teria deixado o amigo-irmão ir assistir àquela maldita apresentação teatral.

Que pena ele não ter nascido com o dom de prever o futuro, pois se assim fosse, teria poupado a todos daquele sofrimento hediondo. A todos sim, porque por amarem Hazem como amavam, sofriam por vê-lo definhar daquela maneira escabrosa de saudades de Nebseni.

Agmar de longe olhava para a cena penalizada, rogando aos deuses, naquele instante, que afastassem de qualquer ser humano tamanha tristeza. Que não permitissem nunca mais que uma história tão triste como a de Hazem e Nebseni se repetisse com alguém.

Naquela noite, antes de se recolher, Ankh, como sempre fazia, foi até o quarto de Hazem ver como ele estava. Encontrou-o deitado na cama na posição fetal com os olhos inchados e o nariz carcomido pelo choro intenso e infindável que derramara há pouco. O faraó agradeceu a visita do amigo-irmão de forma sucinta seguido de um boa-noite.

Ankh descruzou os braços e esfregou a ponta do dedo indicador contra os dentes bonitos da frente, pensativo, por instantes, por fim disse suavemente:

– Boa noite, Hazem. Dorme bem, meu irmão.

Dali, Ankh seguiu pelo corredor até a varanda onde ficou por alguns bons minutos a contemplar a escuridão da noite deitada sobre o Egito.

Ao chegar em seu quarto, Ankh sentou-se na beira da cama e ficou olhando para as mãos em concha entre os joelhos. Também se sentia deprimido por ver o sofrimento do amigo que considerava como um irmão. Não conhecera a profundidade da dor e da tristeza que a morte causava nas pessoas até a morte de Nebseni.

Era incrível, simplesmente incrível o que a morte podia causar nas pessoas, incrível e assustador. Toda a saúde de Hazem, e provavelmente todo o resto de sua vida, dependia da superação daquela tragédia. E algo lhe dizia que ele não iria superá-la. Uma estranha angústia dominou seu peito.

Ankh levantou-se e caminhou silenciosamente até o móvel onde guardava alguns de seus apetrechos médicos. Foi uma ação inconsciente, no íntimo procurava algo para distrair sua mente. Teve a impressão de que alguém mexera nas suas coisas.

Observando melhor, percebeu que não era impressão, alguém realmente havia mexido em suas coisas. Mas por quê? Por que alguém faria aquilo? Ficou tenso. Por mais que se entregasse a uma reflexão profunda a respeito da intromissão não encontrou nenhuma razão plausível.

Enquanto isso, em seu quarto, Hazem procurava mais uma vez se conscientizar de que precisava dormir urgentemente. Havia noites que passava insone. O sono era o alimento da alma de todo ser vivo, ele bem sabia, sem ele em breve padeceria.

Uma boa dose de vinho poderia fazê-lo relaxar um pouco e quem sabe dormir por algumas horas.

Com esforço sobre-humano, Hazem foi até a mesinha que sustentava um jarro cheio de vinho e mergulhou nele um caneco de bronze. Estava prestes a sorver da bebida quando viu o rosto de Nebseni refletido na superfície da bebida, olhando-o com aqueles olhos graves e gentis. A visão fez a face de Hazem corar e seus olhos faiscarem de emoção.

Podia ver sua face tão claramente que parecia que ela estava lá pessoalmente. Viva como outrora. Sorrindo levemente para ele com seus lábios finos, tão atípico das mulheres egípcias, um sorriso que dava vontade de sorrir também. Mais que isso, de beijar aqueles lábios tão lindos e tão apaixonantes...

– Ah!, Nebseni,... adorada Nebseni – murmurou Hazem, encantado. – Osíris vai absolver-te permitindo tua volta ao mundo dos mortais, eu sei, eu sinto... E te espero ansiosamente...

Naquela noite, após muito tempo, Hazem dormiu, ainda que somente por quatro horas, um pouco mais em paz.

No dia seguinte, sob a orientação do sacerdote mor, Hazem formulou duas solenes petições, escritas de próprio punho. Uma foi destinada à poderosa deusa Ísis pedindo-lhe gentilmente que interviesse a favor de Nebseni caso porventura fosse necessário durante o julgamento diante de Osíris.

A outra foi destinada ao próprio Osíris pedindo gentilmente ao deus que perdoasse à esposa amada caso ela tivesse cometido algum deslize enquanto encarnada na Terra.

A seguir, o faraó depositou as cartas em urnas junto aos pés das estátuas dos dois deuses que ficavam nos templos do palácio. E uma torrente de orações foi proferida a seguir.

Mas o tempo foi passando, a saudade apertando e nenhum sinal de que Nebseni havia regressado do reino dos mortos.

Nofretiti caminhava em companhia do irmão. Ao avistar o marido debruçado sobre a amurada ela deteve-se. Ankh voltou o olhar na mesma direção e se entristeceu tanto quanto ela. Pelas colunas do pórtico, via-se Hazem pálido, de olhos brilhantes, ora perdidos sobre o Nilo ao longe, ora perdidos no céu.

– Hazem continua a se movimentar, mas por dentro está morto. Morreu no mesmo instante em que Nebseni deu seu último suspiro. – disse Ankh – Só na presença do filho é que ele volta a viver, embora apenas pela metade. Não é somente sua alma que está sendo carcomida pela saudade, seu corpo a acompanha.

O médico recém-formado balançou a cabeça desconsolado. Acrescentou:

– Hazem abandonou a si próprio, deve ainda manter-se em pé por auxílio dos deuses, caso contrário, creio eu, seu corpo já teria sucumbido à saudade da esposa amada.

– O problema é este lugar, Ankh. Tudo aqui deve lembrar Nebseni, trazê-la a sua memória. Se ao menos ele se mudasse daqui, passasse um bom tempo longe deste palácio, desta cidade...

– As coisas não mudam por uma simples mudança de cenário, minha estimada irmã – observou Ankh ondulando o cenho. – Não importa aonde Hazem vá, Nebseni vai acompanhá-lo porque ela ainda está viva, muita viva em seu coração. É ela quem tem de partir dali e para sempre para que Hazem volte a comungar com a paz. Enquanto ela não for levada do coração de Hazem, completamente, em sua totalidade, ele não terá sossego, tampouco paz.

Ankh inspirou o ar antes de acrescentar:

– O mais terrível e assustador é notar que Nebseni não está somente viva dentro de Hazem. Está viva dentro de todos nós. Como um fantasma.

– O que mais me choca e me entristece é ver que nem o pequeno Alar consegue mais entretê-lo.

Ankh explicou:

– Tudo que Hazem sempre precisou foi de Nebseni, nada mais... – o médico não conseguiu terminar a frase, pois uma voz num timbre diabólico interpelou seus pensamentos naquele instante.

O que ela lhe disse o fez estremecer por inteiro. Ela afirmava que tudo aquilo que estava acontecendo de ruim a Hazem e a todos era uma punição pelo que eles haviam feito ao corpo do faraó, Tantanuit. Ankh se arrepiou inteiro como nunca havia se arrepiado em toda a sua vida.

A enchente do Nilo passou e com a chegada do inverno Hazem tornou-se um homem ainda mais esmagado pela saudade de Nebseni. Ankh tentava reanimá-lo, divertindo o amigo com piadas e brincadeiras.

Hazem até que se esforçava para participar, mas logo se recolhia em seu mundo triste e melancólico.

Nofretiti, por sua vez, sentia-se esmagada de tristeza por ver o homem amado sofrendo daquele jeito e entregava-se a fervorosas orações em prol de sua melhora.

Em meio aos escombros sombrios que a vida de Hazem se transformara desde a morte da mulher amada, vez ou outra raiava uma luz sobre ele, era quando Nebseni aparecia em seus sonhos.

Num deles Nebseni veio flutuando sobre o Nilo, belíssima como sempre e sorrindo com a mesma ternura e encanto de antes. Ela cheirava a flores, as mais perfumadas flores e ao fundo tocava uma melodia que ele reconheceu de imediato. Tratava-se da canção que se tocava em homenagem a Ísis e que era capaz de tocar fundo no coração de todos aqueles que a ouvissem, toda vez que a ouvissem.

Nebseni parou diante de Hazem e lançou sobre ele mais uma vez seu sorriso encantador, mágico e sobrenatural. Ela então disse alguma coisa, no seu tom meigo de sempre, mas ele não conseguiu ouvir.

Ela então repetiu o que dissera e Hazem tornou a se esforçar para ouvir suas palavras, ainda assim levou tempo para compreendê-las.

Riu de todo seu esforço ao reconhecer que o que ela dizia, era simplesmente: "Eu te amo!". O velho "Eu te amo" de sempre. Dito de forma magistral. Tomado da mais pura sinceridade.

A frase penetrou fundo dentro dele; fazendo com que seu coração disparasse impetuosamente e só havia um jeito de acalmá-lo. Alcançando-a e apertando a mulher amada junto a seu peito. Ele tentou, mas não conseguiu, tentou outra vez, novamente sem sucesso.

Ela estava se distanciando dele e ele se desesperou ao perceber isso.

Em meio ao seu desespero, os lábios de Nebseni mexeram-se novamente. Ela disse mais alguma coisa, mas os ouvidos dele tiveram dificuldade para ouvir. Ela tornou a repetir o que disse, dessa vez um pouco mais alto. Era uma frase, algo que ele já ouvira. Sim, pouco antes de ela falecer. Novamente a frase ecoou em sua mente:

"Quero que saibas... que saibas algo muito importante, meu faraó... Preciso... eu preciso dizer-te o que desconheces..."

Hazem despertou do sonho soando em profusão e respirando ofegante.

Dias depois

Nofretiti atravessava a varanda tomada de colunas alegremente coloridas quando se deu conta de que todos os aposentos por onde passava estavam desertos e tomados por um silêncio esquisito e ameaçador.

Ela tentou afugentar a estranha sensação voltando o olhar para as colunas com frisos coloridos e decorados com lótus e papoulas, mas sem resultado.

Subitamente, teve a impressão de que era seguida por alguém. Voltou-se para trás percorrendo o olhar atentamente por todos os cantos que circundavam o ambiente, mas não havia ninguém por lá.

Uma rajada de vento roçou-lhe os cabelos, fazendo-a a estremecer. Era sempre assim, vez ou outra emergia de seu interior uma sensação de inquietude, como se houvesse um perigo ostentando para seu lado, um perigo iminente.

Ela tentava se acalmar lembrando a si mesma de que sua única inimiga, Nebseni, estava morta, embalsamada, mumificada, protegida por amuletos na sua viagem para o outro mundo.

Fosse quem fosse que parecia segui-la a fim de atormentá-la tratava-se de alguém de seu próprio mundo, alguém de carne e osso, porém, invisível.

Finalmente ela alcançou os fundos do salão, onde ficava o corredor que levava aos aposentos das mulheres. Assim que se encontrou em seu quarto, pegou o filho no colo e o apertou contra o peito, mergulhando numa oração em profunda concentração.

***

Samira e Arpad haviam viajado para Gebel, em férias e, ao voltarem, chocaram-se ao reverem o faraó. Ele estava tão esquálido e sem vida que o casal sentiu-se mal ao vê-lo. Ao contrário do irmão, Samira parecia outra mulher. Havia uma alegria diferente em seus olhos e todos chegaram à conclusão de que ela estava novamente grávida ou em breve haveria de ficar.

Mais uma noite Hazem foi convidado pelo mundo dos sonhos a sonhar com a mulher amada. Desta vez, Nebseni caminhava lentamente ao encontro de Osíris. Pronta para responder às quarenta e duas perguntas. Então ela sorriu, amável e agradecida ao ouvi-lo dizer:

– Tu foste absolvida, Nebseni. Absolvida. Agora podes voltar para o outro lado do mundo se assim desejares.

Hazem despertou do sonho suando frio. Passou a mão pela testa para enxugar o suor.

Apesar da noite fria de inverno, pareceu-lhe uma noite quente de verão.

Sentou-se à beira da cama e apoiou a cabeça sobre as mãos. Suspirou forte e se forçou a levantar, precisava tomar ar, sentir o ar frio da noite para dissipar o amargo calor que o envolvia.

O sonho novamente voltou-lhe à mente pesadamente a ponto de fazer sua cabeça latejar. Viu novamente Osíris absolvendo Nebseni como se ele estivesse presente de corpo e alma ao julgamento. Mas tratava-se apenas de um sonho, um sonho que ele gostaria que se tornasse real.

Hazem saiu como que se arrastando para fora do quarto. Seguiu para o corredor até a sacada descampada.

O frio da noite não foi capaz de amenizar o calor que sentia, ainda se sentia calorento e como se estivesse sob um sol a pino.

A lua pairando no céu chamou-lhe a atenção. Ao contemplá-la com admiração, sentiu seu interior se acalmar. Desde jovem, no início da adolescência, ele já havia percebido que a lua tinha esse poder.

134

Uma lufada de vento passou por ele fazendo-o despertar de sua contemplação. Sentiu um arrepio repentino e, num segundo, seu calor desapareceu; agora sentia o frio da noite a açoitá-lo. Agarrou-se em seus braços apertando-se fortemente a fim de se aquecer.

Nesse instante sua atenção foi despertada por um vulto de uma pessoa atravessando a extensão do corredor do seu lado esquerdo. Acreditou tratar-se apenas de mera impressão, mas logo teve novamente a impressão de ver o vulto de alguém ali nas imediações. Quem seria?

Caminhou até lá para descobrir. Não havia ninguém, senão a penumbra da noite. Sentiu novamente um arrepio tomar-lhe o corpo.

Ocorreu-lhe então que o vulto que vira há pouco era de Nofretiti, ele bem sabia que ela vivia a observá-lo à socapa.

Nofretiti... Toda vez que pensava nela sentia certa pena, tão devotada a ele e ao filho. Tão apaixonada por ele que não podia corresponder-lhe ao seu amor.

Ele sabia que o amor dela por ele era o mesmo que ele sentia por Nebseni e Nebseni por ele. Na mesma intensidade. Era para ele, de certo modo, reconfortante e comovedor saber disso, ao mesmo tempo, triste, por saber que nunca ela seria amada por ele reciprocamente.

Hazem despertou de seus pensamentos ao ver novamente o vulto de uma pessoa passar entre uma coluna e outra ao fundo do corredor. Seu corpo estremeceu nesse instante ao notar que reconhecera desta vez a silhueta daquele vulto. Ele mal podia acreditar. Ele só podia estar delirando.

O vulto visto era de Nebseni. Ele a reconheceria em qualquer lugar e tempo do inexorável infinito.

Pelos deuses, agora ele compreendia por que havia despertado do sonho daquela maneira. Não fora sonho, fora um enunciado dos deuses, comunicando que Nebseni havia de fato sido absolvida por Osíris.

– Nebseni? – sussurrou ele enquanto se punha a procurá-la pelos cantos e recantos do pórtico. – Nebseni, és tu? Sei que és tu, minha amada.

A procura não o levou a lugar algum, quando deu por si já estava em sua cama. Com uma sensação de paz, que havia tempos não sentia.

Hazem adormeceu e acordou diferente naquele dia. A visão de Nebseni na calada da noite não conseguia sair de seus pensamentos. Guardou segredo de todos, mas os familiares perceberam que algo nele havia mudado repentinamente.

Noite seguinte, todos já haviam se recolhido enquanto Hazem aguardava sentado no divã de seu quarto pela aparição de Nebseni.

Ele não tinha consciência se algo sobrenatural lhe dizia que ela iria aparecer ou se ele queria acreditar naquilo. Ao atingir o cume de sua paciência, o jovem faraó deixou o quarto em busca do espírito da mulher amada.

Aguardou pacientemente no mesmo local em que a vira na noite anterior. Tanta era a vontade de revê-la que a certa altura teve a impressão de ver o mesmo vulto que vira anteriormente. E na sua mente, o vulto seguira em certa direção. Foi para lá que ele se levou com as artérias pulsando de alegria.

Hazem apertou os passos entrando na escuridão que repousava pelos aposentos. Uma voz lhe dizia:

"Continua. Continua que tu vais encontrá-la. Não desistas. Prossegue!", repetia a voz em seu pensamento.

De repente, a voz silenciou-se, e ele logo compreendeu o porquê de seu silêncio. Era para ele perceber, em meio ao som de sua respiração ofegante, que não só seus passos estavam ecoando pelo recinto, mas o de alguém mais. A descoberta o deixou mais elétrico ainda.

O corredor findava numa escadaria que levava ao terraço superior. Ao chegar ali voltou imediatamente o olhar para o alto. Novamente ele lobrigou a silhueta de sua amada esposa, envergando longo hábito branco, cabeça envolta em branco véu, de pé, no alto da escada.

Imediatamente Hazem galgou a soberba escadaria fracamente iluminada por uma tocha presa à parede a qual apanhou e empunhando-a no braço alçado prosseguiu caminho.

Ao alcançar o terraço, Hazem estava tão vermelho e transpirava tão forte que parecia estar queimando de febre. Com os olhos estreitados percorreu toda a extensão do terraço, mas não havia ninguém ali. A não ser o cheiro pesado da atmosfera soturna da noite e o silêncio embriagador.

Ainda assim ele, perguntou:

– Nebseni, és tu?

Nenhuma resposta, senão o silêncio.

Apesar do desapontamento, seu rosto e seus olhos se iluminaram como havia tempos não acontecia.

"Era ela, sim... o espírito de Nebseni", disse para si mesmo, emocionado. Um sinal de que em breve ela estaria de volta ao mundo dos mortais. Hazem desceu a escada e se encaminhou para a ala dos quartos, sentindo-se mais aliviado e mais esperançoso.

Pelo caminho encontrou Nofretiti parada no meio do corredor a encará-lo. Ele a cumprimentou com o olhar e se recolheu sem dizer uma só palavra.

Naquela madrugada, Nofretiti ficou a procurar pelo sono, mas ele parecia um pássaro a voar noutra dimensão.

Nisso a imagem de Nebseni tomou-lhe a mente e por mais que ela tentasse escapar de seu olhar penetrante e desafiador, afirmando que ela era a culpada por toda aquela tristeza que tanto a amargurara e acabara por matá-la, bem como a dor que amargurava Hazem, ela não conseguiu.

No dia seguinte, Hadail assustou-se ao ver o rosto de sua querida senhora, ela era a própria imagem da angústia perplexa. Assim que os dois ficaram a sós, Nofretiti desabafou:

– Hazem está enlouquecendo.

– Não digas uma coisas dessas, minha senhora. Podes perder a cabeça por isso.

– Eu sei, eu sinto, Hadail. Ele está enlouquecendo.

– Eu sinto muito.

– E tudo por causa dela, Hadail. Tudo por causa daquela ordinária que mesmo morta não nos deixa em paz.

O tom de Nofretiti agravou-se a seguir:

– Pouco antes de Nebseni morrer, ela tentou dizer algo para Hazem...

– Como sabes, minha senhora?

– Ouvi quando ele contou a respeito para o meu irmão.

O mucamo compreendeu com o olhar. Nofretiti prosseguiu:

– Não houve tempo de ela dizer o que queria, pois foi tragada pela morte...

– E o que pensas que Nebseni queria contar ao rei, minha senhora?

– Tenho a impressão de que era algo contra mim... contra mim, Hadail, compreendes?

O mucamo assentiu com a cabeça.

– Eu temo essa mulher, Hadail, temo-a mesmo estando morta. Temo-a por mim e pela segurança de meu filho. Volta e meia tenho terríveis pesadelos com ela. Neles ela sempre me persegue, noutros me envenena com vinho. Repito o que disse, Hadail, tenho medo de Nebseni, pavor eu diria, mesmo estando morta.

O criado ousou olhar diretamente nos olhos de sua ama e, ao vê-los, pôde perceber que algo mais a incomodava.

– O que mais te afliges, minha senhora?

– Como sabes que me sinto aflita por mais alguma coisa?

– Como a senhora mesmo diz: eu sei, eu sinto.

Nofretiti soltou um sorriso amigável, mas logo seu rosto tornou a endurecer de tensão.

– Sim, Hadail, algo mais me preocupa, violentamente. E se Nebseni for absolvida por Osíris?

– Oh! Compreendo aonde queres chegar, minha senhora.

– Se ela for absolvida poderá voltar. Voltar à vida daqui e assim nunca mais nos deixará em paz! Ela não pode voltar para esse mundo, não pode... Preciso fazer alguma coisa, Hadail, enquanto ainda há tempo.

– O que queres dizer, minha senhora? Não compreendo.

– Preciso recorrer às magias e oferendas para afastar o espírito de Nebseni deste palácio e de todo o Egito.

– Farei tudo o que estiver ao meu alcance para ajudar-te, minha senhora.

– Eu agradeço. Agradeço-te muito, meu bom Hadail.

O mucamo soltou um suspiro tenso.

Noite seguinte

Enquanto Hazem aguardava mais uma vez pela aparição do espírito de Nebseni, cochilou. Quando despertou, precisou de alguns minutos para se lembrar onde estava e o que procurava fazer antes de ter cochilado. Sua respiração estava tão ofegante que ecoava pelo quarto de forma assustadora.

Ao voltar os olhos para o canto do quarto iluminado pela luz do luar que atravessava a janela, seu coração por pouco não parou.

Sob a luz do luar estava Nebseni. Usando seu roupão de seda todo bordado e desenhado a mão. Linda, faraonicamente linda e encantadora como sempre.

Hazem esfregou os olhos julgando-se semi-adormecido. Mas que nada, estava bem acordado. Permaneceu estático como uma estátua no quarto escuro perdido no tempo. Mesmo em meio à escuridão podia ver as lágrimas escorrendo dos olhos pretos de Nebseni. Seus olhos negros também derramavam lágrimas, lágrimas desorientadas e enlutáveis que escorriam por todo o seu rosto inchado e lívido.

De repente, Hazem viu Nebseni enxugar as lágrimas, atravessar o aposento e sumir na escuridão mais espessa. Ele levantou-se da cama num pulo e seguiu-a com uma força sobrenatural amparando sua pernas.

Ao sair do quarto encontrou o corredor a meia-luz, imerso num silêncio profundo. Algo dentro dele lhe apontou qual direção seguir.

A ansiedade o fez apertar o passo enquanto a respiração lhe queimava e o apunhalava num misto de prazer e dor.

"Não para, dizia uma voz em sua mente. Ela está lá, continua em frente!" As batidas de seu coração latejavam em seus ouvidos tanto quanto o som de suas sandálias ao tocar o piso.

As gotas de suor se misturavam às lágrimas a rolar por sua face. Lágrimas quentes e insopitáveis.

A ansiedade aumentava e latejava sem piedade.

"Nebseni está lá", insistia a voz dentro dele.

– Ne... Nebseni... – murmurou, ansiosamente.

O caminho levou até uma porta fechada. Seu corpo caiu contra ela, paralisando-se a seguir. As batidas de seu coração latejavam em seus ouvidos e o suor amargava seu corpo.

Com grande esforço ele apertou o ouvido direito contra a porta. Ele ia abri-la, e em seguida estaria diante de Nebseni, em segundos estaria com ela em seus braços; regozijando-se daquele amor infinito e sem limites.

Ele finalmente encontrou forças para entrar no recinto, mas ao fazê-lo, decepção, o local estava vazio.

– Que é de ti, meu amor? Que é...

Nada ouviu, senão o eco de sua própria voz. Hazem engoliu em seco.

– Oh! Minha amada. Não podes ter ido embora...

Apertando as duas mãos contra o rosto, Hazem caiu em prantos. Era um choro amargurado, de indescritível infelicidade.

De repente, ouviu-se um tênue som ecoar no recinto. Hazem voltou-se para trás lentamente e ao avistar a silhueta feminina de pé, delineada contra a luz intensa do luar, arroxeou. Tentou levantar-se, mas não tinha forças nas pernas e braços. Apenas conseguiu dizer:

– Nebseni!

15
O amor que não morreu...

Hazem tornou a perguntar:

– Nebseni, és tu?

– Sim. Hazem. Sou eu mesma. Sua sempre Nebseni.

Logo a voz dela desapareceu embargada pela emoção do reencontro. As lágrimas não paravam de rolar por sua face bonita.

– Então foste absolvida por Osíris, minha amada rainha. Eu sabia, sempre soube que os deuses restituiriam tua vida aqui no Egito assim que pesassem teu coração impoluto. Como eu desejei que isso acontecesse. Eu clamei a cada segundo.

– Eu sei... – as palavras dela mal conseguiam atravessar seus lábios. Todo o seu corpo tremia, comovido.

– Deves ser uma deusa disfarçada de gente.

– Não digas isso... – murmurou Nebseni num tom encabulado.

– Só pode ser...

O marido enxugou o rosto moreno no dorso do braço procurando se recompor. Ainda assim, quando ia falar, a voz fugia de sua garganta ou era corrompido pelo choro emocionado.

– Eu te amo. Eu te amo tanto.

– Eu também, meu amor.

– Por nenhum momento tu te ausentaste da minha alma neste período em que ficamos longe um do outro.

– Eu sei. Hazem, eu sei.

– Tu e eu nos tornamos uma só alma, tu bens sabes.

– Uma só alma...

– Um só coração...

– Um só coração...

– Eu quero abraçar-te, cingir-te ao meu peito – confessou Hazem, estendendo a mão para ela.

– Acalma-te, meu amor e ouve o que tenho a te dizer. Ainda sou a mesma Nebseni que te ama, mas meu corpo não. Requer tempo para tornar-se o que era antes de ser derribado pela morte. Por isso te peço paciência para comigo. Um pouco mais de paciência. Até que me sinta verdadeiramente recuperada.

– Terás toda a paciência de que necessitar...

Nos minutos seguintes ambos se entregaram a um abençoado silêncio, o tempo todo sem tirar os olhos um do outro.

Por fim, Nebseni pediu a ele que voltasse para o quarto e se entregasse ao sono, que dormisse tranquilo como há muito não fazia. Era importante para restabelecer sua saúde física e mental.

E como uma criança obediente, Hazem atendeu ao seu pedido. Chegou a seu aposento na companhia dela, deitou-se em sua cama, fechou os olhos, enquanto Nebseni cantava baixinho uma linda canção de ninar.

A amada estava de volta e tudo agora seria como antes, como sempre quis que a vida fosse, disse Hazem de si para si. Segundos depois, dormia lindamente como um recém-nascido.

Hazem acordou no dia seguinte tomado de um entusiasmo que havia tempos não emanava em seu interior, disposto a tomar um bom e farto desjejum.

Assim que entrou no refeitório todas as cabeças no recinto se ergueram e voltaram na sua direção. Arpad que no momento cortava a beirada de um pão, largou o que estava fazendo para saudar o cunhado.

Todos se surpreenderam, não só por vê-lo ali, algo que não fazia desde a morte da esposa, mas também por parecer que a coragem e entusiasmo pela vida haviam renascido em seu interior.

– Que bom ver-te mais animado, meu faraó – comentou Arpad sorrindo.

Hazem agradeceu-lhe com o olhar.

– Vem, filho, junta-te a nós para tomar o café da manhã – convidou a mãe, com alegria renovada.

Ele também agradeceu-lhe com o olhar. Limpou a garganta e disse:

– Vim dizer algo, algo de profunda importância para mim e para todos. Para o Egito em si – ele inspirou o ar e expirou-o pausadamente como se estivesse em êxtase, antes de acrescentar: – Ela voltou...

Apossou-se de todos febril agitação.

– Quem voltou, Hazem? – perguntou Ankh placidamente.

– Nebseni! Ela voltou – respondeu ele com um clarão nos olhos.

Ankh aprofundou o olhar sobre o amigo-irmão.

Os talheres escaparam das mãos de Samira num gesto involuntário, olhou fixamente para o irmão e o analisou por instantes. Depois voltou o olhar para o marido que se mantinha olhando abismado para o rei. Quando os olhos de ambos se encontraram Arpad enrubesceu sem graça e tossiu.

Hazem balançou a cabeça sorrindo feliz para todos os rostos atônitos que o encaravam.

– Acreditem-me. Nebseni voltou do reino dos mortos!

– N-e-b-s-e-n-i?!

A exclamação partiu de Nofretiti.

– Filho... – murmurou Babeth, inclinando-se para a frente para observar melhor seu rebento.

Somente Nofretiti pareceu acreditar no que Hazem dizia. Seu rosto não demonstrava espanto algum, era como se já esperasse pela revelação.

Ela balançou a cabeça pensativa e murmurou para si mesma. "Eu sabia, minha intuição nunca falha, eu sabia que ela voltaria..." Nem bem terminara o pensamento, sentiu uma fisgada no coração e um arrepio mórbido percorrer-lhe as veias. Exatamente como alguém sente quando é anunciada sua própria morte.

– Ninguém demonstra felicidade?! – perguntou Hazem com autoridade.

Ankh demorou um pouco a responder e quando o fez balançou a cabeça num gesto de compreensão.

– É lógico que ficamos todos contentes com a notícia, Hazem!

– Esperava mais empolgação. Bem mais! – repreendeu ele, seriamente. Mas a seriedade durou pouco, logo estava a sorrir novamente com seu bom humor restaurado. – Nebseni voltou, voltou... – repetiu ele como que sonhando.

E sem dizer mais nada, o rei deixou o recinto. Nem bem ele tinha partido, todos se entreolharam apreensivos enquanto uma nova inquietação se apossava deles.

– Ele não está bem... – opinou Arpad, com certo receio de seu próprio comentário.

Babeth anuiu com a cabeça.

– Pobre Hazem. Incapaz de suportar a tragédia, está escapando para o reino da fantasia – comentou Samira com pesar.

Ankh concordou com veemência. Nisso Nofretiti pôs se de pé num salto e furiosa bateu na mesa com seus punhos fechados.

– Será que não vedes?! – bramiu ela rompendo-se em lágrimas. – Não percebeis que ele diz a verdade?! Nebseni está viva novamente. Resgatada do reino dos mortos! Eu sabia... Eu sabia que ela voltaria... Sabia que ela não nos deixaria em paz assim tão fácil... Não nos daria este gostinho, jamais.

– Acalma-te, minha irmã. Tu estás muito nervosa... – acudiu Ankh, assustado com a reação da irmã.

– Admira-me muito tu, Ankh, espantar-te com o que Hazem acaba de nos dizer, justo tu que o conheces tão bem. Que sempre soube ler seus pensamentos pelo olhar. Não vês, meu irmão, não vês que ele diz a verdade?

As palavras dela foram encobertas por um choro profundo e desesperador. Ankh levantou-se, foi até ela e a amparou em seus braços.

– Não vês, Ankh. Não vês? – tornou Nofretiti, arrasada.

– Acalma-te, minha irmã. Acalma-te – dizia ele suavemente enquanto acariciava os cabelos dela.

– Nebseni jamais me deixaria em paz. Eu sabia, sempre soube. Jamais me deixará em paz! – acrescentou ela, em meio ao pranto.

– Acalma-te. Vou averiguar melhor toda essa história... parece-me tão...

– Incabível? – arriscou Samira.

– Sim. Incabível – concordou o médico recém-formado. – Afinal, nunca ninguém, ao menos que saibamos, voltou do reino dos mortos.

Nofretiti soltou-se dos braços do irmão e explodiu:

– Quão hipócrita são vocês... Todos vocês... O Egito todo, atrevo-me a dizer, venera os deuses, gasta boa parte de sua vida seguindo à risca o que ditam as escrituras sagradas para poder ser absolvido por Osíris no reino dos mortos e regressar às terras do Egito, mas no íntimo não acredita em nada disso. Não só na existência dos deuses, como na existência do além-túmulo, muito menos no regresso do espírito a este mundo.

Todos baixaram a cabeça diante do comentário. Nofretiti estava certa, certíssima, concluíram todos. A maioria dos presentes naquele salão que diziam acreditar em vida após a morte, diziam da boca para fora. No íntimo eram totalmente céticos no terreno da metafísica.

A voz aguda e agitada de Nofretiti tornou a soar no recinto:

– Guardem minhas palavras, todos vocês. Vocês verão que Nebseni voltou para este mundo e então compreenderão que tudo o que se prega é a mais pura verdade.

As palavras de Nofretiti mexeram com Samira drasticamente, fazendo-a sentir um arrepio esquisito. Foi tão forte que chamou a atenção de Arpad que imediatamente acariciou-lhe os cabelos para acalmá-la.

O ar do recinto pesou e cada um dos presentes guardou para si seus próprios temores e apreensões.

Todos ali se perderam em dúvidas quanto aos seus próprios sentimentos. Estariam chocados com a revelação de Hazem por lhes aparecer incabível ou por temer que ele estivesse a um passo da loucura? Todos ali o amavam profundamente. A mãe, a irmã, a segunda esposa, o amigo-irmão e até o cunhado tinham por ele o mais profundo respeito, fascínio, devoção e amor.

Todos sabiam, apesar de quererem esconder de si próprios, que o amor imenso que sentiam por Hazem os fazia sentir um ciúme profundo dele. Ciúme por ter amado e continuar amando Nebseni tão perdidamente, mesmo estando morta.

No íntimo, ninguém dali queria a volta de Nebseni do reino dos mortos só para não terem que dividir novamente o carinho, a atenção, o amor de Hazem por ela. Para não serem ofuscados novamente por ela.

Cada um dos familiares deixou o refeitório tomado de tensão. Ankh levou a irmã para o quarto e lhe deu um chá de ervas para sedar sua amargura. Depois foi ter com Hazem.

– Hazem, meu irmão, preciso falar-te – declarou ele com delicadeza.

Quando o faraó voltou o olhar para ele, Ankh pôde ver que ele irradiava a mesma felicidade de antigamente, bem da época em que ele se descobriu apaixonado por Nebseni.

– Ankh, meu fiel, Ankh.

O médico caminhou até o trono onde ele se encontrava sentado e após uma reverência falou:

— Sempre fomos confidentes.

— Eu sei.

— Sempre te amei e ainda te amo como a um irmão.

— Eu também sei...

— Então, por favor, deixa-me te ajudar diante do que estás passando no momento.

— Tu não acreditas em mim, não é? Ainda não acreditas em mim. Pensas que estou delirando, sofrendo de pavorosas, incabíveis e agonizantes alucinações, não é mesmo? Tu verás, Ankh, no momento certo tu a verás e vais engolir tuas palavras e pedir-me perdão por teres duvidado de mim.

— Desculpa-me, meu faraó, é que...

Hazem cortou a fala dele ao meio:

— Osíris perdoou Nebseni, Ankh... Ele, Ísis e Néftis, juntos. Não só porque mereceu ser perdoada, mas porque seu regresso a este mundo seria de extrema importância. Faria com que eu parasse de sofrer, recobrando assim a lucidez necessária para comandar o país, porque com Nebseni ao meu lado esse comando seria executado com bem mais competência e também para que juntos déssemos continuidade a nossa união interrompida, um amor que deve ter comovido os deuses por sua tamanha grandeza.

Ankh achou melhor adotar uma outra estratégia com Hazem.

— Quando poderemos ver a rainha, meu irmão?

— Assim que ela estiver se sentindo melhor.

Diante da expressão de incompreensão do médico, Hazem explicou o que Nebseni havia lhe dito durante o encontro:

— Quando alguém volta do reino dos mortos leva um tempo para recuperar sua total vitalidade. Mas assim que ela estiver bem, tu e os demais, o Egito todo, poderão vê-la e admirarem este grande episódio de nossa história.

Hazem jogou a cabeça para trás rompendo num riso triunfante.

Ankh mordeu o lábio superior sem saber mais o que dizer; conhecia Hazem muito bem e por mais que considerasse a hipótese de ele estar sofrendo das ideias, ainda assim parecia estar completamente lúcido.

No dia seguinte, Ankh encontrou Hazem ajoelhado no templo de orações e tributos a Osíris. Era para lá que ele seguia todas as manhãs desde que se reencontrara com Nebseni. Ficava ali cerca de uma hora, agradecendo profundamente ao deus pela graça concedida.

Quando lhe perguntavam sobre a rainha absolvida por Osíris, ele respondia num tom ponderado:

– Vocês a verão no momento adequado.

À exceção de Nofretiti, os demais familiares ainda acreditavam piamente na insanidade de Hazem. Os dias passavam e nem um sinal de Nebseni. Por outro lado, Hazem recuperava cada dia mais seu físico esbelto, sua saúde e vitalidade há tempos assolada pela tristeza. Brincava com o filho com mais alegria e mais dedicação.

Nofretiti, ao contrário, parecia definhar cada dia mais de preocupação. Certa tarde enquanto desabafava com Hadail, Hazem parou para ouvir o que ela dizia. Por não querer interromper, manteve-se escondido em surdina atrás de uma das majestosas colunas que cercavam o local onde os dois se encontravam.

– O que será de mim, Hadail. O que será de mim?

Hadail pegou na mão de sua ama e a confortou carinhosamente em meio as suas mãos quentes e másculas. Nofretiti desmembrou-se em pranto e seu mucamo a confortou em seu peito carinhosamente.

O gesto carinhoso despertou uma ponta de ciúme em Hazem, para seu próprio espanto. Nunca, até aquele momento ele se dera conta de que sentia ciúme de Nofretiti e certo amor por ela. Não como sentia por Nebseni, ainda assim amor. O ciúme dissipou de seu interior ao ouvir suas palavras:

– Eu o amo tanto, tanto, não imaginas o quanto... Hadail. Não imaginas o quanto.

Hazem deixou o local em surdina procurando rapidamente se livrar daquela pontada esquisita de ciúme.

A imagem de Nebseni despontou em seus pensamentos, trincando suas reflexões e acelerando as batidas de seu coração. Mal podia esperar por seu próximo encontro com ela. Vê-la era como poder ver Ísis em carne e osso. Conectar-se ao divino, o que era tido por ele como um privilégio, uma honra.

Embora não divulgado, o boato de que Nebseni havia regressado do reino dos mortos por ter sido absolvida por Osíris, propalou-se com enorme celeridade por entre os egípcios.

Alguns dias depois, Hazem informou ao povo, súditos e familiares através de carta real que se reunissem diante do palácio, pois ele tinha algo muito importante a lhes falar.

No terraço usado habitualmente para se dirigir ao povo, Hazem não permitiu dessa vez a presença de nenhum de seus familiares, tampouco súditos. Se quisessem ouvir suas palavras que se misturassem à turba.

Ainda que surpresos, e muitos, indignados com a ordem do rei, viram-se obrigados a acatar a sua sugestão, se quisessem presenciar o que ele tinha a lhes falar.

Hazem ordenou a Solovar, general de seu Exército, que bloqueasse com soldados todas as passagens que davam acesso ao terraço e que não permitisse a subida de ninguém por nada.

Na hora marcada, ao lusco-fusco, o rei apareceu. Naquele momento, o lugar já estava tomado de gente. Um mundaréu de pessoas arrojadas aos pés do palácio. O rebuliço desapareceu assim que a população avistou a figura imponente do faraó no terraço. Todos se calaram aguardando ansiosos pela palavra real.

– Meu povo, é com grande emoção que eu vos falo. Nosso país foi abençoado pelos deuses mais uma vez. Uma bênção extraordinária. Eu... mal consigo falar de tamanha emoção.

Hazem engoliu em seco e baixou a cabeça tentando controlar o choro. Em vão, logo as lágrimas riscavam-lhe a face. Sua emoção tocou a todos.

– Aquilo que já se comenta pelos quatro cantos do Egito é verdade, sim. Nossa rainha foi absolvida por Osíris e regressou do mundo dos mortos para continuar a governar o Egito ao meu lado.

Em seguida, um silêncio absoluto reinou no local, todos os olhares atentos e ansiosos continuaram voltados para o rei enquanto ele permanecia olhando para todos comovido. Então, Hazem girou a cabeça para o seu lado direito, estendeu a mão para trás e ficou parado nessa posição por quase um minuto...

O coração de todos acelerou mais ainda e a respiração pareceu ter ficado suspensa.

Então a mão do rei finalmente foi tomada pela mão delicada de Nebseni e com delicadeza ele a trouxe para o seu lado junto ao parapeito da amurada.

Um silêncio ainda mais profundo caiu sobre o local assim que todos avistaram Nebseni ao lado do rei, sob a luz bonita do cair da tarde.

Foi como se a cidade mergulhasse num sono profundo e silencioso.

Esperavam-se brados de alegria, mas nada ecoou pelo local, senão o silêncio profundo, contemplativo e abobado... Todos estavam enceguecidos, maravilhados, boquiabertos... Ninguém até aquele dia havia experimentado tamanha emoção, era como se todos pudessem tocar o divino ao mesmo tempo.

Uns chegaram a perder o controle do corpo, por causa de uma tontura esquisita. Outros desmaiaram, literalmente. Alguns enfartaram.

Nebseni nada disse, apenas fez um breve aceno, com certa timidez e logo se recolheu na companhia de Hazem. Solovar foi o primeiro a vê-la de perto, porém, logo tratou de baixar a cabeça em sinal de respeito. O mesmo fizeram os soldados convocados para escoltá-los até o quarto do casal. Que desde então ficara sob a guarda acirrada de sentinelas.

O povo voltou para as suas casas quase em transe. Nebseni foi considerada então por todos uma deusa encarnada no corpo de um mortal.

16
Um recado dos céus

Cerca de uma hora depois Hazem mandou chamar seus familiares, padres e sacerdotes, seus homens de confiança para irem até o grande salão real para saudar a rainha pessoalmente.

Para que não houvesse tumulto, Hazem determinou que entrassem apenas duas ou três pessoas de cada vez. Solovar ficou à porta controlando a entrada de cada um.

Ankh foi um dos primeiros a entrar no grande salão imperial mergulhado no silêncio total.

Diante do trono do rei e da rainha ele fez uma reverência e tomou alguns segundos para fitar Nebseni atentamente, observando cada detalhe de seu belíssimo rosto.

Ele mal podia acreditar no que via. Era ela mesma, de fato, em carne e osso. Não restava a menor dúvida. Até seu perfume, suave e doce como uma chuva recém-caída era o mesmo. Algumas palavras quiseram saltar de sua boca, mas se perderam no caminho, tão forte era a emoção que sentia.

Arpad contemplou os belos olhos de Nebseni mareados pela compaixão.

Samira manteve o tempo todo uma expressão de perplexidade no rosto enquanto olhava para Nebseni.

Num gesto um pouco impaciente, Nofretiti examinou-a, com a perplexidade crescente em seu olhar.

Babeth por pouco não desmaiou de choque e emoção.

– É... é incrível – gaguejou entre lágrimas. – Simplesmente incrível.

Nebseni mal disse uma palavra; apenas insinuou um olhar complacente a todos.

Todos se curvaram diante dela e deixaram o recinto com o sangue fervendo de perplexidade, espanto e medo.

Após receberem o último convidado, Hazem pegou a mão de Nebseni e levou-a dali. Depois que o casal se retirou, Arpad disse:

– Os deuses abençoaram Hazem e Nebseni merecidamente. Jamais devem ter visto um amor como o deles. Estou certo de que mesmo que Osíris achasse algo indevido no coração de Nebseni ele a teria absolvido para que pudesse voltar a viver o grande amor que vivera com Hazem em vida. Agora sei que o amor é mais poderoso do que pensamos. Pois se ele foi capaz de tocar até a alma dos deuses, receio ser o amor tão forte quanto eles ou até mais.

Todos voltaram o olhar para o escriba, cada um trazendo no olhar uma expressão diferente.

Mais tarde, quando Agmar reencontrou Ankh percebeu de imediato sua tensão.

– O que há, Ankh?

Ankh voltou o olhar amargurado para a esposa.

– Eu não consigo parar de pensar em Nebseni.

– Ainda não consegues acreditar no que viste?

Ele concordou com a cabeça. Antes, porém, de falar, olhou ao redor para se certificar de que somente a esposa ouviria o que ele tinha a dizer.

– A princípio pensei que se tratava de uma mulher idêntica a Nebseni. Uma espécie de irmã gêmea que ocupara o seu lugar, mas quando me aproximei dela e beijei sua mão vi que estava completamente enganado.

153

É ela mesma, Agmar. A própria Nebseni com sua beleza rara e seu amor profundo por Hazem. Eu seria capaz de provar isso em qualquer lugar.

Ele baixou o olhar e desabafou:

– E eu que sempre duvidei da existência dos...

– Não digas – repreendeu Agmar baixinho. – Os deuses podem ouvi-lo.

– Agora sei que eles existem de verdade. E se existem sei também que sempre souberam que eu duvidava da existência deles.

Ankh abraçou a mulher e se confortou naquele abraço. E, novamente, voltou a sua mente o que ele e Hazem fizeram à múmia do faraó. Mesmo contra a sua vontade e não tendo sido ideia dele, ele ajudou Hazem a retalhar o corpo mumificado do rei. Ele não quisera, Hazem insistira, não queria por medo, medo dos deuses, apesar de duvidar da existência deles.

Agora que sabia que eles existiam, sabia também que o que fizera contra o corpo de Tantanuit pesaria negativamente contra ele na hora em que fosse julgado por Osíris.

A volta de Nebseni trouxe mudanças drásticas na vida do palácio e na de Hazem, que se limitava a conversar somente o necessário com os sacerdotes, conselheiros, familiares e demais membros do governo. Somente com o filho amado é que se mantinha o mesmo pai dedicado e amoroso.

Nebseni, por sua vez, vivia trancada em seu quarto e ninguém tinha permissão de importuná-la, assim determinara Hazem. Quando a viam, era apenas de passagem, ela indo de um aposento a outro. Antes, porém, de ocupar qualquer ambiente do palácio, Hazem pedia para aqueles que porventura estivessem por lá que saíssem. Só então ela era conduzida ao local.

Decidido a marcar para sempre na história do Egito aquela bênção concedida pelos deuses, Hazem mandou chamar os melhores artífices do país para a construção das estátuas em homenagem à esposa amada.

Caso estivessem ocupados realizando ou terminando algum trabalho artístico, interrompessem seu trabalho e fossem imediatamente atender ao seu pedido, na verdade, uma ordem. A eles seriam dados títulos de nobreza.

Imediatamente, todos os escultores e artistas, até mesmo os proprietários de sua própria oficina e que se sustentavam com aquilo que produziam foram ao encontro de Hazem.

Em uma noite, sob a luz difusa do luar...

... Ankh despertou de um sonho mau com seu coração batendo forte e descompassado. Procurou se acalmar e resgatar o sono perdido, mas foi em vão. Ele havia se evaporado dele.

O jeito era se levantar, dar uma volta para relaxar e foi o que fez. Seus passos o levaram às margens do Nilo que àquela hora já estava tomado de pescadores, alguns barcos com velas desfraldadas e outros através de vigorosas remadas, deslizando sobre a insinuante superfície do rio.

Hazem voltou novamente a raiar no céu de sua mente. E mais uma vez envolto por um sentimento obscuro. Alguma coisa havia se modificado no coração da amigo-irmão, mas não sabia precisar o que era. Talvez soubesse sim, era presunção. Mas não queria admitir isso em respeito a ele.

Ao mesmo tempo em que a alegria parecia ter retornado ao palácio havia também uma certa tristeza, um temor rondando a vida de todos os moradores dali, como se aquilo tudo fosse esvair de suas vidas assim, de uma hora para outra.

Parecia até que todos haviam tomado um vinho entorpecente e estavam febris e delirantes. Parecia até que eles todos é que estavam no reino dos mortos e a única pertencente ao reino dos vivos era Nebseni.

Dias depois...

O casal real estava novamente trancafiado em seus aposentos. O lugar mais ocupado por eles desde o regresso de Nebseni do reino dos mortos. A esposa colocou-se ao lado de Hazem e encostou a cabeça em seu ombro.

– Só tu para me acalmares – disse ela numa voz profunda e gutural, afastando o cabelo do rosto.

Ele voltou-se para ela com um sorriso de doce contentamento nos lábios e disse:

– O mesmo digo eu... Tu és minha calmaria. Minha noite, meu dia, meu céu, minha alegria...

Ela lhe devolveu o sorriso, cheia de amor. Hazem acrescentou, em voz emocionada:

– Vencemos a morte, meu amor, estamos juntos pela eternidade agora...

Em seguida beijou seus lábios finos, bonitos e quentes, apaixonadamente. Então, deslizou os dedos por sua face bela, em um toque tão delicado como o de uma pluma. Tornou a sorrir e a beijá-la. Nebseni baixou os olhos enquanto seu rosto adquiria uma vermelhidão esquisita.

– O que foi? – assustou-se Hazem.

– É que... bem... preciso te dizer algo – respondeu ela desconcertada.

Pelo tom de tristeza com que proferiu a frase, o marido percebeu que o algo era grave.

– Podes falar, meu amor, sou todo ouvidos.

– É que... bem, nem sei se devo...

– Não quero te ver se martirizando por nada deste mundo...

De súbito Nebseni pôs-se a falar, nervosa, despejando as palavras com cuidado, olhando para os lados, como se tivesse medo de que alguma força maligna, sobrenatural, pudesse estar presente ali e ouvi-la.

– Há uma razão muito profunda para eu ter regressado a este mundo, Hazem.

Embora a expressão dele não mudasse, Nebseni sabia que suas palavras haviam mexido com ele.

– Prossegue... – encorajou Hazem, procurando disfarçar a apreensão.

Nebseni percorreu novamente com os olhos os quatro cantos do aposento antes de acrescentar:

– Não sei se devo... tenho medo... muito medo, Hazem.

– Estou aqui para te proteger. Nada temas. Diz-me que razão é essa tão importante para os deuses terem te concedido a volta para o Egito.

Nebseni respondeu num tom confiante e firme, como se finalmente tivesse superado o medo e estivesse bem certa do que estava dizendo:

– Os deuses te amam profundamente e querem teu bem. Acima de tudo o teu bem... e esse é um dos motivos pelos quais eles me fizeram regressar a este mundo: para te ajudar.

As palavras comoveram o jovem faraó a ponto de fazê-lo tremer ligeiramente de emoção. Ele sorriu, com os lábios meio retorcidos, mostrando os dentes pequenos, brancos e afiados.

– E os amo também, Nebseni. Amo os deuses profundamente! Com todo o amor que me vem da alma.

– Eles sabem... eles sabem...

Breve silêncio se interpôs entre os dois antes que Nebseni voltasse a falar.

– Quando parti daqui, Hazem, na calada da noite, juntei-me a uma caravana. Foi o único modo que encontrei para chegar a uma cidade bem distante desta onde ninguém me reconhecesse e tu não me alcançasses. Sentia-me muito deprimida na época por não poder ter te dado um filho, coberta por um sentimento terrível de inutilidade. Por tudo isso quis partir, para te deixar livre para viver ao lado de teu filho e da mãe dele.

Ele ia falar, porém, ela o deteve com um aceno.

– Por favor, deixa-me terminar.

Ele assentiu com o olhar.

– Pois bem, durante o trajeto da caravana eu... – Nebseni interrompeu a frase ao cair num pranto profundo. Hazem a acolheu em seus braços carinhosamente.

– Acalma-te. Acalma-te, meu amor.

– Preciso te contar. Preciso muito. Mesmo que me odeies!

– Não digas isso. Eu jamais te odiaria.

– Após saberes o que me aconteceu durante o percurso da caravana, vai me odiar.

– Se alguém te fez mal eu mando matar esse peçonhento!

Nebseni mordeu os lábios, e quando voltou a falar estava novamente nervosa, despejando as palavras com cuidado redobrado:

– Eu fui... eu fui... estuprada Hazem. Estuprada!

O clima pesou no recinto enquanto as palavras de Nebseni ecoavam por ele. O clima pesou. O tempo pareceu congelar-se por minutos. Subitamente, Hazem rompeu o silêncio num tom furioso:

– Quem foi o desgraçado?

– Não importa!

– Eu o mato!

– Por favor, não me odeies! Não me odeies, meu amor!

Vendo o estado desesperador em que Nebseni se encontrava Hazem recobrou parte de sua calma e com jeito falou:

– Não te odeio, minha rainha. Não te odiarei jamais.

Ela tomou ar antes de prosseguir:

– Este estafermo nojento já deve estar morto há muito tempo. Foi pego roubando e... pelo que soube foi executado logo em seguida.

– Osíris fez justiça por ti!

– Perdoa-me! Perdoa-me!

– Eu te perdoo, meu amor. Eu te perdoo! É lógico que eu te perdoo... quem sou eu para não te perdoar...

Carinhosamente ele puxou-a para si e afagou seu rosto encostando-o em seu peito. Ficaram ali por alguns instantes, até Nebseni retomar a fala:

— Isso não é tudo, Hazem, não é tudo o que tenho para te dizer.

Nebseni foi dominada por um espasmo estranho, um anseio a se avolumar em seu peito. Mas ela tratou de reprimi-lo e recuperou o controle. Firmando a voz ela desabafou:

— Eu... eu engravidei, Hazem.

O rosto dele perdeu a cor e seus lábios arroxearam visivelmente.

— Engravidaste?! – perguntou abobado.

Ela não conseguiu responder, as cordas vocais pareceram se arrebentar naquele instante, ela só conseguiu balançar a cabeça aprovadoramente.

— E tiveste esta criança? – perguntou ele a seguir, trépido.

Com esforço, Nebseni articulou sua frase:

— Ela nasceu prematura e morreu logo após o parto.

A voz do faraó ergueu-se clara e aguda.

— Eu nem sei o que dizer...

— Era uma menina...

— Eu... eu sinto muito.

Hazem falava confuso. A esposa pousou a mão em seu braço e o confortou carinhosamente. Então ele disse para ela:

— Para de sofrer. Não mereces o sofrimento. O importante é que estamos aqui novamente juntos e felizes.

Ele a beijou carinhosamente no rosto e acrescentou:

— Foi este o desgosto que te matou, não foi?!

Ela concordou com a cabeça. Ele perguntou:

— Era isto, não era? O que querias me dizer ao leito de tua morte?

Ela mordeu os lábios e balançou a cabeça afirmativamente. Outro silêncio se interpôs entre os dois. Quando Nebseni voltou a falar, sua voz parecia estar por um fio:

— Precisava te contar a respeito. Contar-te tudo isso para que...

– Diz...

Ela encostou uma mão na outra e as duas se separaram bruscamente, como se o contato as queimasse. Disse:

– Ainda não percebeste, Hazem?

O rosto do marido contraiu-se, a boca ficou reta, como se um feixe de músculos assumisse o controle. Ele aprofundou o olhar sobre os dela, os olhos frios e rasos.

– Onde queres chegar?

– Oh, meu Hazem, não me peças para te dizeres mais nada... mais nada!

Ele se pôs de pé e começou a andar a esmo pelo quarto, cravando as mãos na cabeça num gesto desesperador. Era como se quisesse rasgar a pele para libertar-se do tormento que lhe abatia na alma.

– Tu estás querendo dizer que...

– Isso mesmo, Hazem. Não era eu quem era estéril e sim tu, meu amor.

O rosto do marido fechou-se. Toda a sua tranquilidade tinha desaparecido.

– Foi por isso que Osíris e Ísis me fizeram voltar a essa vida para junto de ti – acrescentou Nebseni, trépida.

– Queres dizer que... – murmurou ele balançando a cabeça judicioso.

Seus pensamentos se desordenaram novamente ao ouvir os ecos do passado. Trechos de um passado recente. O dia em que ele viu Hadail tocando e cantando para Nofretiti e o filho. As palavras de Nofretiti para Hadail que pareceram para ele tão incabíveis:

"Eu o amo tanto, Hadail... tanto..."

A ligação profunda que Nofretiti tinha pelo mucamo que mais parecia sua sombra, as intimidades fora do normal entre uma mulher e um escravo... E por que ter um escravo e não uma escrava? Era tudo tão óbvio e, no entanto, ele nunca se ativera àquele óbvio.

Quão estúpido, quão estúpido fora ele. Tudo agora se encaixava e com perfeição. Nofretiti queria agradá-lo, casara-se com ele com um propósito, altamente específico, dar-lhe um filho, um herdeiro, se não lhe desse o filho, não haveria por que viver a seu lado, tampouco receber seus agrados.

Ao ver que não engravidava deve ter se desesperado e recorrido a uma alternativa arriscada, porém, eficaz, engravidar de outro homem, realizando assim o sonho do marido. Ela não o perderia, não, jamais. Sempre o desejara e o amara desde que era adolescente...

E esse homem foi o seu próprio escravo. Por isso ele olhava com tanta ternura para Alar, porque o menino era seu filho, seu filho legítimo. Quem senão ele poderia ajudar sua ama a realizar tal intento? Quem senão Hadail?

Uma pontada aguda de dor atravessou os pensamentos e conclusões de Hazem, trazendo-o de volta ao local em que se encontrava. Diante dele, Nebseni continuava parada, entregue ao pranto, com os olhos roxos de tanto chorar.

– Eles me traíram! – exclamou o monarca alteando a voz.

Nisso, Nebseni jogou-se aos seus pés e disse num tom suplicante:

– Por favor, eu te imploro, Hazem, não faças nada contra eles. Nada!

– Estás me pedindo o impossível, Nebseni. O impossível!

O tom do marido assustou a esposa, jamais falara com ela assim.

– Por favor, eu te imploro. Não faças nada contra eles!

– Farei justiça, Nebseni. Justiça.

Hazem se desvencilhou das mãos da primeira esposa e tomado de fúria deixou o aposento. Nebseni ficou ali estirada ao chão junto à poltrona, chorando desesperadamente.

Quando Hazem entrou no quarto de Nofretiti já se encontrava acompanhado de sua escolta de guardas. A mulher exclamou surpresa:

– Meu faraó, o que houve?

A entrada do marido fora tão de surpresa que ela levou alguns minutos para observá-lo com nitidez. O rosto contraído de choque de Hazem a amedrontou.

161

– O que houve?! – insistiu ela forçando um sorriso.

Os olhos do marido tornaram-se ainda mais duros e frios, fuzilando-a. Com um aceno de mão alguns dos guardas foram em cima de Hadail e o prenderam. O escravo não reagiu, entregou-se sem protestar.

Nofretiti começou a abanar a cabeça num gesto desesperador.

– O que houve?! O que houve?!

Sua voz saiu tão estridente que feriu os tímpanos de Hazem que, enfurecido, parecendo fora de si, chegou até ela, avaliou sua expressão, o horror se alastrando e começando a corroer sua face e deu-lhe um tapa no rosto.

– Ordinária! – rosnou entre dentes com asco.

– O que fiz eu?! O que fiz eu?! Hazem!

Hazem interrompeu suas lamúrias, ruborizado de raiva e berrou:

– Traição! Tu me traíste! Víbora!

Nofretiti começou a sacudir a cabeça, perplexa com a acusação e a chorar convulsivamente.

O faraó passou a mão cansada sobre o rosto. Por fim, sentindo-se mais revitalizado, olhou com escárnio para a mulher agonizante de pavor. Sorrindo, como uma raposa matreira acrescentou:

– Pagarás pelo que fez contra mim com a tua vida.

Nofretiti tentou dizer-lhe alguma coisa, mas tudo o que atravessara seus lábios foi um grunhido, um grunhido entrevado de dor e perplexidade.

Assim que ela foi levada pelos guardas, arrastada e aos berros, Hazem ouviu a voz da irmã soar atrás de si.

– Hazem, meu irmão – disse Samira, trêmula.

Ele voltou o olhar na direção dela e torturou-a com o olhar.

– Não sei o que aconteceu. Mas não deves tomar decisões precipitadas.

O irmão permaneceu em silêncio, como se não tivesse escutado uma só palavra.

– Ela é a mãe do teu filho, Hazem. Do teu filho querido! – acrescentou Samira com tristeza e precaução.

Aquelas palavras tocaram o faraó profundamente, apertando seu peito, enchendo-o de amargura. Num repente deu de ombros, empinou a cabeça e disse:

— Cala-te, Samira. Cala-te antes que eu perca a paciência contigo também!

As palavras do irmão fizeram-na sentir um arrepio, uma fisgada no fígado.

Quando Ankh chegou à sala real do palácio não perdeu tempo com cerimônias. Foi diretamente ao assunto.

— Venho aqui humildemente te pedir, te implorar, meu faraó, poupe a vida de Nofretiti. Eu te suplico...

Ankh tinha o rosto contraído de choque. Hazem não disse nada apenas avalizou Ankh com os olhos por um longo tempo sem desviá-los. Seus punhos crispavam e flocos de espuma lhe afloravam na comissura de seus lábios.

Por mais que Ankh tivesse vivido ao lado de Hazem desde criança jamais o vira daquele modo. Principalmente com aquele brilho no olhar, um brilho do mal. Ankh passou a mão cansada sobre o rosto tenso e suarento.

— Não posso crer que tu, aquele que tenho como irmão desde que nasci sejas capaz de uma barbaridade dessas! – exclamou com uma expressão de incredulidade estampada no rosto.

Os olhos de Hazem tornaram-se duros e frios, disse:

— Barbaridade, Ankh? Barbaridade foi o que tua irmã foi capaz de fazer contra mim. Isso sim é barbaridade!

— Eu não posso afirmar com certeza que tudo isso não passa de um equívoco, mas ainda assim quero que reconsideres tua decisão.

— O que decidi está decidido e nada vai me fazer voltar atrás. Absolutamente nada...

— Nofretiti te ama. Ama-te profundamente desde que era uma menina, e tu sabes bem disso... ela não seria capaz...

– Seria capaz sim, Ankh – berrou Hazem, saltando do trono. – Bem capaz. Para me prender, seria capaz de qualquer coisa. Ela sabia, sempre soube que eu só aceitei casar com ela para gerar um filho. Ao perceber que não engravidava, deve ter concluído que o problema era comigo e para me agradar ficou grávida daquele criado maltrapilho...

– Tu não tens certeza!

– Nem tu, Ankh, nem tu, tampouco...

Hazem tornou a se sentar no trono, aparentando certo cansaço.

– O casamento é digno de todo o respeito. Sabes muito bem que não pode ser maculado pela infidelidade, caso isso aconteça o traído tem por direito, segundo a lei dos homens e divinas, punir o adultério com severidade. Emascular o homem e a mulher violadora.

– Mas tua emasculação é um despautério, dita as leis que a mulher adúltera pode ter o nariz cortado ou ser banida do Egito, porém jamais condenada à morte, ainda mais de maneira tão abrupta.

– Abrupto foi o que tua irmã fez contra mim!

– Se fez, Hazem... Atrevo-me a dizer que foi por amor, o amor infinito que tomou seu coração desde que ela te conheceu.

Ankh respirou fundo e acrescentou:

– Abranda tua punição contra Nofretiti. Afinal, a própria deusa Nebseni, irmã e amante do deus Seth, fora-te infiel com o deus Osíris...

Hazem pareceu surdo às palavras do médico.

– Poupa ao menos a criança – suplicou Ankh.

– Não pouparei ninguém – respondeu Hazem, irascível.

– Teu filho!

Hazem bateu com força com os punhos fechados nas braçadeiras do trono, pôs-se de pé e explodiu:

– Ele não é meu filho, é um qualquer!

– Sêjas piedoso, Hazem... Trata-se apenas de uma criança inocente.

O faraó interrompeu-o, ruborizando-se ainda mais de raiva.

– Se continuares a defendê-los vou acabar achando que compactuas dessa traição, pior, vou acabar crendo que fizeste parte dela!

Enorme palor espalhou-se pelo rosto expressivo de Ankh, enquanto amarfanhava um pedaço de sua túnica. Desta vez foram os olhos de Ankh que se fecharam encolerizados de raiva:

– Se queres assim, assim faz – desabafou ele com uma voz rouca e sibilante. – Tinha-te como um irmão. Éramos confidentes e eu sempre te fui fiel, mas não vou tolerar essa insensatez em hipótese alguma. Vou me embora daqui com toda a minha família ao raiar do dia e nunca mais voltarei a tua presença. Nunca mais me verás. Mas um dia, um dia, Hazem, tu te arrependerás amargamente do que fizeste. Lembra-te disso. Tu te arrependerás amargamente.

– Estás me rogando praga, Ankh?

– Estou apenas te alertando.

Um silêncio fúnebre pesou no recinto. Quando Ankh voltou a falar, sua voz saiu entrecortada, profunda e gutural. Seus lábios tremiam, seu coração tremia.

– Adeus, Hazem... adeus... – afirmou ele, mesmo sentindo seu peito se comprimir.

Ankh fez uma reverência, deu as costas para o faraó e a passos lentos, saiu, deixando na sala uma sensação desagradável, um mal-estar tamanho.

Hazem sentiu sua garganta ser apertada como que por uma forte mão. Tudo que fez, foi engolir em seco e lutar contra seus sentimentos abalados.

Assim que Ankh se viu fora do alcance dos olhos de Hazem, procurou um lugar para se apoiar e derramar-se em pranto. Aquilo tudo parecia um pesadelo, do qual se quer acordar urgentemente e não se consegue.

Misteriosamente, o destino resolvera estraçalhar sua vida tirando dela três de suas preciosidades, a irmã querida, o sobrinho e o faraó a quem tinha como um irmão.

Ankh partiu de Heliópolis na manhã do dia seguinte como prometido, levando consigo sua esposa e alguns de seus familiares para nunca mais voltar ali.

O menino Alar foi trazido à presença de Hazem como ele próprio ordenara e deixado na sua frente. Quando a criança correu até o faraó, Hazem empurrou-a tão violentamente que o menino foi ao chão, batendo o queixo e cortando-o profundamente.

Nem bem a criança começou a chorar, Hazem bateu palmas e, quando Solovar, general do Exército entrou, ele ordenou:

– Leva-o e faz o que mandei!

Solovar voltou o olhar para a criança estirada ao chão em prantos, novamente para o faraó, na esperança de que o rei voltasse atrás na sua decisão, mas o olhar frio e determinado de Hazem manteve-se o mesmo tanto quanto sua determinação.

Solovar então ergueu o menino do chão, o qual imediatamente esperneou e se debateu no meio dos braços fortes do general.

Alar deixou a sala real chorando, aos berros. Voltando o olhar e os bracinhos na direção de Hazem gritando: papai... papai...

Mesmo distante ainda podia se ouvir seu choro desesperador ecoar pelos corredores do palácio. Hazem mantinha-se sério, segurando a dor dentro de si. Por mais que não fosse seu filho, se apegara ao menino.

Segundos depois, deixou o trono e dirigiu-se para o seu aposento onde vomitou e ficou só pelo resto do dia, procurando silenciar sua cabeça atordoada, presa num torvelinho.

Uma hora depois, Alar já havia sido executado por Solovar e como Hazem havia determinado, o corpo da criança foi enterrado num lugar qualquer, bem distante do palácio.

Quando o fiel Solovar, informou ao faraó que a ordem já havia sido executada, Hazem nada disse. Apenas fez um aceno com a mão para que ele se retirasse do aposento. Solovar deixou o local, cabisbaixo.

Nofretiti, acusada de traição, foi enterrada viva, como o faraó determinara. Hadail, seu fiel mucamo, foi condenado a morrer na fogueira. Quando as labaredas do fogo começaram a queimar seu corpo, seus berros eram tão agonizantes e vorazes que podiam ser ouvidos a uma longa distância.

Quando as poucas vestes do mocambo soltaram-se de seu corpo com o fogo, alguns dos presentes que assistiam à execução tiveram tempo de ver que o homem condenado tratava-se de um eunuco.

17
Um coração perturbado...

Horiat, um homem maduro, pequeno, com uma larga testa e grandes bigodes roliços, sorria consigo mesmo quando saiu da taberna. Estava satisfeito com o jantar acompanhado de boas doses de vinho que tivera há pouco.

Viera de Gebel até Heliópolis para ter uma pequena audiência com o faraó. Apenas tempo suficiente para trocarem algumas palavras. Deixou a rua principal e entrou na relativa tranquilidade de uma ruela estreita.

Observando o local por onde caminhava chegou mais uma vez à conclusão de que nenhuma cidade era como Gebel, por mais interessante que fosse Heliópolis. Mergulhado em seus pensamentos embebidos em vinho, o visitante de longe nem notou a aproximação de um menino.

– Uma esmola, *sahib*?

Horiat por pouco não esmurrou o garoto por tê-lo assustado. Levou a mão ao peito como que para segurar o coração que pareceu naquele instante que seria espirrado por suas narinas. Arquejando, entre dentes, o homem rosnou:

– Some daqui, demônio!

O pequeno garoto de cara suja e sorriso insinuante correu sem pensar duas vezes. Nem bem deixou a rua e Horiat deu-se conta de que não eram somente seus passos que ecoavam pelo local, havia um outro envolto de uma respiração carregada. Por algum motivo sentiu receio de se voltar para trás e encarar quem o seguia pelo mesmo caminho.

Os passos daquele que vinha a sua sombra foram apertando e ele também procurou apertar os seus, mas em vão. O estranho, todo encapuzado, que o seguia, tirou o facão da cintura e arremessou em suas costas um golpe certeiro. O turista caiu ao chão e uma poça de sangue logo inundou o seu redor.

Quando Solovar chegou à pequena rua no dia seguinte após o corpo ter sido descoberto, o local já era centro do interesse geral. Uma multidão de curiosos, prostitutas, mensageiros, desocupados, transeuntes e um bando de crianças pasmava diante do homem assassinado, estirado ao chão. Um soldado tratava de afastar os importunos.

De boca aberta e olhar surpreso, Solovar exclamou:

– Que brutalidade! Quem é ele?!

– Um visitante de Gebel...

– Gebel?!

– Sim, tinha uma audiência com o faraó.

O cenho de Solovar fechou-se, pensativo.

Onah chegou finalmente ao endereço que havia sido passado para ela. A prostituta seguiu exatamente as ordens que o moleque maltrapilho havia dado: "Bate à porta e entra, ela estará aberta! Teu cliente estará lá te aguardando". Assim ela fez. A porta fechou-se às suas costas e ela se achou aos pés de um acanhado lance de escadas.

Um homem surgiu no topo; sua cabeça estava encoberta por um lenço preto e, portanto, sua identidade era oculta. Poderia ser uma mulher disfarçada de homem, sim, poderia. Mas além da roupa pesada, a pouca luz do lugar não permitia ter uma visão clara de nada por ali. O estranho encapuzado disse num tom rouco:

– Sobe.

Onah se pôs a subir calmamente, chegou a sentir uma ponta de medo ecoar em algum canto do seu interior, mas tratou de ignorar, precisava de trabalho e o quanto antes. Estava já completamente desprovida de dinheiro. Partira de Gebel levando consigo o mínimo do mínimo, suficiente só para conseguir chegar a Heliópolis e se manter até começar a ter freguesia.

O estranho no alto das escadas abriu uma porta e introduziu a prostituta em um pequeno quarto.

– O senhor não vai tirar a roupa? – disse ela, em tom eficiente. – Deixa que eu te ajudo...

Nem bem ela terminara a frase, o estranho empurrou-a ao chão e lhe arremessou um golpe certeiro contra o peito com um facão. Antes de cair, ela se agarrou ao lenço que cobria a face de seu agressor. Teve tempo de ver seu rosto, mastigar seus olhos de esfinge, mas não tempo o suficiente para refletir a respeito. Morreu.

Acompanhado por um soldado, Solovar entrou no casebre onde havia ocorrido o brutal assassinato. Um homem arcado, de idade já avançada, proprietário do lugar, cumprimentou-os e os guiou até o aposento onde se encontrava a vítima.

O cômodo tinha as paredes em argamassa rústica e nelas penduravam-se gravuras esculpidas em madeira. Após examinar uma a uma, Solovar voltou sua atenção para o corpo estirado ao chão.

Por toda sua volta via-se o sangue coagulado e entre os dedos da mão direita da vítima estava preso um lenço preto de seda das mais caras.

– Quem é ela?

– Uma prostituta, certamente – respondeu o homem arcado.

– O que fazia aqui?

– Não sei, meu senhor. Quando a vi foi um choque.

– Como entrou?

– Também não sei.

– Quem alugou este casebre antes dela?

– Foi um viajante, meu senhor. Eu sempre alugo aqui para viajantes. Mas já havia partido na noite anterior. Um senhor respeitoso e endinheirado.

– Compreendo...

Fez se breve pausa e Solovar aproveitou para percorrer os olhos atentamente pelo chão. Farejou o ar delicadamente e encaminhou-se para o soldado, que olhava o corpo.

– É uma prostituta, não resta dúvidas...

– Sim.

Solovar balançou a cabeça judicioso ao falar:

– Outro assassinato em menos de uma semana. Com esse já são dois. Mas que relação há entre essa prostituta e o visitante vindo de Gebel?

A resposta foi o silêncio.

Solovar permaneceu ali olhando fixamente para o corpo. Observando-o com interesse. A vítima fora uma mulher jovem, de cerca de vinte e três anos, com cabelos de um preto azulado e feições delicadas. Havia muito pouca maquiagem no rosto – era um rosto bonito, mas melancólico e não muito inteligente. No entanto, um corpo que merecia ser embalsamado para conservar tamanha beleza.

Por que os deuses haviam permitido tamanha maldade a uma moça tão bonita?, indagou Solovar aos céus. Mais uma vez ele se indignava com os deuses. Tal como se indignou quando eles não pouparam a vida de seu amado filho, Tait, permitindo que morresse sufocado naquele sarcófago.

Ah! Tait, quanta saudade...

Finalmente, o homenzarrão saiu do quarto mas, à porta, voltou-se ainda uma vez para olhar o corpo da vítima. Parecia ainda fascinado pela moça. Novamente se penalizou e sentiu vergonha do ser humano por ser capaz de fazer algo tão brutal a um rosto tão angelical.

***

Hazem encaminhou-se para a entrada do templo de Amon-Rá*, contemplando cada detalhe da formosa construção. Seus olhos fixaram-se a seguir no teto do lugar. Belo, surreal. Depois, no pé direito que era impressionantemente alto e servia para acentuar ainda mais o misticismo do lugar.

Ao deixar o local, Hazem foi direto até Nebseni que preferira aguardar por ele lá fora e disse:

– Posso voltar aqui cem mil vezes e creio que em todas ficarei maravilhado com este lugar. É lindo por demais. Impressionantemente lindo. Abdul-Hamide foi quem o projetou. Ele é um arquiteto e trabalhador muito minucioso. Dificilmente deixa escapar algum detalhe. Será que...

Hazem interrompeu-se ao notar que a esposa estava distante. Mal prestava atenção as suas palavras. O marido ficou a observá-la com curiosidade. Nebseni volta e meia girava a cabeça ao redor, olhando apreensiva para os cantos, como se temesse que algo de ruim fosse lhe acontecer. Suas mãos se crispavam sobre o robe de seda, e os músculos do rosto pareciam ter endurecido.

Ao pousar sua mão no braço da esposa, Nebseni soltou um berro, assustada. O marido também se assustou com sua reação. Suas linhas de expressão curvaram-se em preocupação. Hazem impôs-lhe uma pergunta rápida.

– O que foi, meu amor? Por que tanta tensão?

– Na... nada... – gaguejou.

– O que temes?!

Os olhos dela percorreram rapidamente o rosto do marido num todo antes de responder, e quando o fez foi num tom profundo e gutural.

– Esses assassinatos que vêm acontecendo pela cidade, Hazem. Eu os temo!

Hazem inspirou o ar profundamente antes de dizer:

– Não te preocupes. Tu estás bem protegida, nada te pode afetar.

---

*Deus do sol, símbolo da vida. (N. do A.)

Trêmula, Nebseni se apertou contra o peito do marido com voracidade. Naquele instante os olhos preocupados de Hazem voltaram-se para a imagem de Amon-Rá cravada na pedra em frente ao templo e depois em direção ao sol.

Não muito longe dali um moleque todo sujo e mal-vestido observava o casal abraçado, encantado por poder ver o faraó e a esposa tão de pertinho.

Nem bem se passara uma semana desde a descoberta do último assassinato e lá estava Solovar ajoelhado, novamente em frente a outra mulher assassinada, examinando a vítima com cuidado.

Seu autocontrole era admirável. Não havia o menor sinal de choque ou de pesar, exceto talvez por uma certa rigidez de atitude.

Tratava-se de uma mulher, uma matrona de amplas proporções. Ele inclinou-se e tocou levemente com a ponta do dedo indicador da mão direita a pulseira de ouro que a morta usava no punho da mão esquerda. Era uma jóia delicada, com chamalote brilhante.

— Não foi assalto! Se fosse, o agressor teria levado consigo a pulseira que ela usava, pois é valiosa! – comentou.

— É verdade, meu senhor – respondeu o soldado que o acompanhava.

— Este é o tipo do detalhe que não podemos deixar passar despercebido. Há quanto tempo ela morreu?

— Segundo o médico, o crime deve ter sido cometido na noite de ontem por volta das dez horas da noite – a resposta do soldado saiu pronta, estava na ponta da língua como que se aguardasse por ela a qualquer minuto.

— Creio que não há nenhuma conexão entre essa senhora e as outras vítimas, certo?!

— Exato, meu senhor.

— A não ser que ela tenha alguma conexão com Gebel.

Solovar riu ao ver a expressão de surpresa no rosto do soldado. Mas o sorriso despencou de sua face quando o soldado disse:

– Ela mudou de lá para cá faz cerca de dois anos, meu senhor.

Curioso, murmurou Solovar. As três vítimas eram da mesma cidade: Gebel... Seria coincidência ou...?

Como ditava a lei, a cidade em cujo território as vítimas foram brutalmente assassinadas foi obrigada a embalsamar, da melhor maneira, os corpos e a sepultá-los em túmulos sagrados, mesmo sendo um deles o corpo de uma prostituta. Era necessário para aquele espírito mau, assassino, deixasse o corpo do ser possuído.

Por superstição, nenhum dos parentes das vítimas, tampouco amigos ou meros conhecidos pôde tocar os cadáveres, somente os sacerdotes do Nilo os tocaram, pois eram obrigados a sepultar esses mortos com as próprias mãos, como se se tratassem de algo mais precioso do que o simples cadáver de um homem.

Encantamentos protetores foram inscritos em papiros e postos nos ataúdes das múmias. Neles se lia: "Que o poderoso Osíris ao receber este indivíduo no mundo dos mortos fique ciente de que o espírito mau que interrompeu sua vida ainda reside nas terras dos faraós e continuará fazendo mais vítimas caso os deuses não impeçam que este ser do mal pare de espalhar sangue e horror...".

Quando Hazem não encontrou Nebseni em seu quarto, local em que ela permanecia a maior parte do tempo, imediatamente partiu apreensivo à sua procura.

Ao deparar com uma das servas da esposa, a moça adiantou-se:

– A ama está no templo de Ísis orando, majestade.

Hazem correu para lá. Encontrou a esposa ajoelhada diante da estátua de Ísis orando com fervor.

Foi só quando Nebseni ergueu a cabeça pendida para o chão que notou a presença do marido ali a não mais que dois metros dela. Imediatamente se conteve para não gritar de susto.

Ele perguntou procurando dar um tom natural a voz:

– Está tudo bem?!

– S... sim... S... sim...

A afirmativa, naquele tom vacilante e trôpego mostrava claramente que as coisas não estavam bem para Nebseni.

Ele ajoelhou-se ao lado dela, segurou delicadamente seu queixo, olhando firme e profundamente em seus olhos e disse:

– Eu te amo, nunca te esqueças disto...

Evidente que o simples som de sua voz contribuiu para aliviar a tensão da esposa.

O tempo foi passando e Nebseni foi ficando cada vez mais apreensiva. Sua voz saía sempre baixa e lamuriosa, expressando dúvida e ansiedade. Estava sempre num estado de insegurança diante de uma coisa ou outra.

A impressão que se tinha era de que ela estava sendo perseguida. Vivia desconfiada de tudo e de todos, até da própria sombra. Crente de que o mal vivia a seu encalço. Nada tinha mais da alegria e confiança de outrora. Concordava com o que Hazem dizia, sempre com o ar distraído, parecendo sempre distante.

Ele sempre a amparava com suas mãos de afeto e a confortava em seus ombros de algodão na esperança de abrandar seu estado desalentador. Nessas horas Nebseni mudava, parecia recobrar sua alegria e confiança na vida. Mas uma vez distante do marido, voltava ao seu estado desalentador.

Enquanto isso, outros assassinatos iam sendo descobertos pela cidade, e nada parecia ligar um ao outro, exceto o fato de que todas as vítimas provinham de Gebel.

Dois dias depois, quando Hazem informou a esposa que teria de se ausentar de Heliópolis para uma viagem política, percebeu de imediato o quanto a notícia a perturbara.

Em questão de segundos, Nebseni pareceu mais desequilibrada do que o habitual. Disse:

– Leve-me contigo, Hazem. Por favor. Não me deixes só aqui.

O desespero em sua voz fez os dois soldados que acompanhavam o faraó olharem-na com curiosidade.

– O que há contigo, Nebseni? – perguntou Hazem, atarantado.

Ao entrelaçar suas mãos nas dela, assustou-se, estavam geladas como as de uma pessoa morta.

– Tu estás novamente gelada? O que há?

Ela deu uma mirada rápida nos dois soldados antes de falar.

– Leva-me contigo, eu te imploro!

– Nada vai te acontecer. Aqui tu estás protegida.

Ela percorreu o olhar ao redor, baixou mais a voz e disse:

– Essas mortes estranhas pela cidade...

– O que têm elas?

A voz da mulher tornou-se quase um sussurro:

– Algo está errado...

Hazem a fitou atentamente, observando cada detalhe de seu rosto retesado de tensão. Disse:

– Não temas. Ninguém te vai fazer mal aqui.

Os olhos dela percorreram a face do marido como se quisessem dizer algo mais do que disse:

– Hazem. Eu já experimentei a morte e não quero prová-la outra vez tão cedo. Se eu morrer novamente não sei se poderei regressar a esta vida novamente e, apesar de tudo, eu amo a vida de cá... amo muito!

– Acalma-te. Eu voltarei logo.

– Adia essa viagem...

– Não posso e, por favor, acalma-te, senão não conseguirei viajar sossegado. Além do mais minha mãe, minha irmã e Arpad estão aqui, eles te protegerão de qualquer mal, minha querida.

Naquele momento Nebseni pareceu ser dominada por um espasmo estranho, um anseio a se avolumar em seu peito. Mas tratou de reprimi-lo e recuperou o controle.

– Tens razão. Devo procurar me acalmar – respondeu ela como se finalmente tivesse superado o medo.

Embora a expressão da mulher amada houvesse se tornado mais serena, Hazem sabia que ela se forçara àquilo só para tranquilizá-lo.

– Eu te amo, nunca te esqueças disso. Eu te amo! – tornou ela aflita.

Ele sorriu, exibindo seus dentes pequenos, brancos e afiados.

Ao se ver só, Hazem percebeu-se tomado de preocupação pela esposa amada. De súbito, vindo de algum lugar do passado, uma fugidia lembrança iluminou seus pensamentos. Era algo que um sacerdote havia contado para seu pai havia longos anos e ele ouvira por estar presente.

"Quando os mortos voltam à vida, algo neles volta diferente... são mais frágeis, mais sensíveis e temem a morte três, quatro vezes mais que aqueles que nunca morreram!"

A fim de tranquilizar a esposa, Hazem dobrou o número de guardas que protegiam seu quarto de dia e de noite e acompanhavam a rainha pelo palácio.

O faraó partiu de viagem mais apreensivo que da última vez. Em meio à jornada, quando sua caravana parou para descansar e dormir, ele se retirou para fazer um passeio ao luar, meditativo.

Algo no céu despertou-o de seus pensamentos, eram pássaros, dois pássaros negros a voarem em círculo. Ele sentiu um arrepio. Vê-los, na época, era sinal de perigo, de perigo iminente. Um mau presságio.

Nebseni voltou à sua mente, provocando-lhe uma angustiante sensação de pavor. Ele tinha de desistir da viagem e voltar para junto dela para protegê-la. Ele próprio começava a sentir a presença de algo sinistro rondando o palácio. Assim, naquela mesma hora, Hazem cancelou a viagem e regressou para junto da esposa amada.

O casal real estava sentado à mesa para jantar, quando novamente, para espanto de Hazem, Nebseni se recusou a comer.

– O que há? A comida não te agrada?

– Estou sem apetite.

– Tu precisas te alimentar, meu amor.

Ela engoliu em seco, duas, três vezes, por fim disse:

– Não é que eu esteja sem apetite, é que...

– Diz.

– É que eu tenho medo... muito medo...

– Medo?

– Sim. – E, pousando sua mão delicada sobre a dele, Nebseni fez um sério pedido: – Há algo mais que quero que faças por mim, meu amado faraó.

– Diz.

– Quero que os escravos provem da comida e da bebida toda vez antes de eu me servir.

O pedido chocou Hazem, mas ele tratou rapidamente de disfarçar seu choque. A resposta soou rápida:

– Farei o que me pedes. Fica tranquila!

Desde que a medida foi tomada, Nebseni aceitou pela primeira vez, desde seu regresso do reino dos mortos, fazer as refeições na companhia da família real no salão de refeições.

Dias depois, como de costume, um escravo foi chamado para provar a comida que havia sido posta no prato da rainha antes dela. Nebseni observava o criado atentamente, apreensiva e trêmula.

Samira, Arpad e Babeth olhavam para a cena com certa indignação. Vendo que o escravo passava bem após a ingestão da comida, Hazem voltou-se para a esposa e disse num tom encorajador e confortante:

– Podes comer, meu amor. Não há perigo algum!

Nem bem terminara de proferir sua última palavra, Hazem se pôs de pé num salto, ao ver o escravo curvar-se para a frente num repentino espasmo de agonia, contorcendo-se de dor. Soltou um grunhido abafado e logo seu corpo enrijeceu por completo, caindo ao chão, morto.

Ao ver o escravo caído de bruços, espumando pela boca, Nebseni soltou um grito estridente que reboou sinistramente em todas as salas e corredores do palácio.

Todos se puseram de pé boquiabertos olhando para o morto horrizados. Imediatamente os curandeiros foram chamados. Nebseni tremia por inteira e chorava convulsivamente quando foi retirada do local.

Toda comida foi examinada e logo se descobriu que somente a que estava no prato destinado a Nebseni é que continha veneno.

Hazem imediatamente ordenou que fosse redobrada a guarda junto aos aposentos da esposa. Soldados, de armas em punho, cerrando fileiras, foram instruídos a embargar a passagem de qualquer um que ousasse se aproximar dos aposentos da rainha, mesmo sendo um dos moradores do palácio, a não ser que estivessem na companhia do rei, ninguém mais podia se aproximar de lá.

Desde esse dia, Hazem se arrependeu amargamente por não ter dado crédito às preocupações de Nebseni. Por tê-las julgado exageradas.

Quem teria sido capaz de envenenar a comida servida para a rainha? Quem? E como conseguira envenenar somente a que estava no prato dela poupando a dos demais? Ninguém vira nenhuma pessoa estranha ali nas proximidades do refeitório, tampouco na cozinha. Só uma força maligna invisível poderia executar uma obra dessas. Um espírito do mal.

Subitamente a imagem de Nofretiti despontou na mente de Hazem e ele compreendeu de imediato o porquê da aparição. Só podia ser ela, a própria Nofretiti, que do reino dos mortos estava fazendo tudo aquilo contra eles, especialmente contra Nebseni, a quem sempre odiara profundamente.

O dia seguinte despontou brumoso, com grossas nuvens a deslizar no horizonte impelidas pelo vento. Tanto Hazem quanto Nebseni pareciam ser um reflexo do mau tempo. Nem bem ele terminara de tomar seu desjejum, foi ao Templo acompanhado de reduzido séquito.

Lá, com a ajuda de dois anciãos, Hazem redigiu uma carta para Ísis, para que ela intercedesse por eles junto às atitudes maléficas que Nofretiti vinha tendo para com eles, mesmo depois de morta.

Finalizada a carta, Hazem prosternou-se diante da estátua e, após fazer as habituais solenidades aos deuses, ergueu os braços e a voz sonora ecoou pelas abóbadas:

– Poderosa Ísis, tem piedade de minha amada mulher. Não permitas, oh, grande soberana, que Nofretiti com sua inveja infinita continue a ferir minha esposa querida. Ela, tu bem sabes, já sofreu demais. Só tu, oh, divindade, podes nos livrar das ganas do espírito dessa mulher diabólica.

O séquito, acompanhado dos padres, alçou os braços imitando o magnânimo faraó e a seguir entoaram um cântico sacro.

Dias depois, na calada da noite...

Hazem reencontrou Nebseni em seu quarto assentada no divã, muito quieta. Tinha a testa franzida e sua expressão era tão desalentadora que ele perguntou timidamente:

– No que estás pensando, meu amor?

– Na morte. No quanto ela me assusta!

Tais palavras prenderam Hazem num íntimo desalento.

– Tu não morrerás tão cedo novamente, Nebseni, não te preocupes!

Ela moveu-se afinal:

– Se eu morrer novamente, creio que não serei tão afortunada como da primeira vez – respondeu ela num arrepio.

– Deixa a morte no seu lugar e tempo de direito, Nebseni.

– Não consigo. Já tentei e não consigo – replicou ela dando uma mirada rápida no marido.

– A morte, Hazem... Ela me ronda... Ela me quer...

Hazem sentiu-se novamente desconfortável diante do comentário da esposa.

Quando ela voltou os olhos novamente para ele, estavam vermelho sangue como se diversas veias de seus olhos houvessem se rompido. Algo assustador de se ver. Ela tentou dizer alguma coisa, mas as palavras pareceram perder a força quando alcançaram a sua boca. Ela pareceu se esforçar novamente para falar, mas logo se viu diante da mesma dificuldade. Então respirou fundo, bem fundo, aprumou o corpo e finalmente pôs para fora o que, para ela, precisava ser dito com urgência:

– Sei por que estão ocorrendo esses assassinatos pela cidade...

Ela percebeu o rápido olhar de Hazem para ela, um olhar abobado e ao mesmo tempo complacente, e acrescentou, firmemente:

– Ainda haverá mais vítimas enquanto eu não for uma delas.

– Não digas uma coisa dessas, minha rainha, nem por brincadeira.

– Acredita-me – tornou ela, prendendo a respiração.

– Os deuses estão ao teu lado, protegendo-te constantemente, meu amor...

– Dessa vez eles não podem me proteger, Hazem.

O marido arqueou as sobrancelhas num espasmo de agonia e ela acrescentou:

– Os deuses só poderão me ajudar se eu me ajudar...

– Eu não compreendo.

– Vais me compreender.

Ela expirou o ar dos pulmões e tornou a enchê-los antes de prosseguir:

– Preciso fazer algo... algo para me salvar, mesmo que esse algo nos separe para todo o sempre.

Hazem olhou fundo nos olhos da mulher amada. Sentiu pena dela e temor de que ela estivesse perdendo o controle sobre seus sentidos.

– Acalma-te, Nebseni. Acalma-te!

– Vem, Hazem. Vem... preciso te levar a um lugar...

– Que lugar? Do que estás falando?

– Acompanha-me...

– É tarde da noite! Deixa isso para amanhã.

– Amanhã pode ser tarde demais.

– Tu não estás bem, Nebseni. Acalma-te – retrucou ele, empalidecendo.

181

– Ouve o que te digo. Se gostas realmente de mim, faz o que te peço, agora. Acompanha-me.

– Eu te amo e sou capaz de fazer...

– Então vem, Hazem. Segue-me.

– Aonde vamos?

Nebseni não respondeu, apertou o passo e, mesmo parecendo resoluta, Hazem pôde ver que ela tremia por fora e por dentro. Naquele momento uma profunda sensação de perigo tombou sobre ele gravemente.

Minutos depois, os dois montavam camelos e seguiam para fora da cidade, escoltados por um pequeno grupo de soldados. Durante o trajeto, em nenhum instante Nebseni pronunciou uma palavra sequer.

Hazem achou melhor não insistir mais nas perguntas, Nebseni haveria de respondê-las no momento conveniente.

Diante da tumba de Nebseni, a própria puxou as rédeas do animal, voltou-se para Hazem e disse:

– Chegamos.

Os dois desmontaram dos animais e em seguida Nebseni pediu a Hazem que ordenasse aos guardas que abrissem o túmulo.

– Perdeste o juízo, Nebseni? – protestou Hazem indignado.

– Faz o que te peço, Hazem. Por favor, agora.

A escolta, um tanto apreensiva, atendeu o pedido. Tiraram a pedra que vedava a entrada da gruta cavada na rocha. Ao término, Nebseni pediu ao marido que ordenasse ao grupo de soldados que os escoltara até ali, que os aguardassem ali fora.

Antes, porém, de o casal entrar no local, Hazem deteve a esposa segurando seu braço e dizendo num tom que jamais usara para falar com ela:

– Isso é loucura. Vamos embora daqui, agora!

O olhar dela, profundo sobre o dele, respondeu que não. Visto que nada a faria desistir de seu propósito, Hazem a seguiu, impondo na mão uma tocha para iluminar o caminho.

De repente, diante da entrada que dava acesso à sala que guardava o sarcófago, Nebseni parou de súbito, parecendo acometida de uma dúvida cruel se deveria ou não prosseguir. A voz de Hazem atravessou seu silêncio repentino.

– Vamos voltar, meu amor, por favor.

– Não, Hazem. Agora que estamos aqui vamos até o fim...

Segundos depois, os dois se encontravam no miolo da tumba. E enquanto Hazem acendia uma das tochas que havia por lá, corria seus olhos assustados por sobre as mesas de oferendas, animais mumificados, pinturas e inscrições pintadas nas paredes.

À luz da tocha, Nebseni parecia sem cor, os lábios estavam brancos, sua tez esbranquiçada e sem vida.

Diante da sarcófago em que seu corpo fora depositado, ela estancou. Naquele instante, Hazem, diante da acerra, sentiu um arrepio percorrer todo o seu corpo.

– Este lugar me dá arrepios – murmurou ele acometido de súbito pavor –, é triste e melancólico... só serve para me lembrar do dia do teu funeral. O pior dia da minha vida. Quando tive de trazer-te até aqui e abandonar-te!

– Abre, Hazem, abre o sarcófago – pediu ela com determinação.

– Para que, Nebseni?

– Abre, estou te pedindo.

Hazem franziu o cenho apreensivo. A expressão de Nebseni o assustou, parecia uma nuvem negra. Uma nuvem carregada.

– Não há nada aí senão o vazio, Nebseni – replicou Hazem, um tanto indignado.

– Abre o sarcófago mesmo assim – exigiu a esposa friamente.

Hazem novamente olhou-o com ar de dignidade ultrajada e ergueu suas mãos gesticulando como quem diz: "para quê?"

– Por favor – insistiu ela com tremor na voz. Mudando de posição nervosamente, apoiando-se ora num pé, ora noutro.

O marido então percebeu que aquilo não era um simples pedido, era uma súplica.

Com todo o seu esforço, não só físico, mas psicológico, Hazem abriu o sarcófago. Nebseni esperava que ele tivesse outra reação da que teve ao ver o interior do caixão. Seu rosto permaneceu inexpressivamente normal.

– Pronto, está aberto! – exclamou ele e limitou-se a esperar por uma reação dela.

– Não vês, Hazem?

O faraó franziu os olhos, longe de compreender aonde ela queria chegar.

– O que há para ser visto, Nebseni?

Ela engoliu em seco e aprofundou o olhar no homem amado antes de responder:

– Não percebes, Hazem?

Ele negou com a cabeça. Ela deu um suspiro tenso e aflito antes de acrescentar:

– Olha, Hazem. Olha para o interior do caixão.

Assim ele fez, depois voltou o olhar para ela mostrando que ainda não havia compreendido aonde ela queria chegar.

Nebseni então suspirou fundo, procurou firmar a voz e disse finalmente:

– Era para o sarcófago estar vazio, Hazem, vazio...

E de fato, o ataúde ainda guardava um corpo mumificado.

18
Haja o que houver, eu sempre vou te amar...

O faraó intensificou o olhar sobre a múmia alojada no sarcófago e emudeceu por instantes. Por fim disse:

– Ainda não compreendo aonde queres chegar...

– Compreendes muito bem, só não queres aceitar – redarguiu ela seriamente.

– Não! Nebseni! – berrou ele, perdendo a calma. – Não compreendo, não! – E, voltando-se para ela, agarrou em seus braços feito dois torniquetes e disse:

– Vamos embora daqui. Agora!

Os dois ficaram ali, olhos nos olhos, tomados de pavor, cada qual por uma razão particular por um longo e desesperador minuto.

– Se estou aqui, Hazem, na tua frente, meu amor, não pode haver um corpo mumificado dentro do sarcófago! – disse ela finalmente rompendo o medo que lhe prendia as palavras.

Em vez do espanto ou choque, Hazem simplesmente sorriu e disse com tranquilidade:

– Houve um homem, um sacerdote no passado, segundo meu pai, que acreditava que se Osíris nos achasse digno de regressar a esta vida, que voltaríamos num corpo feito de luz divina e não num corpo embalsamado...

185

Nebseni soltou novamente um suspiro tenso. Pareceu sentir-se zonza. Hazem amparou-a nos braços pedindo serenamente:

– Respira fundo e acalma-te.

– É tão difícil para mim dizer o que tenho que te dizer. Mas preciso. Pode ser a minha única salvação. Lembra-te, porém, Hazem, após ouvir tudo o que eu tenho a te contar, que eu te amei e te amo e te amarei profundamente para todo o sempre. Todo o sempre...

Ela desvencilhou-se de seus braços, recuou alguns passos e ao voltar o rosto na direção do homem que aguardava pacientemente parado por sua ação e suas palavras, disse:

– Nebseni, Hazem, sua amada primeira esposa, rainha do Egito, continua aí, no sarcófago. Morta e mumificada.

Hazem riu novamente diante das palavras da mulher. Era um riso divertido e ao mesmo tempo nervoso. Em meio ao riso disse:

– Tu estás cansada, delirando, meu amor, vamos embora...

– Não vamos! – retrucou ela no seu diapasão de voz metálica. – Não enquanto tu não te permitires encarar a verdade! Olha para mim, Hazem. Olha no fundo dos meus olhos e vê a verdade. Mesmo que ela te doa fundo, na alma, vê mesmo assim.

"Eu... eu não sou Nebseni, Hazem, tua esposa amada e adorada. Sou apenas uma mulher que se parece muito com ela. Idêntica a ela."

Os olhos do marido se dilataram e uma expressão horrível deformou-lhe a face. Disse:

– Tu só podes estar fora do teu juízo perfeito, só pode!

– Antes estivesse! – respondeu ela com amargor. – Nebseni jamais voltou à vida, Hazem. Continua aí dentro deste ataúde, envolta de ataduras desde o dia em que foi trazida para cá. Tu a amavas tanto, tanto e a querias de volta tão desesperadamente que bastou apenas eu dizer que era ela que havia regressado do reino dos mortos que tu acreditaste de bom grado.

O rosto de Hazem começou a mudar sombriamente. Parecia um rosto esculpido em cera a se derreter ao calor.

– Eu sinto muito. Eu sinto imensamente por ter te enganado! – desabafou ela com profundo pesar.

– Chega! – gritou ele repentinamente.

– Tu precisas me ouvir!

– Por que estás fazendo isso comigo? Por quê?

– Por que tu precisas saber da verdade...

– Mentira! Tudo não passa de uma mentira deslavada, imunda, desumana. Tu és Nebseni, minha mulher adorada, única, incomparável... A mulher que os deuses absolveram e concederam seu regresso a este mundo.

Ao virar-se bruscamente rumo à saída, aflito por partir dali o quanto antes, Nebseni puxou-o para trás, suplicando:

– Olha para mim, Hazem.

Ele recusou, terminantemente.

– Olha para mim – insistiu ela, elevando a voz.

Quando ele voltou a encará-la, seus olhos pareciam ter sido podados da visão. Ainda que penalizada, ela voltou a falar com firmeza:

– Por creres tão piedosamente nos deuses, tu acreditaste, sem duvidar por um momento sequer, que eu não fosse Nebseni.

– Tu és Nebseni. Eu sei, eu sinto.

– Meu nome é Senseneb. Venho de Gebel.

– Gebel?

– Sim. Era apenas uma humilde criada antes de vir para cá.

– Isso não é verdade, não pode ser verdade. Não faz o menor sentido.

– É verdade. É a mais pura verdade. E aquelas pessoas que morreram assassinadas sabiam quem eu era.

– Estás insinuando que elas foram assassinadas para...

– Sim – adiantou-se a jovem – para que não me reconhecessem.

Pálido e combalido, Hazem soltou um riso cheio de escárnio.

– Ridículo.

– Lembra-te de que a única coisa em comum entre todas as vítimas era o fato de elas terem vindo de Gebel, a cidade onde eu residia antes de vir para cá.

Outro riso tenso de Hazem ecoou no recinto.

– Só faltas me dizer que quem matou aqueles pobres coitados foste tu, com as próprias mãos.

– Tu tens razão. Eu não as matei.

– Finalmente uma verdade!

– Eu não as matei, mas sei quem as matou.

– Sabes? Diz – o tom agora de Hazem era cínico.

– Ora, Hazem, elas só podem ter sido mortas por quem armou toda essa encenação. Todo esse plano hediondo. A pessoa que me encontrou em Gebel e ficou impressionada com a minha semelhança com sua falecida esposa.

"A pessoa que me trouxe para cá na intenção de me fazer ocupar o lugar de Nebseni, fazendo-o crer que era a própria que havia regressado do reino dos mortos.

"Essa pessoa não sabia como tu reagirias diante do plano, no entanto, tu reagiste como esperado. Acreditaste piamente que eu era Nebseni, que voltara a este mundo por ter sido absolvida por Osíris."

Rubor intenso coloriu o rosto do rei, enquanto seus lábios tremiam nervosamente. Senseneb tomou ar antes de prosseguir:

– Tudo o que fiz e te disse me foi explicado nos menores detalhes e ensaiado diversas vezes. Eu tinha de aparecer para ti sempre na calada da noite, entrando no teu quarto por meio de uma das passagens secretas e dizer-te o texto previamente decorado.

"Eu tinha de ser convincente, a qualquer custo e fui, mas não creio que foi por meu esforço próprio e sim porque tu facilitaste as coisas. Assim que me viste, acreditaste ser Nebseni, de prontidão.

"O mais importante de tudo é que eu, mais tarde, dissesse a ti o motivo principal, além do que supunha para Osíris ter me permitido voltar à vida no Egito.

"Eu tinha de te contar que fora estuprada durante minha jornada com a caravana que tomei para chegar à uma cidade distante desta. E que o estupro me deixara grávida."

Ela caiu em prantos. Ainda assim prosseguiu:

– Tu sempre pudeste ter filhos, Hazem. Fui compelida a dizer-te que fora estuprada e que fiquei grávida para que pensasses que tu é que eras estéril e não Nebseni. Sendo estéril, como poderia tua segunda esposa ter ficado grávida? Somente por meio de um outro homem. Sabendo ela que tu te casaras somente pelo propósito de conceber um filho, pensarias que ela havia engravidado de outro homem para não te decepcionar. Pensarias automaticamente que teu filho não era teu de fato. E quem senão a própria Nebseni em quem confiaste tanto para te fazer acreditar em tudo isso?

– Quer dizer que... – balbuciou Hazem.

– Sim... ao pensar que tu havias sido traído por Nofretiti, tu mandarias matá-la bem como a teu próprio filho, como de fato o fizeste.

Hazem sentia uma dor aguda no cérebro e um calor que parecia consumir seu corpo por inteiro enquanto ela falava. Disse:

– Tu só podes estar louca, louca! Isso não pode ser verdade. Quem haveria de conspirar contra mim, de me querer tão mal a esse ponto, quem?!

– Ora, Hazem, a única pessoa a quem tudo isso poderia interessar. A quem o trono do faraó almeja para o próprio filho.

Por mais que tentasse, ele não conseguia dizer o nome do responsável por toda aquela farsa, era cruel demais. Maligno demais! Mas o nome escapou de sua garganta em meio a um gemido lúgubre:

– Samira...

O nome de Samira ficou ecoando pela acústica da tumba durante uns bons minutos. Senseneb deixou pender a cabeça para baixo chorando copiosamente.

O faraó deixou seu corpo cair numa cadeira que repousava ali entre os dois, descorçoado. Quando Senseneb, a falsa Nebseni, voltou a falar, sua voz parecia agora por um fio, soava rouca e esganiçada:

189

– Samira percebeu que me apaixonei por ti. Apaixonei-me de verdade por ti e passou a temer que eu, cedo ou tarde, te revelasse toda a verdade.

– Por isso... por isso que vinhas te apavorando tanto e temias ficar só?!

– Sim... Se não me tivesse precavido, teria provado daquele prato envenenado e numa hora dessas seria uma mulher morta. Por isso eu tinha de te dizer. Contar-te toda a verdade antes que ela conseguisse me matar.

As palavras tocaram o âmago de Hazem profundamente. Ele foi até ela, agarrou fortemente em seu braço e deblaterou:

– Diz que tudo isso é mentira. Diz!

Senseneb corou diante do tom do faraó. Seus olhos evitaram os dele, mas a expressão sombria permaneceu. Como a mulher prostrada à sua frente ainda hesitasse, ele disse com impaciência:

– Por favor, eu te suplico, diz que tudo isso é mentira...

Ela lançou um olhar furtivo para Hazem e falou quase num murmúrio:

– Eu gostaria... eu juro que gostaria que fosse tudo mentira, mas não é, eu sinto muito.

Ele riu malignamente. Ainda estava sorrindo, seus olhos estreitos e desafiadores, quando insistiu:

– Não pode ser!

Soltou então o braço da mulher, deu um giro em torno de si, voltou-se para ela, tomado de cólera, e deu-lhe uma bofetada no rosto.

A marca da mão de Hazem ficou estampada nítida e vermelha na face de Senseneb. A pulseira que usava cortara-lhe a face próximo ao canto dos olhos de onde agora escorria um fio de sangue. Ainda assim, ela se manteve firme a olhá-lo com compaixão.

Gradativamente, a expressão de Hazem foi mudando, tornando-se pesadamente malévola, ao passo que seus olhos faiscavam. Ante a fúria de ódio e da maldade, em seu olhar, Senseneb recuou um passo.

Em voz baixa, ele resmungou alguma coisa que a sósia de Nebseni não compreendeu. Depois, ele repetiu o resmungo:

– Ordinária!

Calou-se, e dando meia-volta, encaminhou-se em direção à saída da tumba com passos vigorosos. Senseneb correu até ele, pôs-se na sua frente e suplicou:

– Por tudo o que há de mais sagrado, Hazem, perdoa-me, perdoa-me, por favor!

Ele, então, empurrou-a com tanta força e violência que a jovem foi ao chão, batendo fortemente o queixo contra ele, ferindo-se e sangrando. Ela parecia estar prestes a se dissolver por inteira em lágrimas.

– Eu te amo, Hazem – disse com toda a força que ainda lhe restava. – Amo-te profundamente e sei que tu me amas tanto quanto. Apesar de todo o mal que te causei, minha aparição te devolveu a alegria de viver. Foi graças a ela que tu sobreviveste à depressão que sentias pela perda de tua esposa amada. Não foste só tu que ganhaste com isso, o Egito todo também ganhou, pois ele precisava de ti, como ainda precisa e imensamente.

Havia um fato irrefutável por trás das palavras de Senseneb, tudo aquilo também era verdade.

Ao voltar ao palácio, assim que entrou, Hazem apressou o passo, estava quase correndo. Fez um sinal para que os guardas o acompanhassem e lhes deu ordens durante o trajeto. Poucos compreenderam o que estava acontecendo, temeram que seu faraó estivesse sofrendo de algum delírio, mas ninguém ali estava à altura de contestar suas ordens.

Samira assustou-se ao ver o irmão vindo em sua direção. Babeth que estava ao lado da filha, tanto quanto. Ao deparar com seus olhos semicerrados, amedrontou-se. Parecia estar possuído por uma força maligna. Ela levou as mãos ao peito como que para segurar seu coração que começara a disparar. Não era o mesmo Hazem. Era uma nova pessoa destituída de toda a sua bondade e espírito.

O faraó corria os olhos de uma para outra enquanto cuspia-lhes as palavras.

– Sinto nojo de ter o mesmo sangue que vocês.

As palavras do filho chocaram a mãe profundamente. Ela foi até ele e segurou com suas mãos trêmulas o seu braço direito, querendo acalmá-lo! Com um puxão, Hazem libertou-se e continuou a falar furiosamente:

– Para vocês enchi os armazéns de toda a sorte de alimentos, vestuários, perfumes para que nenhuma de vocês vivesse na miséria. E vocês me agradecem, apunhalando-me pelas costas, sem piedade? Justo eu que as amei tanto... e no teu caso, Samira, amei muito antes de tu nasceres. Quando ainda te encontravas no ventre de nossa mãe.

– O que dizes? Nada fiz de errado! – defendeu-se Samira, abismada.

– Falsa. Tu. Tu mataste meu filho. Meu filho amado, meu filho tão querido. Pois agora tu vais pagar pelo que me fizeste com a tua vida e a do teu filho!

– Isso é uma injúria verrinosa, Hazem!

– Pensando bem, não as vou matar, não – rosnou ele imperativamente. – Matá-las seria uma bênção para todos... Será mais justo deixá-las morrer aos poucos, gradativamente. Tu, Samira, num calabouço sujo, úmido e nojento e teu marido e teu filho nas minas trabalhando até seus corpos sucumbirem à exaustão.

– Estás enfeitiçado – esbravejou Samira, inconformada.

Mesmo aturdido, Hazem teve tempo para interpretar a expressão no rosto da irmã. Foi a expressão de Samira que intrigou e amedrontou Hazem. Ela não demonstrava raiva. Em vez disso, havia em seus olhos um olhar de esfinge.

– Pelos deuses, Hazem, acalma-te! – implorou Babeth com o que parecia ser seus últimos resquícios de voz.

Voltando-se para a mãe, ele apontou o dedo indicador rente ao seu nariz e com a mesma fúria falou, quase berrando:

– A senhora sabia, sabias o tempo o todo. Sempre soubes te, não é mesmo?

Babeth negava com a cabeça enquanto seu corpo chacoalhava por inteiro de tanto tremer. Seu rosto estava vermelho, poderia ser de tensão, raiva, vergonha.

– Justo as mulheres a quem tanto amei foram me trair de forma tão cruel!

– Filho, eu não sei do que estás falando... Mas, por favor, não tomes nenhuma atitude precipitada.

Balançando a cabeça judicioso, ele voltou a falar:

– Não há precipitação alguma. Vocês me trairam, cruelmente e vão pagar pelo que me fizeram à altura. Depois de mortas, eu mesmo quebrarei todas as juntas e ossos de seus corpos para que não possam se manifestar diante de Osíris. Quero que ele sinta repugnância de vocês. A mesma que sinto agora!

As últimas palavras se perderam em meio a um choro convulsivo. Quando o jovem faraó conseguiu falar em meio ao pranto, ordenou a seus guardas com sua voz chorosa:

– Levem-nas daqui, agora!

Assim que as duas mulheres foram conduzidas, um choro compulsivo se apoderou do jovem, vergando seu corpo até cair ao chão de joelhos. De repente, num acesso de fúria, Hazem começou a golpear com os punhos fechados o assoalho, expressando toda a sua amargura e ódio. Seus gritos, tomados de desespero e dor, misturavam-se aos som dos socos que golpeavam o chão.

A sensação que se apossava dele naquele momento era a mesma que um homem tem quando seu corpo é mutilado por fortes golpes com facão. A mesma que um homem sente ao ser queimado ou enterrado vivo.

Hazem ficou estirado ao chão até perder o tempo de vista. Tudo o que se ouvia era o som de seu pranto. A imagem do filho despontou em sua mente e, de repente, uma sensação de paz o invadiu por instantes;

entretanto durou pouco, logo foi consumido pela dor e novamente pela revolta.

Hazem desejou naquele momento, com toda a força do coração, que não tivesse mandado matar o filho, que sua ordem não tivesse sido acatada. E em meio àquele estado devastador, as palavras de Ankh voltaram a se repetir na sua mente: "Não se precipite, Hazem, não se precipite! Um dia te arrependerás amargamente pelo que fizeste".

Ele havia se precipitado de fato e agora já era tarde demais para reparar sua precipitação.

"Oh! Todo poderoso Osíris, perdoa-me, perdoa-me!"

Hazem estava tão consumido pela dor que não notou a aproximação de Senseneb. Levou alguns minutos até que percebesse sua presença ali a poucos metros dele. Então levantou seus olhos esbugalhados de tanto chorar até se encontrar com os dela, que não estavam muito deferentes dos dele.

O rosto sombrio de Hazem assustou a moça. Sua face de um bronzeado escuro não estava somente marcada pela indignação, pelo ódio, pelo medo e pela preocupação. Estava marcada e contorcida de dor, de uma profunda dor.

Não levou muito tempo para que ela desviasse o olhar dos dele, olhando timidamente para o chão de pedra. Naquele momento ele soube, com absoluta certeza, exatamente o que ela estava sentindo: profunda vergonha e arrependimento mortal pelo que fizera.

Hazem voltou a baixar o olhar exasperado para o chão e novamente se viu tragado por pensamentos confusos. A voz dela então rompeu o silêncio constrangedor entre os dois.

– Não sou digna de teu perdão, eu sei... mas quero aproveitar esses últimos minutos ao teu lado para deixar mais uma vez bem claro o quanto te amei e ainda te amo. E que se não fosse essa paixão que sinto por ti, não teria tido forças para revelar-te toda esta farsa.

"Eu sabia, sempre soube, que uma vez te pondo a par da verdade tu te revoltarias comigo, condenarias-me à morte, e eu te perderia para sempre. Ainda assim, ousei te revelar a verdade, ainda que tarde, por ser no meio de toda essa história o único gesto de caráter e dignidade que tive para contigo."

Ela suspirou profundamente antes de acrescentar:

– Manda me matar o mais rápido possível, Hazem. Por favor, eu te imploro. Eu mereço morrer. Sou indigna de teu amor. Eu não presto!

Hazem voltou seus olhos inchados de chorar novamente para a moça e disse num tom de voz profundo e rouco:

– Em que ninho de cobras eu fui cair...

E novamente um choro agonizante irrompeu de seus olhos.

Senseneb deixou seu corpo ajoelhar-se rente a ele e quis amparar o homem amado a fim de retesar toda sua amargura. Ao levar sua mão direita para alisar seus cabelos, Hazem arrepiou-se a princípio, mas depois foi relaxando, relaxando...

Entre lágrimas quentes e vagarosas, ele disse minutos depois:

– Tu foste usada e manipulada pela mente satânica de minha irmã. Com ou sem tua pessoa, Samira certamente acharia um modo de assassinar meu filho para que o dela herdasse o trono.

Por tudo isso eu te perdoo... eu te perdoo por tudo o que fizeste contra mim... pois na verdade não fizeste nada, foste apenas um instrumento usado para que o mal chegasse até a minha pessoa.

– Eu não mereço teu perdão. Não mereço...

– Estou quase certo de que os deuses te fizeram vir parar ao meu lado, mesmo que de forma tão escabrosa, para me ajudar a sair daquela depressão horrível. Tu foste enviada para junto de mim para substituir a falta que Nebseni fez na minha vida. Tu e ela não são gêmeas só fisicamente, mas também sentimentalmente. Sinto isso... e ouso dizer, sem temor algum, que te amo tanto quanto amei Nebseni. E sei que ela vai me compreender, esteja onde estiver agora...

As palavras dele fizeram a moça se derramar em lágrimas, novamente.

– Para de chorar... por favor... – pediu ele abrandando a voz.

Ela voltou seus olhos bonitos e lacrimejantes para os de Hazem, que acolheu seu olhar com o mesmo amor de antes.

– Eu te amo tanto! – tornou ela se rompendo de paixão.

– Eu sei. Eu sinto.

– Não sei se conseguirei viver aqui ao teu lado depois de toda essa desgraça que te aconteceu e a qual contribuí para que acontecesse.

– Precisarás ser forte, buscar forças dentro de ti para superar tudo isso. Contar com os deuses assim como contarei.

– Por ti sou capaz de tudo. É tanto amor.

– O teu amor vai me ajudar a superar tudo isso!

– E o teu amor fará o mesmo por mim...

Hazem levou sua mão até tocar com delicadeza o rosto da sósia de Nebseni e quando o fez, observou o corte pregado ali feito por seu bracelete. Ele então se levantou, estendeu a mão para a jovem e disse:

– Ergue-te!

Percebendo a dificuldade em acatar seu pedido, Hazem ajudou a jovem a se por de pé. Com cuidado, tocou a face trêmula da moça e a fez olhar para ele. A expressão no rosto de Senseneb ainda exprimia profunda vergonha pelo que havia feito. Hazem disse, num tom ponderado:

– Certa vez ouvi alguém dizer que o deus Hórus tem a cabeça de falcão porque há sempre uma conexão entre os homens e os animais. E que as mulheres se espelham nas cobras por serem belas e traiçoeiras como elas. Hoje estou certo de que isso é a mais pura verdade e não apenas um comentário preconceituoso e machista.

Ele mordeu os lábios ao deparar com sua generalização e se corrigiu:

– No entanto, há mulheres que fogem à regra. Tal como Ísis e as outras deusas. Tal como tu e Nebseni, minha amada, inigualável e inesquecível Nebseni...

Hazem pensou em acrescentar o nome de Nofretiti, mas preferiu guardá-lo para si. Por Nofretiti saber encobrir muito bem seus pensamentos maléficos e suas maldades Hazem, a considerava também uma exceção à regra.

Acariciou a pele macia da moça que, ao toque dos dedos, pareceu recobrar sua cor natural e um pouco de sua vitalidade de antes. O rosto de Hazem também tornava-se calmo e plácido, parecendo normal como antes. Ele olhava fundo, cheio de paixão, nos olhos daquela jovem mulher quando falou:

– Disseste-me teu nome, mas em meio a toda confusão, acabei esquecendo-me dele.

– Senseneb. Meu nome é Senseneb.

– Senseneb... – murmurou ele, com certo encanto.

Ela sorriu.

– Não deixa de ser um belo nome. Mas para mim serás sempre Nebseni. Minha adorável e inesquecível Nebseni.

– Se assim desejas, meu faraó, assim serei. Serei sempre tua Nebseni...

Segunda parte
Egito, quinze anos depois...

Ele atravessou desertos, mas não permitiu que se tornasse um.

Ele foi obrigado a se separar do grande amor de sua vida, mas não deixou jamais de amar e acreditar no amor.

Ele foi humilhado, sem dó, pela pessoa a quem, no fundo, devia sua vida, ainda assim não permitiu que o ódio brotasse em seu coração.

Ele perdeu tudo o que tinha, mas jamais permitiu perder a si mesmo.

Ele foi encorajado pela maioria das pessoas ao seu redor e pelas amarguras da vida a pagar o mal com o mal. No entanto, ele o pagou e apagou só com o bem, porque jamais permitiu que o mal o cegasse e impulsionasse a razão de seu viver.

Com toda a sua determinação e fé ensinou a todos aqueles que o instigaram ao mal a se voltarem para o bem.

Para tudo, com tudo e com todos, ele seguiu um único conselho dado por seu guia espiritual:

Disciplina, disciplina, disciplina...

E com ela, galgou e alcançou o que há de mais nobre na alma dos espíritos. A purificação, a evolução, a luz...

Seu nome era Kameni e esta é sua história...

1
Sob a luz de Rá...

Kameni, dezessete anos de idade, um rapaz de rosto bonito e bem escanhoado, possuidor de uma expressão alegre e risonha, cheio de simpatia na voz, encontrava-se na pequena aldeia de Tutmés comprando alimentos para a caravana de escravos à qual pertencia, a caravana de Ma-Krut Kalin, o famoso e mais poderoso mercador de escravos da época. Um homem rico, determinado e sem escrúpulos.

Ouvia-se ecoar pelo deserto, sem saber ao certo quem dera início ao boato, que Ma-Krut era a própria personificação da maldade na Terra. Enriquecera de modo abusado e imoral. Aqueles que encontrava pelo caminho ou chegavam até ele, implorando por um prato de comida que ele lhes oferecia em troca da escravidão.

Por estarem tão esfomeados e muitas vezes incapazes de compreender ao certo sua proposta, esses pobres coitados aceitavam às cegas tal condição para poderem receber um bocado de comida ou simplesmente um mero pedaço de pão e quando davam por si já haviam se tornado seus escravos, e fugir era impossível, os capatazes de Ma-Krut eram rápidos com a espada e perseguidores implacáveis capazes de encontrar um rato mesmo num deserto.

Ma-Krut era um daqueles seres humanos que viviam ditando a lei num tom sempre cortante e ameaçador, intimidando os criados, achando falhas nos que não as tinham, para perturbá-los.

Sempre exigindo deles que coisas impossíveis fossem feitas, puramente pela força da vituperação e da ameaça constante de castigo. Por temerem sua ira, corriam para obedecer-lhe as ordens, mesmo que fossem impossíveis de serem realizadas e que fossem castigados por não terem conseguido cumpri-las. Era para o brutamontes a única forma que encontrava de impingir-lhes tortura, na certa porque, ao vê-los sendo torturados, sentia algum prazer mórbido.

Kameni seguia na companhia de Alaor, também escravo de Ma-Krut, um rapaz da mesma compleição de Kameni que aparentava ser bem mais velho que sua idade real. Tinha uma paralisia congênita dos músculos faciais inferiores, que o tornava incapaz de sorrir e lhe dava um ar carrancudo. O que o jovem mais temia na vida, além de seu senhorio, era que sua face se paralisasse por completo deixando-o incapaz de responder as quarenta e duas perguntas na hora do juízo diante de Osíris, e com isso ser condenado a viver eternamente no mundo das sombras.

Assim que os dois jovens terminaram de comprar tudo o que era necessário e ajeitaram os sacos de alimentos nos camelos, voltaram imediatamente para o local onde a caravana estava acampada, não muito longe dali.

Kameni nem bem desmontara do animal, foi informado por um dos capatazes que o senhorio queria vê-lo urgentemente. O escravo largou o que tinha de fazer e se dirigiu imediatamente para a tenda ocupada por Ma-Krut.

Encontrou o mercador de escravos fazendo uma boquinha. Diante da monumental e asquerosa figura de seu dono, Kameni fez uma reverência e aguardou calado, com a cabeça baixa, os olhos pregados no chão, por suas ordens.

Ma-Krut ficou a estudar o rapaz enquanto devorava de modo grotesco um pedaço de carne assada preso num osso. Depois, encharcou-se de vinho, como de costume, com a boca ainda cheia de carne para que o líquido ajudasse o alimento a chegar ao seu estômago com mais facilidade.

A carne ainda descia pelo seu esôfago quando tornou a abocanhar outro pedaço. Foi assim até restar apenas o osso, o qual chupou sem poupar os estalos labiais.

Ao fim da refeição o rosto do homem estava inteiramente tomado de gordura. Não só o rosto como também os cabelos, pois por diversos momentos durante o banquete, levara a mão toda engordurada até os cabelos para jogá-los para trás, engordurando-os mais ainda.

Com isso os fios de cabelos tornavam-se ainda mais grossos, pois os grãos de areia que eram arremessados até eles pelas lufadas de vento grudavam-se naquela gordura como cola.

Só depois de arrotar três vezes consecutivas inundando o ar ao seu redor com um cheiro apodrecido é que ele se dirigiu ao escravo que aguardava pacientemente por sua manifestação:

– Vou me ausentar por alguns dias, Kameni.

O jovem assentiu com a cabeça, de modo submisso.

– Quero que tomes conta da caravana enquanto eu estiver fora, compreendeste?

Mais uma vez o rapaz assentiu com a cabeça, mantendo o olhar voltado para os pés.

O homem fanfarrão e grandalhão soltou um suspiro pesado, parecendo irritado, levantou-se com a ajuda de um criado, foi até o jovem e ergueu seu queixo com o dedo indicador balofo, sujo e gorduroso, cuja unha era longa, envergada e imunda, dizendo:

– Por acaso Osíris cortou tua língua?

– N... não... senhor... – gaguejou Kameni, encabulado.

– Ufa! – suspirou o brutamontes com ironia – por pouco pensei que havias perdido a língua, o que me entristeceria muito, pois gosto de ouvir tua voz. Ela me acalma.

– Fico lisonjeado, meu senhor. Verdadeiramente lisonjeado.

– E então? Posso contar contigo?

Kameni ia respondendo novamente apenas com um aceno de cabeça quando Ma-Krut o repreendeu com um rosnado:

– Ô-ô!?

Kameni tratou logo de emitir uma resposta labial:

– Podes contar comigo sim, meu senhor.

A resposta soou firme. Ma-Krut gostou do que ouviu e exclamou:

– Muito bem! Não quero que nada aconteça de errado enquanto eu estiver fora, compreendeste? Nenhuma fuga. Se algum dos escravos fugir eu o caçarei e o matarei. Mesmo que perca dinheiro.

– Ninguém fugirá, meu senhor. Ninguém... – alegou Kameni.

Um sorriso ambíguo iluminou a face rechonchuda do mercador que, em seguida, tossiu espalhafatosamente para limpar um pigarro que perturbava a garganta, depois cuspiu-o de forma grotesca, arremessando o pigarro longe, no chão. Então assoou o nariz com a ajuda dos dedos gordurosos e arremessou o catarro na mesma direção que dera ao cuspe. Voltando-se para o jovem escravo disse:

– E quanto àquela proposta, Kameni, já pensaste a respeito?

Kameni baqueou.

– Ainda não, meu senhor...

A resposta atravessou os lábios em meio a um suspiro nervoso.

– Pensa... – ordenou Ma-Krut, devorando o jovem com o olhar. – Pensa bem...

– E... eu... Eu pensarei, meu senhor.

O velhaco permaneceu comendo o rapaz com os olhos, descaradamente. Quando Kameni percebeu que era estudado pelos olhos grandes, atentos e esbugalhados de seu senhorio prendeu a respiração de tensão.

– Podes te retirar... – disse Ma-Krut, por fim.

Kameni fez uma reverência e se direcionou à saída da tenda. Antes, porém, de sair, a voz de Ma-Krut soou novamente no local:

– Não só confio, Kameni, como também gosto de ti. Gosto imensamente... como a um filho. Nunca te esqueças disto.

Kameni voltou o rosto para ele, forçou um sorriso e deixou o local.

O jovem suava tão forte de tensão que suas vestes já estavam molhadas. Era sempre assim, sempre assim quando ele se via diante do senhorio.

Kameni foi até o jarro com vinho, mergulhou um caneco de bronze dentro dele, depois sorveu a bebida numa talagada só. Quanto mais rápido o líquido atingisse seu estômago, mais rápido se livraria daquela tensão.

Ainda entornava o copo na boca quando seus olhos se encontraram com os olhos de Hemaka, parada a poucos metros de distância dele, olhando-o com ternura.

Hemaka era uma escrava de idade elevada, por quem Kameni tinha grande afeição. Era para ele tal como uma mãe e ele para ela tal como um filho. A mulher cuidara de Kameni desde que fora comprado por Ma-Krut, quando era ainda um meninote.

Como toda mãe que conhece bem seu filho só pelo olhar, Hemaka percebeu de imediato a tensão que percorria o interior do rapaz. Ofertou-lhe, então, os braços com um sorriso convidativo nos lábios, os quais Kameni aceitou sem hesitar. Ah, como era bom um abraço, ainda mais o da velha e dedicada Hemaka... amada Hemaka.

Assim que os dois se viram longe dos capatazes, Hemaka perguntou:

– Ele vai mesmo viajar?

– Sim. Vai.

– E escolheu ti para tomar conta de tudo enquanto estiver fora, não?

– Sim. Como sabes?

– Dedução, meu filho. Dedução. – A voz da escrava desapareceu em meio a um suspiro nervoso: – Tu sabes, por que ele fez isso, não sabes?

O rosto de Kameni contraiu-se por inteiro ao perguntar:

– Fez o quê?

– Deu-te esta incumbência.

Visto que a expressão no rosto de Kameni indicava total falta de compreensão. Hemaka tratou de lhe explicar:

– O diabo te incumbiu de tal tarefa, porque se algo de errado acontecer por aqui na ausência dele, Kameni, ele terá um pretexto para exigir de ti o que bem quiser.

Kameni engoliu em seco.

– Não havias te dado conta?

– Não! – afirmou ele, fingindo tranquilidade diante do fato. – Mas nada de errado vai acontecer, Hemaka. Nada.

– Que Ísis te proteja, Kameni.

– Ela vai me proteger. Não só a mim como a todos... Fica tranquila.

– Espero mesmo, de coração, que Ísis nos proteja. Para o nosso próprio bem e especialmente o teu.

Os olhos de Kameni mergulharam nos da mulher de modo enigmático.

No dia seguinte, como combinado, Ma-Krut partiu acompanhado de seus quatro capangas e de dois escravos para atender suas necessidades.

Jamais viajara com todos os capatazes ao mesmo tempo, aquela era a primeira vez. Era de praxe deixar pelo menos dois deles tomando conta da caravana. Ao ser questionado a respeito, Ma-Krut alegou que precisaria de toda proteção de que dispunha porque a aldeia aonde iria tratar de negócios era muito frequentada por ladrões, criminosos e saqueadores.

Enquanto Kameni assistia à partida de seu dono acompanhado de sua escolta, as palavras de Hemaka voltaram a se repetir em sua mente.

De fato o que ela lhe dissera fazia muito sentido. Total sentido. Ainda assim se manteve calmo, confiante em Ísis, ela o protegeria como sempre.

A cem metros de distância Ma-Krut voltou a cabeça para trás e, ao ver Kameni ainda na mesma posição, olhando fixamente na sua direção, sentiu-se mais orgulhoso e confiante no rapaz.

Um sorriso iluminou sua face balofa, negra de sol e imunda por falta de banho.

Naquela mesma noite, todos os escravos da caravana se reuniram em volta de uma grande fogueira para celebrar a paz que reinava no meio deles. A paz que nunca podia existir com Ma-Krut ao lado deles.

Todos beberam, comeram, dançaram e cantaram alegremente por duas longas horas, tendo somente o céu escuro e as estrelas como testemunhas. Algo divino e merecedor.

Naquela noite, todos dormiram mais tranquilos e acordaram sentindo-se mais leves. Quem dera fosse assim todos os dias, almejaram todos no íntimo. Mas nada daquilo duraria para sempre, eles bem sabiam, duraria apenas enquanto Ma-Krut estivesse longe deles. Ao voltar, toda aquela paz seria sugada por ele sem piedade.

Três dias depois, Kameni partiu do acampamento, acompanhado como sempre de Alaor, para fazer as devidas compras de alimentos em Tutmés, a aldeia mais próxima do local onde a caravana se encontrava acampada.

Após prenderem os sacos de alimentos nas corcovas dos dois camelos que os transportavam de um local para o outro, os dois escravos partiram de volta ao acampamento.

Quando estavam prestes a deixar os subúrbios da cidade, Kameni avistou uma moça, num vestido simples, de pano listrado, curvada sobre a margem do Nilo soltando golfadas de vômito. Imediatamente seu coração se condoeu por ela.

— Pobre donzela — murmurou ele.

Alaor franziu a testa sem compreender.

— O que disseste?

— Aquela moça está passando mal, precisa de ajuda!

Alaor voltou o olhar na direção que o companheiro olhava, frisando os olhos para poder enxergar melhor.

O que mais surpreendeu Kameni foi a indiferença com que as pessoas que passavam perto da jovem a tratavam. Ignorando-a por completo. Visto que ninguém nas imediações estava disposto a ajudar a pobre criatura, Kameni dirigiu seu camelo para lá na intenção de prestar auxílio à jovem adoentada.

Saltou do animal, ajoelhou-se ao lado da jovem, e disse quase num sussurro de voz:

— Posso te ajudar?

Não houve resposta. Tudo o que ouviu foi um grunhido de dor. Ele insistiu:

— Posso te ajudar em alguma coisa?

Novamente tudo o que ouviu foi apenas um grunhido de dor. Kameni se penalizou ainda mais naquele instante, então, através do espelho d'água, pôde vislumbrar o rosto da jovem.

Mesmo pálido e retorcido de sofrimento, pôde perceber que se tratava de um rosto belo. Deveria ter não mais que dezesseis anos, cabelos pretos, lisos, viçosos... Sentiu uma vontade sobrenatural de acolhê-la em seus braços viris, como faz uma mãe ao ver um filho doente e febril.

Nisso Alaor aproximou-se sorrateiramente de Kameni e sussurrou em seu ouvido:

— Afasta-te dela, Kameni. O quanto antes.

— Não vês que ela está doente, Alaor, precisando de auxílio?

— Pela aparência dela... esta moça está com alguma doença contagiosa.

Kameni voltou a mergulhar os olhos no perfil do rosto frágil e doente da jovem a seu lado, que se mantinha toda encolhida, enrolada em si mesma, ardendo em febre.

— Vou levá-la conosco — afirmou, resoluto.

— Enlouqueceste?! — protestou Alaor, alarmado.

— Não. Ela precisa de ajuda!

— Não sejas tolo, larga-a aí. Para o nosso próprio bem. Uma dessas doenças contagiosas já chegou a dizimar quase a metade de nossa caravana.

– Não posso deixá-la aqui, Alaor. Não posso!

– Ma-Krut vai matar-te se fizeres isso!

Sem dar ouvidos e sem mais delongas Kameni se pôs em ação. Quando ia pegar a jovem nos braços, a moça ergueu a cabeça e o encarou. Seriamente falou:

– Ouve o que teu amigo te diz, meu senhor. Ouve-o!

As palavras dela assustaram Kameni de certo modo, mas não o suficiente para acatar seu pedido.

– Deixa-me aqui para morrer em paz, meu senhor... Será melhor – tornou ela, com uma voz entrecortada.

– Não posso...

– Deixa-me.

– Ísis vai te ajudar a restabelecer tua saúde, tu verás.

A voz de Alaor soou atrás de Kameni novamente só que desta vez mais alto e mais áspera:

– Ouve o que esta mulher te diz, Kameni. Ouve! Não a traga contigo. Larga-a aí. Se Ma-Krut descobrir, ele é capaz...

Sem dar-lhe ouvidos, Kameni ergueu a moça nos braços e ajeitou-a sobre o camelo. Em seguida, foi a vez de ele se ajeitar sobre o animal. Alaor olhava para a cena tomado de indignação.

– Agarra-te em mim – disse Kameni para a jovem quando se viu pronto para partir.

Assim ela fez e eles partiram.

– Chamo-me Kameni, e teu nome qual é?

Numa voz baixa, sem vida, ela sussurrou:

– Chamam-me de Kadima.

– Kadima?! É um bonito nome...

O comentário fora feito num tom propositadamente alegre no intuito de alegrar a moça.

– Tens família, Kadima?!

– Não, senhor.

– Pois bem, talvez arranje uma para ti.

A voz alterada de Alaor novamente se manifestou:

– Tu vais te arrepender amargamente pelo que estás fazendo, Kameni, depois não digas que eu não te avisei.

Kameni forçou uma gargalhada amistosa e, baixando o tom, quase num cochicho, disse para Kadima:

– Alaor é um bom sujeito, mas é um dramático inveterado... acalma-te tudo vai acabar bem.

Ele próprio, Kameni, queria acreditar nas palavras que acabara de dizer, mas sabia que Alaor não estava exagerando em nada no que dizia. De fato, se Ma-Krut descobrisse o que estava fazendo, seria capaz de cometer uma loucura contra eles. Uma total loucura.

Que Ísis os protegesse.

2
O despertar
de um grande amor...

Os dois camelos seguiram calmamente até o local onde a caravana se encontrava alojada. Alaor, em nenhum momento durante o trajeto, deixou de manifestar sua indignação quanto à atitude de Kameni.

– Tu perdeste o juízo... perdeste, só pode!

Mas Kameni mantinha-se firme e resoluto na sua decisão. Ainda mais depois que percebeu que se Ma-Krut descobrisse a presença de uma clandestina em sua caravana seria mais provável se alegrar pelos lucros que ela iria lhe dar com a venda do que se irritar com a sua presença.

Assim que chegaram ao acampamento, Kameni levou Kadima imediatamente para sua tenda e a deitou na sua esteira. A seguir, correu atrás de Hemaka com Alaor a sua cola, protestando sem parar em seus ouvidos quanto a sua atitude.

– Só tu, adorada Hemaka, com teus unguentos curativos pode ajudar a pobre moça – disse Kameni, logo após contar à mulher como havia encontrado Kadima.

– Tu bem sabes, Kameni, que és como um filho para mim e, por esse motivo, atenderei teu pedido, porém devo te alertar: tu estás procurando sarna para te coçar. Se Ma-Krut descobre o que estás fazendo...

– Se descobrir eu me viro com ele – respondeu o rapaz com ímpeto.

– Cuidado, Kameni, Ma-Krut é um homem perigoso... Difícil de ser dobrado.

– Eu sei. Ainda assim sei como amansá-lo.

– Ma-Krut é esperto, Kameni, e pode inverter o jogo. Pode principalmente querer tirar vantagem da situação.

O alerta provocou um arrepio em Kameni, mas ele não deixou transparecer, manteve-se sério e decidido no que pretendia fazer: ajudar Kadima a recuperar a saúde a todo o custo. Mesmo que isso pusesse em risco sua própria vida.

Hemaka passou quase duas horas consecutivas cuidando da jovem doente com dedicação de mãe. Massageou todo o corpo dela com um unguento de cheiro doce em movimentos circulares na intenção de invocar o deus sol. O movimento ritmado foi poderoso, logo tonificou seus músculos e revigorou seus ossos dissipando a dor que se abatia sobre eles.

Após a massagem, Hemaka deu um suco de ervas revitalizantes para a enferma tomar, depois, pendurou em seu pescoço amuletos sagrados e proferiu orações à poderosa Ísis acompanhada por Kameni:

"Ísis... Oh, poderosa Ísis... Salva esta moça... Uma menina praticamente. Liberta-a de todo este mal. Só tu, oh, grandiosa, podes salvar esta pobre criatura com tua mágica poderosa! Só tu... abençoada seja tua luz sobre nós..."

O mesmo procedimento, com apenas algumas variações, foi repetido por Hemaka nos dias seguintes, surtindo cada vez mais efeito positivo sobre a jovem. Logo, Kadima estava novamente gozando de boa saúde.

A recuperação da jovem permitiu a todos contemplar sua beleza. Seus ombros e braços admiráveis, a cútis bronzeada, e seus olhos negros, doces e veludosos, exprimiam vitalidade, simplicidade e compaixão extrema.

Durante todo o período de tratamento, Kameni permaneceu ao lado de Hemaka com uma dedicação admirável, ajudando-a em tudo o que fosse preciso para fazer com que Kadima recuperasse a saúde.

Hemaka logo percebeu que Kameni havia se apaixonado pela jovem. Talvez já estivesse desde o primeiro momento em que a viu às margens do Nilo e ela é que não havia percebido.

Ela mesma já vira aquele olhar e aquele interesse dedicados a uma pessoa, um dia, quando ela mesma se apaixonara por Belquis, o homem que considerou o grande amor de sua vida. Hemaka suspirou e regozijou-se por alguns segundos, de seu suspiro prazeroso.

Onde estaria ele? Após ter sido levada como escrava nunca mais o vira. Ainda assim o amava, amava-o loucamente, ela bem sabia, um amor intenso, voraz e ardente.

Ah! O amor... quão bom era descobri-lo dentro de si, quão bom era senti-lo e quão doloroso poderia se tornar num piscar de olhos.

Não era só Kameni quem estava amando naquela caravana. Havia alguém mais, e seu nome era Ma-Krut, só que em vez de estar amando uma mulher como deveria de ser, estava amando um homem e esse homem era Kameni. Um rapaz de apenas dezessete anos de idade. Um menino praticamente.

Sim, o velho fanfarrão de olhos esbugalhados, estava começando a enlouquecer de paixão por Kameni, o que era deveras preocupante, pois, cedo ou tarde, ele forçaria o rapaz a fazer coisas com ele, coisas que Kameni se recusaria e por se recusar, acabaria tornando sua vida um inferno, pior do que já era.

Pobre Kameni, como ela sentia pena dele. Muita pena. Se Ma-Krut descobrisse a respeito de Kadima, principalmente a respeito dos sentimentos de Kameni por ela, poderia chegar a matar Kadima sem pensar duas vezes por puro ciúmes, desgraçando ainda mais a vida daquele humilde rapaz escravo.

Hemaka estava quase certa de que Kameni seria capaz de se prestar a qualquer tipo de humilhação para proteger sua jovem amada. Tal como

212

ela se prestaria se amasse alguém como acreditava que Kameni estava amando Kadima, tal como qualquer um se prestaria em nome de um grande amor...

Ah! O amor... Ah, se não incendiasse o coração das pessoas de forma tão voraz... Ah! Se não amássemos tanto assim... tudo... tudo seria bem mais fácil... porém, talvez, insosso...

Hemaka fechou os olhos e se pôs a orar por Kameni, e também para Kadima, para que os deuses os protegessem e permitissem que vivessem aquele amor impossível que nascia entre os dois.

O sol já se preparava para se pôr quando Kameni avistou Kadima sentada junto ao oásis próximo ao acampamento, abraçando o joelho contra o peito, à matroca com o sol.

O sol, naquela tarde em especial, parecia para Kameni diferente, mais bonito, luzindo no céu numa tonalidade dourada, fascinante... Até seu calor parecia tocar sua pele diferentemente, como se fosse o toque acolhedor de um ser humano.

Mas nada no sol era novo, nada, simplesmente nada. Eram os olhos do rapaz que viam tudo diferente, com mais cor e vivacidade que o normal. Era sua pele que se deixava ser tocada pelo astro-rei com mais sutileza... paixão... amor... Tudo porque estava começando a provar aquilo que todo e qualquer ser vivo do planeta está fadado a experimentar um dia na vida, o amor.

Ele apenas não sabia que estava amando Kadima. Só sabia que gostava muito dela e que toda vez que estava ao seu lado, seu coração parecia bater diferente. Mais calmo, mais feliz, zen...

Kameni aproximou-se dela, que ao vê-lo deu-lhe um sorriso de boas-vindas.

– Trocando ideias com o sol? – perguntou ele, com sua doçura de sempre.

– Sim. Adoro fazer isso desde criança.

A voz dela agora soava cheia de vida.

– Sentes-te melhor?

– Bem melhor, Kameni.

Ele sorriu para ela com felicidade e disse:

– É tão bom te ver recuperada, com o semblante sereno e bonito em plena calmaria. Isso para mim é uma vitória.

– Graças a ti. Se tu não tivesses sido teimoso e me tirado das margens do rio, eu já estaria morta há muito tempo... Nem sei como te agradecer...

– É um dever de todos ajudar o próximo. Assim como o sol, a lua e o Nilo nos ajudam a viver sem pedir nada em troca. Foi Ísis, Kadima. Ísis quem me fez chegar lá naquele dia, àquela hora, no momento que tu mais precisavas.

Ela sorriu.

Kameni pegou uma pedra e atirou-a no lago quebrando toda sua admirável e invejável tranquilidade.

– Não é incrível? – disse ela, pensativa.

– O quê?

– Que uma simples pedrinha possa, em segundos, destruir a superfície calma de um lago...

Ele concordou com a cabeça e disse com uma intensidade nervosa na voz que denunciava grande emoção.

– É tal como o homem... basta apenas um para dizimar a paz de milhares de pessoas.

– E basta apenas um também para fazer emergir a paz... – observou ela, seriamente.

– É mais raro.

– Sim. Raro, mas existe.

Os dois mergulharam a seguir num abençoado silêncio, enquanto seus olhos contemplavam o deserto e seus ouvidos a quietude do local.

– Parece loucura – disse Kameni, minutos depois –, mas muitas das vezes em que me encontro só, na quietude do deserto, chego a ouvir músicas, as mais lindas e comoventes melodias tocadas pelos mais bem afinados instrumentos. Elas entram pelos meus poros e posso sentir que meu corpo dança, mesmo estando parado. Deve ser minha alma a bailar...

Ele riu.

– Se eu disser isso para as pessoas, certamente vão me tomar por louco, mas tu não. Tenho a certeza de que tu me compreendes.

Ela anuiu sorrindo lindamente. Ele acrescentou:

– Eu amo música... ela me acalma, traduz-me... Nessas horas, sou capaz até de sentir a presença de Ísis bailando junto a mim. Posso até vislumbrá-la evoluindo com a música. Linda... leve... solta...

Ele novamente riu, encabulado, e disse:

– Quanta bobagem...

– Não é bobagem – observou Kadima, seriamente. – Nada do que vem de nós é bobagem, pelo contrário é admirável.

As palavras da jovem fizeram com que Kameni atenuasse ainda mais a expressão de encanto e suavidade que havia em seu rosto.

– Gosto quando tu falas de ti porque por meio das tuas palavras posso conhecer-te melhor, mais por inteiro e admirá-lo ainda mais. Gosto também de te ouvir pois tua voz me encanta, tanto quanto a música deve te encantar.

– E se eu te revelar coisas que se passam em meu interior que não são tão bonitas...

– Ainda assim estarás te revelando a mim e eu me sentirei lisonjeada por compartilhar comigo quem és por inteiro.

Novamente o sorriso bonito de Kameni brilhou em sua face. Curvando sobre o lago ele exclamou:

– Vê! A superfície está calma novamente, tão límpida que é possível ver meu reflexo como num espelho.

Kadima debruçou-se também à margem do lago para poder contemplar o reflexo de seu rosto sobre ele.

Ambos ficaram ali olhando para a superfície espelhada do remanso de águas a se perder no tempo. Logo, Kadima admirava o rosto de

Kameni e ele o dela, sem se darem conta do que faziam. Ao perceberem, ambos enrubesceram e tornaram a olhar para seus próprios reflexos, por um longo e abençoado minuto.

Então, Kameni teve um sobressalto ao notar que havia um rosto desconhecido sobreposto ao seu e refletido na superfície da água a encará-lo também. Era um rosto bonito, mas amedrontado. Ele sentou-se rapidamente respirando ofegante.

– O que foi? – perguntou Kadima assustada.

– N... nada...

– Como nada?

– Apenas um susto.

– Susto? O que te assustou?

Envergonhado, ele procurou esconder seu olhar do dela e disse:

– Vi um rosto além do meu refletido na água.

– Rosto?! De quem?

– Eu... eu não sei...

– Curioso.

– Volta e meia eu o pego a me olhar...

– Então não é a primeira vez que o vês?

– Não. Já o vi muitas vezes. Surge do nada bem como desaparece no nada. É o rosto de uma mulher. Jovem e bela como tu. Penso que já a vi antes, só não me lembro onde.

Ele suspirou e continuou:

– Deixemos isso para lá, não vamos estragar nosso momento tão agradável juntos por uma tolice.

– Não acho tolice – replicou Kadima, seriamente. – O rosto que vês só pode ser de um espírito.

– Espírito? Tu queres dizer... espírito de um morto?

– Sim. É deste modo que os espíritos aparecem.

– Por que haveria o espírito dessa mulher a me sondar?

– Eu não sei, mas deve haver um bom motivo para que o espírito desta mulher te persiga... Talvez ela queira te ajudar... te precaver de algo...

216

— Pode ser do mal também, não pode?

— Pode. Mas também do bem.

— Às vezes sonho com essa mulher, afagando meus cabelos enquanto fico a observar suas feições angelicais.

— O sonho pode ser nada mais que um fragmento do passado que volta a sua memória.

— Passado?

— Sim... Ela pode ser tua mãe... O que houve com ela?

— Eu não sei ao certo. Só sei que ela e meu pai foram dizimados por uma praga, só isso...

— Então só pode ser mesmo o espírito de tua mãe que te acompanha, na certa para te proteger.

Breve pausa.

— E teus pais, Kadima, o que houve com eles?

— Também sei muito pouco a respeito deles. Quando me dei por gente eles já haviam falecido...

— Deve ser difícil para ti, Kadima. Bastante triste estar aqui sozinha, com desconhecidos, rodeada apenas de pessoas estranhas, não é?

— Junto de ti jamais me sinto só, Kameni, jamais!

Ele sorriu, encabulado e disse:

— Eu também, Kadima. Junto de ti jamais me sinto só.

Depois de uma breve pausa, Kameni sentou-se mais à vontade e disse, retomando o seu tom alegre e jovial:

— É tão bom conversar contigo, Kadima.

— Digo-te o mesmo, Kameni. O mesmo...

Naquela noite todos os escravos se reuniram ao redor da fogueira para festejar mais uma dia de paz entre eles. O revérbero das chamas iluminava os rostos daquela gente sofrida, porém, feliz. Um dos escravos se comprometia a atirar ervas aromáticas misturadas com alcatrão para perfumar o ar, enquanto Alaor era o responsável por pôr mais lenha na fogueira. Descuidado como sempre, ao atiçar o fogo

217

com uma vareta curta queimava os pêlos de sua mão deixando-os enrolados e chamuscados. Todos se continham para não rir do acontecido e de seus resmungos e compartilhavam do mesmo pensamento: "Incrível, por mais que se queime, ele nunca aprende a tomar cuidado com o fogo." Algo que acontecia com muita gente dos mais diversos modos. A vida ensinando e a pessoa ignorando o ensinamento e o aprendizado.

A certa altura, Kameni saiu de fininho da festa para meditar um pouco. Sentou-se junto a um trecho sobressalente do fino véu do deserto tendo somente a lua e as estrelas por testemunhas. Diante daquela imensidão do céu, e do silêncio do deserto a vida sempre tinha mais brilho, pureza, alegria e amplidão para ele.

É lógico que estava consciente de que tudo aquilo só estava sendo possível ser sentido pela ausência de Ma-Krut. Quando regressasse para junto deles, tudo voltaria a ser como antes, um inferno.

Era incrível como uma pessoa, uma única pessoa era capaz de transtornar um ambiente apenas com a sua presença. Não era nem preciso interagir com as pessoas. Apenas sua presença era o suficiente para entorpecer o ambiente.

Kameni voltou o olhar para as tendas agrupadas do acampamento e pensou nos colegas que se recolhiam dentro delas que tiveram o mesmo destino que o seu. Teve novamente pena deles. Todos ali eram como uma família, uma grande família composta de muitos irmãos.

Ah, se ele pudesse mudar Ma-Krut, abrandar seu coração, torná-lo mais humano, tudo ali poderia ser muito diferente, aí sim a paz reinaria naquele lugar e quem sabe para sempre.

E ele podia, só ele podia mudar o gorducho. No entanto, teria de pagar um preço muito alto pela mudança. Um preço absurdo. Proposto pelo próprio Ma-Krut. Algo em troca que ele não poderia aceitar jamais. Era indigno para um homem. Uma afronta a Osíris...

– Kameni – soou a voz de Kadima.

Ele imediatamente voltou seu rosto bronzeado e bonito na direção dela, tomado de surpresa sorriu, exibindo seus belos dentes que brilhavam à luz intensa do luar e disse:

– Que surpresa agradável!

– O que há? – perguntou ela, delicadamente. – Parecias tão empolgado com a festa...

– E estou de fato, mas, de repente me bateu uma vontade de ficar só, admirando o luar, as estrelas, a imensidão...

– Oh! Desculpe-me. Se eu soubesse não teria vindo te importunar.

– Tu nuncas me importunas, Kadima. Pelo contrário, tua presença me engrandece.

Dessa vez, foi Kadima quem sorriu e exibiu seus belos dentes.

– Vem, senta-te ao meu lado – convidou ele batendo com a palma da mão na areia fofa.

Ao ver que a jovem se mantinha incerta quanto a aceitar ou não o convite, Kameni reforçou:

– Por favor...

Ela então se sentou ao lado dele, delicada como sempre, e dirigiu seu olhar para as dunas que sob a luz espectral irradiada pela lua ganhavam um tom azulado, quase prata. Lindas de se ver.

Não eram somente as dunas que ficavam lindas sob o luar espectral, os cabelos negros, longos e bonitos de Kadima também, contemplou Kameni em silêncio. Segurando o desejo ardente que emergiu dentro dele, naquele instante, de mergulhar suas mãos fortemente bronzeadas naqueles cabelos luminescentes ao luar e se perder dentro deles, por um longo e indecente tempo, mas conteve-se.

Ambos ficaram ali com os olhos perdidos no deserto luminescente ao luar. Não era preciso trocarem palavras, a comunicação de um para com o outro parecia acontecer por telepatia.

Kameni jamais esperou que seu corpo e sua mente pudessem ser tão reconfortados por uma lua como aquela, cercada de estrelas cintilantes e uma jovem tão linda quanto Kadima sentada a seu lado.

Zen, Kameni disse:

– Sei o que estás pensando, Kadima.

Ela sorriu de modo sutil.

– Estás pensando no quão lindo é o céu, as estrelas e o luar...

Ela sorriu novamente e confessou:

– Sim, Kameni. Esse foi meu primeiro pensamento, mas houve um segundo. Queres saber qual foi?

– Se puderes compartilhar...

– Sempre que olho para o céu me pergunto se...

– Se... – encorajou o rapaz.

– Pergunto-me se as estrelas, na verdade, não são os espíritos daqueles que já morreram.

Ele arqueou as sobrancelhas.

– Que hipótese...

– Absurda?

– Não, criativa, eu diria...

Kadima sorriu com toda sua sutileza novamente.

– Olhando para o céu me sinto maior, bem maior do que sou realmente.

Ele ia dizer: "Ao teu lado eu sinto o mesmo", mas guardou para si. Ela acrescentou:

– Por falar em estrelas... vejo uma dentro de ti, Kameni, uma estrela que brilha... brilha intensamente em seu interior.

– É mesmo?!

– Sim. Desde a primeira vez em que te vi, eu enxerguei essa estrela. E não há apenas uma estrela dentro de ti, mas uma que brilha intensamente sobre a tua cabeça.

Kameni sorriu encabulado.

Houve uma pausa significativa na conversa dos dois. Foi Kadima quem rompeu o silêncio ao dizer:

– Gosto imensamente da vida agora, Kameni. Depois que te encontrei, tudo mudou...

Ele arqueou as sobrancelhas. Ela arrematou:

– Tu não só me salvaste da morte como também me fizeste ver a vida com novos olhos.

O rapaz mordeu os lábios de constrangimento.

– Sou eternamente grata a ti. Eternamente.

Bateu novamente dentro dele o desejo de se emaranhar nos cabelos dela e se perder por ali, dessa vez não só em seus cabelos, mas em seu corpo todo. Em seus lábios, em seus olhos, em seus poros. Ele retraiu o desejo com grande esforço, mas quando deu por si sua mão já se encontrava mergulhando suavemente por entre os fios dos cabelos dela com toda a sutileza e carinho que lhe vinha da alma.

O gesto fez Kadima suspirar fundo e relaxar. Como se o espírito se desligasse de seu físico e flutuasse por sobre as dunas do deserto e depois pela imensidão do céu cravado de estrelas cintilantes como diamantes.

Kameni então virou com cuidado o rosto dela na sua direção e após uma breve contemplação de seus olhos, levou seus lábios ao encontro dos dela.

Quando eles se tocaram, ambos se viram envoltos da sensação mais maravilhosa que haviam provado em toda a vida. Indescritível...

Era como se os lábios dele fossem o sol, e os dela a lua, juntando-se no céu, num eclipse.

Ele apertou seu peito contra o dela e a prendeu em seus braços friccionado-os em suas costas carinhosamente e, ao mesmo tempo, intensamente. Depois, beijou-lhe as maçãs do rosto, o pescoço, inspirando bem fundo para poder sentir o perfume de sua pele enquanto ela se deixava ficar ainda mais leve, livre e solta em seus braços.

Quando ambos voltaram a se olhar nos olhos, respiravam ofegantes. Ele então transformou em palavras o que se passava em seu interior, precisamente em seu coração:

– Tu és a coisa mais linda que me aconteceu desde que nasci.

– Tu também, Kameni.

– Eu te quero para sempre ao meu lado. Para sempre, estás me ouvindo?

– Faço das tuas palavras as minhas...

Ele a envolveu em seus braços novamente e ficou ali segurando-a contra seu peito apertando vez ou outra de leve, vez ou outra com mais força. Mas sempre, sempre com muito carinho.

Kameni chegou a ousar pedir a Ísis que sua vida terminasse ali envolto naquela sensação de paz que só o amor pode propiciar ao ser humano para que nunca mais pudesse se perder dela pela eternidade. Alguns bons minutos se passaram até que Kameni dissesse:

– Ouve-me, Kadima, presta bem atenção no que vou te dizer. Em hipótese alguma Ma-Krut pode descobrir o que sentimos um pelo outro. Compreendeste? Em hipótese alguma. Tu, com o tempo, compreenderás o porquê.

O pedido flutuou na quietude da noite, pareceu suspenso por uns segundos e desapareceu na escuridão em direção ao Mar Vermelho.

Naquela noite, deitado em meio à escuridão da tenda, Kameni procurava pelo sono, mas tudo o que encontrava na sua busca era o rosto de Kadima a lhe adular com seu rosto gloriosamente belo, o mais belo que já vira em toda a sua vida.

O jovem ficou ali com o corpo largado sobre a esteira de vime, com o rosto dela impresso na sua mente por longos minutos até ser finalmente tragado pelo sono. Fora ele, sim, o rosto dela quem lhe permitiu relaxar e dormir sereno e em paz. Bendito o dia em que ele a encontrou às margens do Nilo e a trouxe para junto dele. Abençoado dia...

Desde então Kameni se tornou a própria expressão do adolescente que se sente perdido de amor por crer ter encontrado a mulher dos seus sonhos.

Nem bem o dia raiou e Alaor aproveitou para repreender Kameni novamente.

– Tu vais acabar com todos nós, Kameni. E tudo por causa dessa moça. Não percebes o mal que pode nos causar?

Kameni estendeu a mão e segurou o braço do jovem colega com solidez. Alaor, convulso de nervoso, tremelicou ao toque da mão do escravo. Kameni olhou seriamente para o amigo e afirmou com a mesma seriedade que havia em seu olhar:

– Nada vai acontecer, Alaor. Acalma-te!

Alaor baixou a voz para um sussurro:

– Tu queres acreditar no que dizes. Devolve essa moça à cidade de onde veio, Kameni. Enquanto há tempo.

– Não posso!

– Podes, sim. Vamos, eu te acompanho.

– Não posso.

O rapaz bufou:

– Depois não digas que eu não te avisei, Kameni. Não digas!

Nisso, a expressão no rosto de Kameni mudou. Seus olhos dilataram-se espantados, sua pele se enviesou. Alaor pensou que sua face tomara outro aspecto por causa do que acabara de dizer, mas não, o rosto de Kameni havia se alterado por outra razão, algo que ele preferiu guardar para si.

Por sobre os ombros do colega, Kameni havia visto novamente a mulher, de rosto belo e jovem que sempre aparecia para ele, parada, desta vez sobre uma das dunas que cercavam o acampamento. Não podia ver seu rosto com detalhes por estar ela contra o sol, mas sabia que era ela, indubitavelmente.

Kameni lembrou-se então naquele momento do que Kadima lhe disse a respeito daquela visão. Estaria ela certa? Seria de fato o espírito de sua mãe tentando lhe dizer alguma coisa? Mas o quê? O que era tão importante que ele soubesse?

3
Choque de paixões...

Como na noite anterior, Kameni e Kadima estavam novamente juntos e a sós caminhando pelos arredores do acampamento. Após um bom trecho de caminhada em silêncio, os dois se sentaram no topo de uma das dunas para apreciar o cair da noite.

Kameni ergueu os olhos para o círculo prateado da lua cercado de estrelas que salpicavam o céu como cristais e disse:

– O céu parece ser feito de coisas tão simples, mas que transmitem tudo.

Ele então deslizou o braço em torno da moça sentada ao seu lado puxando-a delicadamente para junto de si.

Ao sentir o braço do jovem tocando suas costas, Kadima sentiu-se protegida e alimentada de amor.

Logo os dois rostos estavam novamente coladinhos um ao outro e um novo beijo foi trocado por ordem do coração. Um beijo demorado, doce, pleno... Ambos tinham fome do sabor dos lábios do outro. Quando terminaram, os dois jovens se fitaram com olhos extasiados.

Depois, tanto ele quanto ela, tiveram o mesmo pensamento expresso em seus olhares: que o mundo parasse para sempre naquele momento extasiante para que nunca mais pudessem se desprender daquela sensação que os envolvia.

Subitamente os olhos de Kameni se encheram de lágrimas. Ela então beijou-lhe as lágrimas quentes de emoção, e ele disse com aquela voz que parecia conectada diretamente ao seu coração:

– Eu sempre vou te amar, Kadima. Sempre...

Com uma trêmula respiração, Kameni abraçou-se a ela fortemente. Levou certo tempo até que ela perguntasse:

– Tu estás preocupado com a volta do teu senhorio amanhã, não estás? Pelo visto ele é realmente um homem cruel...

– Como muitos. Ainda assim devemos respeito a ele. Principalmente eu, afinal, foi ele quem me salvou das garras da miséria quando fiquei órfão de pai e mãe. Posso dizer até que estou vivo por causa dele, que lhe devo minha vida. Graças a ele também é que pude aprender a ler e escrever... Algo que ele não permitiu a nenhum outro escravo fazer. A verdade é que nenhum homem, por pior que seja é tão mau assim como se pensa. Mas deixe o amanhã para o amanhã, vivamos o presente agora...

Os dois ficaram ali abraçadinhos debaixo daquele luar espectral e mágico. Depois voltaram para o acampamento caminhando em silêncio, de mãos dadas, com o coração pulsando forte e apaixonadamente um pelo outro.

No dia seguinte, bem na hora que o sol estava a pino, Ma-Krut retornou ao seu acampamento e, como sempre, a paz se recolheu ao mundo das sombras com a sua chegada.

O senhor de escravos parecia bem mais gordo do que quando partiu em viagem, mas ninguém ousou fazer tal observação. A primeira coisa que Ma-Krut perguntou ao chegar foi por Kameni. Este logo foi chamado e em questão de segundos se apresentou diante dele.

Ao revê-lo, os olhos do homem grandalhão e corpulento cintilaram de emoção e sua expressão tornou-se menos sombria. Havia também um quê de alívio em seu rosto. Alívio por perceber que seu querido escravo não havia fugido como receou que fizesse na sua ausência.

Tampouco sido relapso quanto a sua função de administrador temporário da caravana. Tudo por ali estava em perfeita ordem, devidamente em seu lugar.

A lealdade do escravo adorado não só causou alívio em Ma-Krut como cobriu-o ainda mais de admiração pelo rapaz. Para ele, a atitude de Kameni era um sinal de que ele o apreciava mais do que demonstrava, de uma forma que até o próprio Kameni desconhecia.

– Meu bom Kameni! Meu amado e estimado Kameni! – exclamou Ma-Krut indo até ele e segurando firmemente em seus ombros.

Solenemente, o homem e o rapaz trocaram um cumprimento com o olhar.

– Senti muito a tua falta, meu bom rapaz... imensamente... – acrescentou o mercador, feliz.

– Como foi a viagem, meu senhor?

– Exaustiva. Muito exaustiva. Hermópolis já não é mais a mesma.

Kameni balançou a cabeça aprovadoramente.

– E por aqui, tudo correu bem?

– Muito bem, meu senhor, muito bem.

– Bom... é muito bom saber disso.

O homem calou-se com um leve sorriso enviesando-lhe os lábios e ficou olhando com admiração para o rosto lindamente bronzeado e bem escanhoado do escravo, que sem graça, baixou o olhar.

De repente, recordando algo, Ma-Krut exclamou empolgado:

– Trouxe um presente para ti, Kameni.

Os olhos de Kameni voltaram a encontrar os do mercador.

– Obrigado, meu senhor, não precisava. – agradeceu ele com sua modéstia de sempre.

– Precisava, sim. Por que, não?

Ma-Krut soltou os ombros do rapaz, pegou um pequeno embrulho que estava em um de seus baús, e o trouxe, estendendo para o jovem. Com euforia disse:

– Abre!

Sem jeito, Kameni se pôs a desembrulhar o presente. Era um robe feito com a mais fina seda que se podia comprar no Egito da época.

– Achei que ficaria muito bem em ti e também que irias gostar imensamente.

– Fico muito grato, meu senhor. Não sou digno.

– É lógico que és... vamos, veste.. quero ver como fica em ti.

Kameni mordeu os lábios sem graça enquanto seu corpo enrijecia naquele instante, desobedecendo a toda e qualquer ordem emitida pelo cérebro.

A hesitação deixou Ma-Krut impaciente.

– Veste a túnica, agora – ordenou ele com autoridade. – Estou mandando.

Ainda com dificuldade motora, Kameni começou a se despir. Outro na mesma situação que ele teria sentido vontade de cuspir na cara daquele homem asqueroso e indecente, seria capaz até de urinar em sua bebida sem que ele visse como vingança por ser forçado a fazer coisas, como sempre por um propósito indecente e imoral.

No entanto, Kameni não abria espaço dentro de si para esse tipo de revolta, poderia se dizer até que ele tivesse o corpo fechado para isso, não porque fosse inocente; não era, sabia muito bem o motivo pelo qual seu dono havia lhe comprado a túnica e queria que a provasse. Certamente tinha aprendido em vidas passadas que esse tipo de revolta ou vingança só serve para alimentar e atrair ainda mais atitudes indevidas.

Antes de lhe entregar a túnica para vesti-la, Ma-Krut passeou os olhos voluptuosos pelo corpo nu do rapaz por um longo e demorado minuto. Descaradamente. Coçou a orelha nervosamente, espumou o canto da boca enquanto se detinha a admirar a ingênua nudez de Kameni. Só então lhe entregou o robe.

O fino robe envolveu Kameni como uma luva. Por fim, como que despertando de um transe, o homenzarrão soltou uma gargalhada de satisfação.

227

– Ficou muito bom. Muito bom!

O jovem escravo exibiu no rosto uma alegria artificial enquanto o homenzarrão apreciava sua vestimenta.

– Obrigado, meu senhor. Agora posso ir?

– Antes devolve-me o robe. É para usá-lo somente em ocasiões especiais.

Kameni atendeu a ordem mais uma vez prontamente. Despiu-se, entregou-lhe a vestimenta, tornou a vestir suas vestes esgarçadas, fez uma reverência e partiu. Ma-Krut ficou ali imerso em pensamentos e sensações pecaminosas. Em seguida, pôs-se a assoviar estridentemente, exalando uma alegria que havia tempos não sentia.

Como foi combinado, todos os escravos guardaram segredo a respeito da presença de Kadima na caravana. Para Kameni, Ma-Krut jamais perceberia uma clandestina entre eles, não era de prestar atenção em seus escravos, ainda mais em escravas mulheres.

O que preocupava Kameni e os demais eram os capatazes. Eles sim poderiam notar a presença de uma jovem que não pertencia à caravana antes da partida deles. No entanto, os dias foram se passando e logo se tornaram semanas e eles nada perceberam a respeito de Kadima. Se perceberam, guardaram para si por não considerar importante revelar aquilo para o patrão.

Decidido a conquistar um pouco mais a confiança de Ma-Krut e com isso quem sabe fazê-lo retrair seus impulsos agressivos e tratar a todos com mais dignidade e paciência, Kameni passou a tratá-lo com mais complacência e como previu, Ma-Krut logo se tornou um homem mais calmo e complacente.

– Bom dia, meu senhor. Como foi recebido pelo mundo dos sonhos esta noite?

Era assim que Kameni saudava o senhorio toda manhã quando ia até sua tenda ajudá-lo a se levantar e se vestir. Em meio ao "bom-dia", Kameni sorria afeiçoadamente para o mercador, fingindo estar com excelente humor e querendo compartilhar de seus interesses.

Assim que Ma-Krut vestia-se, Kameni tomava alguns instantes para admirá-lo, calado e com atenção. Sua atitude comovia Ma-Krut, estupidamente.

– O senhor nunca esteve tão bem – exaltava o escravo olhando-o de cima a baixo.

Ma-Krut corava diante dos inesperados elogios, chegando até a encher seus olhos d'água tamanho contentamento.

Certo dia, em meio a um dos elogios, Ma-Krut atendeu o que o instinto do seu coração dizia para ele fazer. Agarrou o braço de Kameni com seus dedos hábeis e vigorosos e quando ia dizer-lhe indecências, o rapaz escorregou de suas garras como uma enguia lépida e faceira. Ma-Krut pensou em reprovar seu gesto, mas andava tão feliz que encarou a atitude do escravo como um jogo de sedução.

Sorrindo, com ar de menino travesso, o velhaco permitiu que o escravo deixasse a tenda.

A caravana seguiu viagem e por onde passavam, como de costume, alguns escravos eram vendidos. Para alguns, ser vendido era uma bênção, afinal, ficariam livres para sempre daquele mercador animal. Para outros, era tristíssimo, pois os separava daqueles que consideravam sua família para nunca mais vê-los em vida.

A cada leilão de escravos, Kameni temia que o pior acontecesse. Que Kadima fosse comprada por alguém, mas por Ísis, como acreditava, aquilo vinha sendo evitado em nome do amor, em nome da dignidade.

A caravana encontrava-se agora acampada nas proximidades de um trecho deserto do Nilo. Ainda que deserto, o lugar era encantador.

Foi no dia em que Ma-Krut seguiu até a aldeia de Tchar a negócios que Kameni e Kadima tiveram a oportunidade de usufruir novamente um momento a sós em paz. Não que não se encontrassem quando o brutamontes estava por lá, encontravam-se sim, às escondidas, mas sempre receosos de que alguém os visse juntos e contasse para ele.

229

Visto que Ma-Krut voltaria naquele mesmo dia, o casal só tinha algumas horas para usufruir a companhia um do outro em paz. Pouco tempo era melhor do que nada.

Kameni e Kadima seguiram até um trecho do rio que ficava entre pedras para poderem ficar mais à vontade. Os dois se aconchegaram sobre uma pedra de um cinza reluzente e se puseram a contemplar o rio com toda a sua luminosidade.

Como sempre nada precisava ser dito, só sentido, pelos sentidos da alma.

Então, ambos se fitaram em silêncio por alguns instantes até que os lábios se unissem e trocassem um beijo ardente e amoroso. Depois, ele começou a beijar a face, as pálpebras, o nariz, as orelhas, o pescoço, os ombros alvos e mornos da mulher amada como um beija-flor.

Seus lábios ardiam sobre os dela. Sua pele queimava sob a dela.

Os dois se entregavam de corpo e alma um para o outro.

Palavras de amor escapavam dos lábios dele numa calorosa torrente provocando nela suspiros de felicidade.

Ela então guiou a face do homem amado até seus seios e a pressionou contra eles sutilmente. Eles vibravam de calor e paixão. Kameni os despiu sutilmente e levou seus lindos lábios, macios e proeminentes até os mamilos róseos e os beijou. Depois, recuou a cabeça, a fim de apreciar melhor os seios bem torneados e bonitos, seu umbigo delicado e quase invisível, sua cintura estreita, suas pernas graciosas, seu corpo divino...

Então, deslizou apaixonadamente por todo o seu corpo, beijando suavemente e ardentemente cada parte dele.

– Quero ser tua. Inteiramente tua para todo o sempre! – sussurrou Kadima com a sinceridade à flor da pele.

Os lábios de ambos novamente se reencontraram e um beijo ainda mais ardente foi trocado.

– Amas-me, também? Não temas confessar teu amor, pois saberei retribuir-te e amparar-te.

– Sim, Kameni, amo-te; és tão belo... tão bom... ninguém ainda me traduziu como tu... Amo-te, amarei apenas a ti... por ti, só a ti me curvarei... sou capaz de dar-te minha vida...

A seguir, ele cobriu-lhe a face de beijos e, na embriaguez do amor, os dois jovens apaixonados se entregaram a um idílico ato de amor. O primeiro deles. Ela caiu sob seu corpo tal como uma pluma.

Em meio ao movimento ritmado, Kameni se desmanchava em declarações afetivas.

– Adoro cada segundo que vivo a teu lado. Junto de ti a vida adquire outro significado. Torna-se mais real...

A cada desabafo as unhas dela cravavam-se e arranhavam sua carne com ternura.

Dentro dela, Kameni observou o quanto era fascinante contemplar a face da mulher amada sendo levada por ele ao êxtase.

Kameni tornou a sussurrar nos ouvidos dela:

– Eu te amo, Kadima. Amo-te profunda e intensamente.

Ela não disse nada, apenas respirou, pesada e emocionadamente.

Foi então que ambos experimentaram o primeiro e mais completo orgasmo da vida deles. Parecia que o coração de ambos ia explodir de felicidade. Parecia que a felicidade ia cobrir o Egito.

Atingir os céus, se perder na imensidão do infinito...

Após o ato consumado, Kameni ajudou Kadima a se levantar e nus caminharam para dentro do rio onde refrescaram seus corpos quentes pela paixão e pelos raios do sol. Ficaram ali brincando um com o outro como se fossem duas crianças inocentes e traquinas, sem malícia alguma.

Sob o sol, seus corpos nus, molhados pela água cristalina do Nilo adquiriam uma tonalidade dourada, como se fossem banhados por uma fina camada de ouro. Ver-se um ao outro era tão bonito quanto admirar o nascer e o pôr-do-sol, as quatro fases da lua, viver as quatro estações do ano.

***

Como esperado, Ma-Krut voltou para o acampamento ao findar daquele dia. Estava suarento e fedido, fatigado pelo sol. O homenzarrão que lembrava um sapo gigante desmontou do camelo um tanto quanto trôpego. Nem bem pisou o chão fez sinal para uma das escravas trazer-lhe água. Tratava-se de Kadima. Ao ver-se diante do pedido, a jovem apavorou-se sem saber o que fazer.

Deveria ou não atendê-lo? Se ele a visse de perto poderia descobrir que se tratava de uma clandestina, por outro lado se não acatasse sua ordem, seria pior, pois chamaria ainda mais atenção sobre ela.

Assim, Kadima respirou fundo, muniu-se de toda a coragem que dispunha dentro de si, foi até o local onde repousava o jarro de água, e o apanhou.

– Vamos... apressa-te... Pareces uma lesma! – ralhou Ma-Krut, irritado enquanto passava a mão pesada por seu rosto na tentativa de enxugar o suor que parecia sem fim.

Kadima tratou imediatamente de apertar o passo, no entanto, ao fazê-lo sentiu-se levemente zonza e uma tremedeira crescente atingiu seu corpo. O medo de que o jarro escapasse de suas mãos deixou-a ainda mais tensa e trêmula.

– Que molenga... – rosnou Ma-Krut rilhando os dentes.

Suas palavras deixaram a jovem ainda mais atônita.

Nisso Kameni juntou-se a eles.

– Dê-me o jarro d'água que eu o sirvo – acudiu o rapaz, sorrindo forçado para encobrir sua apreensão, enquanto tomava o jarro das mãos de Kadima.

As palavras de Kameni chamaram a atenção de Ma-Krut, tanto quanto seu gesto.

Imediatamente o rosto do gorducho se contorceu: Estaria Kameni batendo as asas para aquela jovem sem graça?, perguntou-se. Sim? Não? Ora, por que não? Kameni era jovem e bonito e como todo jovem heterossexual na flor da idade acabaria, cedo ou tarde, se apaixonando por uma garota, tolo seria ele pensar que não.

Só de pensar que Kameni havia se interessado por uma moçoila, o brutamontes sentiu seu coração se apertar de tensão e ódio. Como se os grãos de areia se escoassem de seus pés.

Kameni percebeu imediatamente que o mercador havia achado alguma coisa de estranho na sua atitude para com Kadima e tratou logo de achar um modo de remeter suas suspeitas à escuridão. Voltando-se para a jovem, ele disse em tom enérgico:

– Sejas mais rápida da próxima vez. Ouviste?!

E voltando o rosto para Ma-Krut balançou a cabeça negativamente como quem diz: "se a gente não chama atenção elas não fazem nada certo."

Os olhos de Ma-Krut brilharam como os de um gato, matreiro.

4
Toda ilusão leva à desilusão...

Durante o transcorrer da noite, Ma-Krut não conseguiu tirar da cabeça a idéia bizarra que havia lhe ocorrido. Chegou a pensar em falar a respeito com Kameni, mas desistiu ao perceber que ele negaria tal fato para se proteger e proteger a moça que poderia estar mexendo com seu coração.

A lua já ia alto no céu quando ele percebeu o quão fácil era resolver aquele problema, de forma rápida e eficaz. Bastava apenas vender a escrava por um preço promocional. Sendo bela, saudável e barata seria arrematada no leilão de escravos facilmente. Aquilo aliviou seu órgão vital opresso por ora e assim conseguiu finalmente pegar no sono.

Manhã do dia seguinte...

Disposto a fazer seu dono perder qualquer suspeita a respeito dele e de Kadima, Kameni procurou ser ainda mais solícito para com Ma-Krut. Nada como presenteá-lo com sorrisos, palavras bonitas ditas num tom sedutor para abrandar sua desconfiança e amainar sua fúria.

Ao despertar pela manhã, Ma-Krut viu Kameni sentado sob uma esteira a poucos metros dele, olhando-o bondosamente. Ma-Krut, rapidamente esfregou os olhos para tirar as remelas e num tom apreensivo perguntou:

– O que houve?!

– Nada, meu senhor. Nada! Estava apenas aqui o aguardando despertar.

– Passei da hora de acordar?!

– Passou...

– Por que não me chamaste?!

– Dormia tão gostoso que senti pena de interromper seu sono.

O velhaco fanfarrão umedeceu os lábios com a língua em forma de flecha. Enquanto observava Kameni mais atentamente, disse:

– Tu pareces tão diferente, Kameni. Trata-me tão diferente ultimamente... por quê?

– Porque gosto do senhor... é como um pai para mim...

– Sempre achei que me odiasse...

– Sem o senhor eu não seria nada, nada. Nem eu, nem nenhum de nós.

Verdade, graças a Ma-Krut é que todos eles conseguiam sobreviver, apesar de seus maus-tratos, seu mau humor e suas libidinosidades.

– O senhor é um grande homem. Um grande homem... – acrescentou o rapaz com simpatia.

– E tu Kameni, tu também podes tornar-te um grande homem, rico e poderoso como eu...

O pomo de adão do jovem escravo moveu-se ao engolir em seco.

– Gosto de ti, Kameni, tu bem sabes... – acrescentou o homem, olhando com malícia para o rapaz.

– Meu senhor...

– Eu te darei tudo o que quiseres na vida se fores meu... Pensa nisso, Kameni, pensa nisso...

Sentindo-se compelido a dizer alguma coisa, Kameni disse:

– Não terá de me forçar a nada, serei seu no momento certo.

Kameni sentiu repugnância de suas próprias palavras, mas achou por bem dizê-las para proteger a si próprio e Kadima de qualquer ato ostensivo contra ambos.

Ma-Krut acariciou os próprios lábios, com ternura enquanto salivas voluptuosas escorriam pelo canto de sua boca.

Noites depois, os dois homens se encontravam novamente a sós dentro da tenda do senhorio. Kameni serviu mais um pouco de vinho para ambos enquanto Ma-Krut tinha um acesso de nostalgia, contava com alegria seus velhos tempos de adolescência.

Kameni demonstrava interesse enquanto suplicava interiormente para que a bebida o embebedasse o mais breve possível.

De repente, Ma-Krut emudeceu, largou o copo e olhou para Kameni libidinosamente. Novamente o jovem forçou um sorriso, esperançoso de que a bebida não tardasse mais a derrubar o mercador.

Nem bem o gordo com cara e corpo de sapo pousara a mão pesada e suarenta por sobre a do jovem, foi tombado pelo álcool.

Por mais uma noite ele conseguira escapar das garras daquele homem cheio de desejos indecorosos. Mas por quantas vezes mais conseguiria ter êxito nas suas escapadas, não sabia, só implorava aos deuses que fosse até conseguir fugir dali com Kadima.

Sim, após muita reflexão, ele chegara à conclusão de que só fugindo dali é que os dois poderiam ficar juntos. Antes que Kadima fosse vendida a qualquer momento e eles fossem separados para sempre.

No dia seguinte, às duas horas da tarde, Ma-Krut estava sentado à mesa para almoçar acompanhado de Kameni quando o mercador notou um lampejo de felicidade se insinuar nos olhos do escravo amado ao ser servido por uma das escravas.

Seu cérebro foi rápido, logo identificou a jovem, era a mesma que Kameni havia tomado a jarra d'água das mãos e que ele suspeitara haver algo entre eles.

Ma-Krut sentiu seu sangue ferver novamente naquele instante e uma vontade louca de derrubar a mesa com tudo sobre ela. Mas conteve-se.

Virou o caneco de bronze na boca e sorveu o vinho pausadamente enquanto seus olhos observavam, discretamente, o rosto de Kameni, que assim que percebeu que estava sendo observado não conseguiu esconder a inquietação que se abateu sobre ele.

Daquele dia em diante Ma-Krut manteve-se atento aos dois.

Suas suspeitas se solidificaram ao deparar com uma hipótese, bizarra, na sua opinião, mas altamente plausível.

Seria por esse motivo que Kameni vinha já havia um bom tempo tratando-o com mais delicadeza? Dando-lhe indiretamente esperanças em relação ao que ele mais queria para impedir que percebesse o que estava se passando entre ele e a jovem? Sim, é lógico que sim. Que tolo fora ele... e quão astuto fora Kameni.

"Mas não vou permitir em hipótese alguma que essa moça interfira nos meus planos", murmurou Ma-Krut em pensamento enquanto cutucava o nariz com sua unha longa, envergada e imunda, num gesto arrebicado.

Dias depois...

Mais uma vez Ma-Krut partiu em companhia de seus quatro capangas para uma pequena viagem até a Cidade de Sol e incumbiu Kameni novamente de cuidar de tudo na sua ausência. A paz logo tornou-se perceptiva no acampamento.

Após cumprir suas obrigações, Kameni e Kadima dirigiram-se para o trecho do Nilo onde haviam feito amor para namorarem um pouco. Após alguns minutos de beijos, abraços e cobertores de ouvido, Kameni despiu-se e se jogou na água.

– Vem, Kadima. A água está deliciosa. Um frescor.

A jovem sorriu, despiu-se e juntou-se a ele na doce e refrescante água do Nilo. Ele envolveu-a em seus braços viçosos e fortes e deu-lhe um beijo tomado de paixão. Os dois mergulharam por instantes regozijando-se pelo prazer que água lhes propiciava e pela paz que se derramava por sobre eles.

Depois de um novo beijo, Kadima pousou seu queixo por sobre o ombro de Kameni e relaxou a vista.

Ah, a paz... como o contato entre os dois lhe causava paz... Aquela paz tão necessária ao equilíbrio humano...

De repente, Kadima estremeceu tão fortemente que Kameni recuou a cabeça para trás para poder ver seus olhos.

– O que foi? – perguntou sem muito alarde.

– Ma-Krut! – exclamou ela com repentina amargura. – Ma-Krut está vindo para cá!

Kameni voltou imediatamente a cabeça para trás e arrepiou-se por inteiro como se suas artérias houvessem se contraído ao avistar o senhorio descendo o caminho íngreme da duna que levava ao trecho do Nilo onde eles se encontravam, acompanhado de dois de seus capatazes.

Quando Ma-Krut alcançou o local, ele parou e encarou o casal com um olhar enigmático. Sua boca felina curvou-se num sorriso, um sorriso desagradável e maligno.

Kameni permaneceu quieto, abraçado a Kadima, olhando aterrorizado para o homenzarrão. De repente, o mercador soltou uma gargalhada ardida e desdenhosa chacoalhando sua barriga com espalhafato.

– Não esperavas por mim, não é? – disse o mercador com um sorriso satisfeito e macabro.

Kameni não sabia o que dizer, tampouco o que fazer. Por fim resolveu sair do rio. Ainda que fosse humilhante, algo lhe dizia que era o melhor a ser feito, por ora.

Ma-Krut gargalhou histérico e ardilosamente novamente ao ver os dois sendo obrigados a deixar o Nilo naquelas condições. Rastejando e dispondo-se a ele, parecendo dois peixes fora d'água a desfrutar de seus últimos segundos de vida.

Sua expressão foi o que mais intrigou e amedrontou Kameni. O homem não demonstrava raiva. Pelo contrário, havia em seus olhos um olhar vitorioso, tomado de prazer.

Não levou mais que alguns segundos para que Kameni compreendesse por que o senhorio olhava para ele, sentindo-se vitorioso. Espumando de felicidade. Estava grato, gratíssimo, ao próprio Kameni, por ter se posto naquela situação para ser descoberto.

Que estúpido fora ele, concluiu Kameni, Ma-Krut forjou sua ida à Cidade do Sol só para deixá-lo à vontade para se encontrar com Kadima e assim poder flagrar os dois juntos.

Alguém os denunciara ou ele próprio havia concluído o que estava se passando entre eles dois. Não houve tempo de fazer mais interpretações, Ma-Krut bateu as mãos e seus capatazes pegaram Kadima com violência.

Kameni imediatamente gritou:

– Não!

E sem pensar nas consequências saltou em cima dos homens, mas um deles o deteve com uma rasteira que o fez cair de bruços no chão. Rapidamente, o capataz pousou um dos pés contra suas costas e empunhou o facão contra sua nuca.

– Se te mexeres, te mato – sentenciou o pau-mandado.

Então foi a vez de Ma-Krut se pronunciar.

– Vais te arrepender até o último fio do teu cabelo por teres-me iludido, seu pirralho. Vais ter de te humilhar até onde não puderes mais se quiseres o meu perdão.

Kameni retrucou rompendo num choro amargurado e violento:

– Por favor, por favor... não faça nada contra ela. Eu lhe imploro!

Ma-Krut cerrou os olhos e sua expressão tornou-se ainda mais carregada do que antes. Parecia que sua face estava se transformando noutra face de tão contorcida pelo ódio.

Então ordenou aos capatazes que levassem o casal de volta ao acampamento.

Minutos depois, Kameni era acorrentado e preso a um dos mastros que sustentavam sua tenda. A entrada do local foi guardada por dois dos capatazes e foi proibida terminantemente o acesso a quem quer que fosse, senão o do senhor dos escravos.

Foi proibido também que lhe servissem água ou qualquer alimento, até mesmo um mísero pedaço de pão velho.

A fome junto à exaustão se abateram sobre o corpo de Kameni que adormeceu e despertou somente na manhã do dia seguinte. Não fosse isso, teria passado a noite inteira em claro, suplicando aos deuses que protegessem Kadima de Ma-Krut a todo o custo.

Dia seguinte...

Ao meio-dia, Ma-Krut reuniu-se com um dos cozinheiros e mandou-o preparar uma refeição, segundo suas instruções, para o prisioneiro. Cerca de uma hora e meia depois foi servida para Kameni uma comida extremamente condimentada por alguma razão maléfica que só Ma-Krut conhecia e guardou para si.

O sol caía no horizonte quando Ma-Krut se viu novamente diante do rapaz. Kameni encontrava-se tão amargurado, pensando em Kadima, chorando baixinho, com a face voltada para o chão que nem notou a entrada do senhorio na tenda. Se não fosse um ligeiro fragor ele teria levado muito mais tempo para perceber sua presença ali.

O pranto cessou de imediato e o rosto de Kameni endureceu. O homenzarrão permaneceu olhando para ele da entrada da tenda por alguns minutos com sua usual expressão libidinosa, antes de romper o silêncio.

– Sabes o que vai acontecer com tua amada? Fazes ideia?! – ele irrompeu numa cínica gargalhada.

– Ela não tem culpa de nada...

O homenzarrão interrompeu a voz lamuriosa com súbita e malevolente aspereza:

– Tu poderias ser liberto e gozar de boa vida, Kameni. Uma vida farta se não fosses tão teimoso.

E com um rápido movimento de cabeça, acrescentou:

– És um tolo, Kameni... não passas de um tolo de rosto bonito.

Seguiu-se um silêncio profundo, então o jovem acorrentado levantou a voz para fazer seu último apelo.

– Por favor... eu lhe suplico, não faça nada contra ela!

– Não farei se me deres o que quero. Sabes o que quero, não sabes?

O rapaz engoliu em seco. O velhaco arrematou:

– Sei que sabes... Se me deres, sou capaz, bem capaz de poupar a vida daquela sonsa. Tudo depende de ti.

O silêncio caiu sobre eles a seguir.

Houve uma breve pausa até que Kameni dissesse alguma coisa e quando fez foi numa voz triste e fragilizada:

– Está bem. Se o senhor realmente poupar a vida dela, curvo-me diante dos seus desejos.

Malicioso sorriso descerrou os lábios do homem bonachão.

– Sábia decisão, Kameni. Sábia decisão – suspirou Ma-Krut esfregando as mãos, realizado e empolgado, por ter feito finalmente o rapaz ceder às suas vontades.

Imediatamente o velho agachou-se e se pôs a soltar o rapaz das correntes que o prendiam.

– Não ouses tentar nada contra mim, Kameni – alertou o mercador –, meus capangas estão aí fora prontos para matar quem tiver de ser morto se algo de ruim me acontecer.

Kameni assentiu com o olhar. Assim que se viu livre das correntes, ficou inerte, com a mente distante por alguns segundos.

– Muito bem, meu jovem – ordenou Ma-Krut em meio a um sorriso maroto nos lábios. Se queres salvar tua belezinha comece a me propiciar prazer o mais rápido possível antes que eu mude de ideia. Sei que sabes como fazer... é tão simples...

Diante da inércia do rapaz, Ma-Krut esbravejou:

– Não me prives mais dos teus serviços. A demora pode me fazer mudar de ideia.

O jovem rapaz soltou um suspiro curto e amargurado e disse sim, timidamente, com a cabeça que ainda lutava com sua moral.

Não foi preciso proferir palavras, apenas um aceno por parte de senhorio foi o suficiente para que Kameni compreendesse por onde deveria começar.

Se não fosse por Kadima, certamente teria saído dali correndo em *frenesi*, mesmo correndo o risco de ser pego pelos capangas e executado sem piedade, mas pela mulher amada valia a pena todo o sacrifício.

Os olhos grandes e inchados de Ma-Krut piscavam pausadamente como os de uma rã enquanto a língua se projetava para fora dos lábios em forma de flecha, tal como faz o próprio girino, enquanto o rapaz se curvava aos seus desejos.

Algo em Kameni morreu naquele dia, algo para todo o sempre...

5
Voltas que a vida dá...

No dia seguinte, Kameni despertou do sono com a cabeça latejando de dor pelo excesso de bebida tomada na noite anterior. A respiração voltava aos pulmões, intumescendo os tecidos da garganta e amordaçando-o.

Virou a cabeça com dificuldade no travesseiro curvo de madeira parecendo que seu cérebro havia virado chumbo. Procurou por suas vestes, mas não as encontrou, deu um giro ao redor da tenda em busca de algo para vestir, mas não havia nada.

Não foi preciso muito esforço para descobrir o porquê. Era o modo que Ma-Krut encontrou para prendê-lo ali dentro.

Kameni jogou-se na esteira novamente desconsolado. Estava ansioso, quase louco para ter notícias de Kadima. Estaria ela bem, precisando de algo, sofrendo, sendo maltratada? Não! Agora não mais. O velho perverso lhe prometera. Assegurara com veemência.

Minutos depois, quando Kameni notou que seu dono estava parado atrás dele, pôs-se em pé em um salto. O homem deu um passo à frente trazendo um sorriso nos lábios. Um sorriso de conquista, um sorriso de vitória! Kameni escondeu-se de si mesmo e do homem baixando o olhar.

Ma-Krut foi até ele, ergueu seu queixo bonito com sua mão balofa de pele grossa e áspera e disse com uma ponta de despeito.

– Gostaste, não gostaste? Sei que gostaste... Não foi tão ruim quanto pensavas, não é mesmo? Delicioso, não? A noite nos veremos novamente. Teremos um banquete com muito vinho antes de tu me prestares teus serviços novamente. Só que nesta noite, quero-te de banho tomado, perfumado e vestido com o robe que te presenteei.

O rapaz esforçou-se ao máximo para sorrir na esperança de que o sorriso encobrisse a náusea e a vontade louca que ele sentiu de vomitar. Ma-Krut tornou a acariciar o queixo do escravo ternamente, depois seu pomo-de-adão protuberante. Enfatizou:

– Beberemos vinho, muito vinho. Só eu e tu.

O rapaz anuiu com a cabeça e disse:

– E quanto a...

O velho cortou-o rispidamente.

– Até à noite.

E saiu sem dar a chance ao rapaz de fazer a pergunta que queimava em sua garganta. Assim que Ma-Krut partiu, Kameni levou a mão à boca para segurar o vômito que pressentiu estar prestes a atravessar sua boca. Seu rosto tomou logo um aspecto esverdeado. Já, o homem de proporções gigantes, por sua vez, engoliu a água que o prazer deixara na sua boca, com êxtase.

Naquela noite, na hora combinada, Kameni se apresentou a Ma-Krut conforme havia-lhe ordenado. De banho tomado, perfumado e vestindo o fino robe de seda que ganhara do fanfarrão. O jovem estava tão bonito e elegante que parecia um príncipe reluzente sob a luz de Rá. Desta vez, porém, o encontro foi na tenda do mercador.

– Tenho um presente para ti, meu jovem.

Nem bem terminara a frase, Ma-Krut empurrou com o pé direito um pequeno baú para próximo de Kameni. Em seguida, ordenou-lhe que o abrisse. Para o espanto do jovem, o baú estava repleto de ouro.

244

– Eu...

– É todo teu, meu rapaz... todo teu.

– Eu... eu não mereço, meu senhor.

O homem soltou uma gargalhada estridente e falou:

– Mereces sim... Mereces muito mais.

E após mais uma de suas gargalhadas espalhafatosas o mercador acrescentou:

– Foi com este ouro que tua querida jovenzinha foi comprada.

Kameni sentiu um aperto pavoroso no peito que por pouco não o sufocou.

– O senhor... o senhor... a... – ele não conseguia falar.

– Sim – acudiu Ma-Krut com prazer. – Eu a vendi e por um bom preço como podes confirmar.

A seguir, o mercador mergulhou sua mão balofa dentro do baú e remexeu seu conteúdo com prazer mórbido.

Kameni sentiu vontade de saltar sobre aquele homem sem palavra, sem caráter, falso e matá-lo. Mas seu bom senso o deteve, lembrando-lhe que se fizesse o que o ódio o instigava, ele perderia de vez a oportunidade de rever Kadima e a chance de poder viver ao lado dela em paz.

Ma-Krut desatou a rir a ponto de chorar. Ainda que se sentindo sujo e usado, perversamente enganado, Kameni se manteve submisso diante do senhorio.

Recompondo-se, o velhaco sentou-se ao redor da mesa e se pôs a comer seu prato favorito saboreando com delicadeza tanto a comida como o aroma.

– Tu me odeias pelo que fiz, não? – perguntou ele com a boca cheia.

– Não, não o odeio – afirmou Kameni, sem faltar com a verdade.

– Tu me odeias, sim!

– Não. Não o odeio, não. Certa vez ouvi alguém dizer que não se deve odiar ninguém, porque o ódio vai se alastrar pelo corpo, alojar-se por lá e tornar a pessoa um escravo.

As palavras perturbaram o mercador a ponto de fazê-lo engolir em seco o pedaço de carne mal mastigado que por pouco não entalou na sua garganta.

– Talvez tenha sido melhor vendê-la – prosseguiu Kameni –, bem melhor assim... para ela... para todos nós....

Novamente o mercador se viu perturbado pelas palavras do jovem...

Noite seguinte...

Quando Ma-Krut retornou à tenda, Kameni, como sempre, fingiu-se de contente por revê-lo. Foi até a mesa onde repousava o vinho, encheu um copo de bronze da bebida e ofereceu ao seu senhorio.

Ao ver a taça que seu escravo querido lhe estendia, o sorriso e a expressão do mercador tomaram outro aspecto. Desconfiado ele ralhou:

– Não quero, bebe tu!

Kameni manteve a mesma expressão fácil e assentiu. Apenas um leve rubor transpareceu nas maçãs de seu rosto bronzeado. Ele sentou-se à cama de tatame, sorvendo a bebida deliciosamente enquanto Ma-Krut examinava-o com estranho sorriso.

– Uta! – exclamou Kameni empinando a cabeça para trás com satisfação.

Os pensamentos de Ma-Krut se desordenaram ao vê-lo jogar o vinho goela abaixo sem pesar. Estava certo de que havia alguma droga na bebida para fazê-lo dormir ou matá-lo. Mas não.

Teria Kameni mudado? Gostado de dormir ao seu lado?! Um lado seu queria que sim, ardente e ansiosamente, que sim.

O rapaz tornou a encher o copo e esvaziá-lo numa talagada só. Ma-Krut, acabou, por fim, aceitando um bocado da bebida. Antes, porém, de entornar o caneco na boca, alertou o jovem rapaz:

– Toma cuidado, Kameni, não trames me trair, tenho os olhos postos em ti vinte e quatro horas por dia, não só os meus como os dos meus capatazes.

Kameni parecia seguro de si, a repelir toda e qualquer ameaça nojosa, se tremia por baixo de sua pele bronzeada, fazia sem alarde algum.

A seguir, Kameni se pôs a contar trechos de seu passado, os mais engraçados, desde que havia sido comprado como escravo. Ma-Krut gargalhava com espalhafato de suas palavras, enquanto bebia sem parar o caneco que Kameni enchia ininterruptamente enquanto falava.

Ma-Krut estava se preparando para trocar intimidades com o jovem novamente quando começou a sentir um estranho torpor em todos os membros, seguido de sonolência incoercível. Pouco antes do bote, a bebida finalmente, derrubou o homenzarrão na cama num sono profundo. Kameni respirou aliviado.

O velho fanfarrão ficara tão preocupado que houvesse alguma droga na bebida que sequer percebeu que a verdadeira intenção de Kameni por trás daquele gesto era embebedá-lo até ele ser tragado pelo sono, deixando-o livre de suas exigências sexuais.

Na noite do dia seguinte, a mesma cena se repetiu.

– Bebe primeiro – ordenou Ma-Krut, que ao ver o escravo tomar todo o vinho que havia no copo de um gole só, leve coloração tingiu-lhe a face. Sua preocupação e desconfiança foram em vão mais uma vez. Culpou-se, e a seguir virou o primeiro de muitos copos da bebida.

Vigésimo dia do verão

Quando os capatazes de Ma-Krut voltaram ao acampamento, estavam cansados e sedentos. Um deles ordenou a uma das escravas que lhes trouxesse uma bebida. O pedido foi expresso como sempre num rosnado ardido e sem nenhum tato.

Hemaka tratou logo de atender os homens. Seguiu até onde estava a jarra de vinho no seu suporte e encheu quatro canecos da bebida, servindo-os prontamente.

Os quatro homens sorveram o líquido numa talagada só e logo se viram bocejando, imprestáveis, sendo dominados por um sono forte. Adormeceram. Hemaka suspirou aliviada, o plano estava dando certo.

Enquanto isso, na tenda do velho Ma-Krut, Kameni falava um texto previamente ensaiado. Um texto criado por ele próprio com a ajuda do seu senso aguçado por sobrevivência. Nele falava dos planos que começara a fazer havia poucos dias, e que envolviam o velho Ma-Krut.

O homenzarrão balofo ouvia tudo emocionado. Em meio à fala, Kameni se arrastou para a frente até ficar mais próximo do velhaco. Soltou então um sorriso bonito. Ma-Krut sorriu para acompanhar o jovem por quem tinha verdadeira loucura.

– Eu sei que este é teu vinho favorito... – disse Kameni enquanto servia a ambos da bebida.

Ma-Krut exibiu novamente seu sorisso feito de dentes cariados e amarelados.

– Sinta-o borbulhando por sua garganta – sugeriu Kameni enquanto virava seu caneco sorvendo a bebida numa golada só. O homem sapo o imitou e depois riu contente pelo gesto.

Kameni ansiava que o vinho entorpecesse logo o senhorio, suas pernas ansiavam por correr, deixar aquele local o quanto antes e fugir. Demorou bem mais que o esperado, mas por fim a cabeça redonda e rechonchuda, suarenta e fedida de Ma-Krut pendeu para o lado e os olhos sentiram o suave peso do brometo. Quando o velhaco sentiu a cabeça rodar já era tarde demais para perceber que havia sido drogado, apagou.

Desse momento em diante, o medo permaneceu ao lado de Kameni. E se os capangas não tivessem bebido da bebida e se entorpecido? Seu plano iria por água abaixo. Que Rá o iluminasse e que o protegesse.

Lépido como uma naja, com o coração aos pulos, Kameni caminhou até a entrada da tenda e ali apurou seus ouvidos, tanto quanto os sentidos embotados lhe permitiam.

Lá fora nada quebrava o silêncio, sinal de que Hemaka havia conseguido fazer os pau-mandados de Ma-Krut beber o vinho com o brometo. Ainda assim era melhor dar uma espiada antes de partir. Seu rosto estava marcado pela preocupação e pelo medo quando pôs a cabeça para fora da tenda.

Kameni logo avistou o capanga que tinha ordens para nunca se desgrudar de seu patrão, por nada, estendido no chão a sono solto. Os fagareiros haviam se apagado e agora o acampamento repousava somente à luz do luar. Um relâmpago de euforia iluminou os olhos do rapaz.

Um ligeiro resmungo atravessou os lábios de Ma-Krut a seguir. Aquilo assustou Kameni profundamente, impelindo-o a deixar a tenda de uma vez.

Ao encontrar Kameni pálido e combalido qual sombra, Hemaka tomou-lhe o braço e disse firmemente:

– Vai, meu Kameni. Não olhes para trás, haja o que houver não olhes para trás, tampouco te arrependas do que fizeste.

– Eu volto, eu volto para te libertar – prometeu ele, emocionado.

Ela levou os dedos calejados até os lábios jovens do rapaz e com determinação disse:

– Esquece-te de nós. Para o teu próprio bem. Se Ma-Krut te encontrar, ele te matará!

A seguir ela enxugou as lágrimas que escorriam dos olhos negros, bonitos e profundos de Kameni. O rapaz abraçou-se a ela emocionado. Notando a dificuldade que estava tendo para se desgrudar dela, Hemaka foi firme:

– Agora vai! Tu mereces ser livre, meu lindo!

– Eu jamais vou te esquecer, Hemaka. Jamais! Há de chegar o dia de eu demonstrar a ti, todo o meu reconhecimento pelo que fizeste por mim...

Um sorriso iluminou a face da mulher, um sorriso encorajador, como o de uma mãe para um filho. A mulher entregou-lhe uma trouxa de pano contendo pão, água e uma túnica e tornou a repetir:

– Não olhes para trás. Haja o que houver, não olhes para trás.

Ao ouvir o conselho dito com decisão e veemência, Kameni sorriu, sentindo sua insegurança se abrandar e partiu.

No topo de uma das dunas do deserto, o escravo voltou o olhar de maneira temerosa para trás, de modo a ter certeza de que ninguém o tinha visto. O conselho alerta de Hemaka ecoou em sua mente naquele instante:

"Haja o que houver, não olhes para trás. Segue sempre em frente, com os olhos centrados à frente!"

Ele tomou ar e seguiu seu caminho em meio à escuridão.

6
Entre o deserto e um céu de incertezas...

Kameni já deveria estar caminhando há cerca de cinco ou seis horas, ele não saberia dizer, quando os membros de seu corpo clamavam por uma hora de sono, contudo, não podia dormir, pois de sua jornada noite adentro dependia o sucesso de sua fuga. E assim, mesmo trêmulo, com as pernas vergando e as pálpebras pesando feito chumbo, Kameni prosseguiu lutando contra o torpor que subjugava seu físico e seus sentidos.

As últimas palavras de Hemaka repetiam-se incessantemente na mente de Kameni. "Haja o que houver não olhes para trás. Siga sempre em frente, com os olhos centrados à frente!"

Exausto pela caminhada e fatigado pela tensão o corpo de Kameni foi retardando os passos até retesá-los de vez. Ele caiu de cócoras respirando ofegante. Precisava descansar. Sem descanso não teria êxito. Dessa forma, ele se aconchegou num canto propício da duna e simplesmente apagou.

– Não desistas, Kameni, persiste! – soou uma voz feminina ao seu ouvido.

Quando ela se repetiu, o jovem despertou do sono aturdido.

– Quem disse isso? Kadima, és tu?

Nenhuma resposta senão o silêncio. Não havia ninguém por ali a não ser a quietude do Nilo, o céu e as longas dunas do deserto ao seu redor. Ainda assim, ele sentia a presença de alguém, alguém que seus olhos não podiam alcançar, mas que estava ali bem próximo dele. Só podia ser ela, a mulher que sempre aparecia para ele.

Então, pela primeira vez, Kameni ousou lhe dirigir algumas palavras. Respirou fundo, por três vezes e disse:

– Quem és tu, que só meus olhos podem alcançar? Julgo eu, que estás aqui a me acompanhar. O que queres de mim? És um espírito do bem ou do mal? Teu semblante me parece ser de um espírito do bem... ainda assim posso estar enganado... diz-me então, quem és e o que queres? Diz sem medo. Estou pronto para te ouvir... Não só meus olhos podem te alcançar como meus ouvidos podem te escutar. És minha mãe?

Tudo ao seu redor permaneceu o mesmo. Silêncio... Ainda assim ele sabia, era mais que saber, sentia a presença do espírito daquela mulher que sempre aparecia para ele.

Tornou a respirar fundo, por mais umas três, quatro vezes, então relaxou e tornou a dormir.

Assim que os primeiros raios de sol tocaram seu rosto, Kameni despertou. Ainda que tivesse dormido pouco, precisava continuar.

Em poucas horas Ma-Krut despertaria do sono profundo, ele e seus homens, e ao descobrir sua fuga, poria seus capangas imediatamente ao seu encalço, com ordens para verificar todos os cantos e recantos do país à sua procura. Sim, Ma-Krut reviraria cada grão de areia do deserto até encontrá-lo. Não sossegaria enquanto não pusesse suas mãos nele.

Só de pensar no mercador, Kameni sentiu seu corpo se inflamar de medo, verdadeiro pavor. Sabia que se fosse encontrado, Ma-Krut se vingaria com algo bem pior que a morte. Que Rá o iluminasse e Ísis o protegesse. Assim ele retomou sua jornada, seguindo dessa vez pelas dunas do deserto a uma boa distância das margens do rio. Motivo: por ser a margem o caminho mais fácil para se seguir a pé seria o primeiro lugar a ser rastreado pelos capangas do mercador.

O calor do deserto era sufocante, em certos momentos parecia que a respiração ia lhe faltar, nem as rajadas de vento, propagadas vez ou outra, conseguiam refrescá-lo, além de sufocar seu corpo com um bafo quente, os grãos de areia carregados pelas lufadas de vento, irritavam-lhe os olhos e os pulmões.

Horas depois, novamente, seu corpo e sua mente começavam a dar sinais de exaustão. De tão exausto e entontecido, Kameni perdeu o prumo. Quando deu por si não sabia mais dizer qual a direção do Nilo, tampouco da cidade que queria chegar. Só de se ver perdido, sua garganta apertou de sede. Ele precisava encontrar o Nilo, antes que a sede apertasse mais e o matasse. Ele parou, respirou fundo e seguiu na direção que sua intuição mandou.

A realidade era assustadora. Por mais livre que estivesse agora, mais preso se sentia. Não lhe restava mais nada senão os deuses como companhia. Não havia mais amigos, nem Hemaka, nem Alaor, nem Kadima, ninguém, simplesmente ninguém. Só havia o desconhecido.

Por mais tortuosa que fosse sua vida preso às garras de Ma-Krut ainda assim ele sentia-se mais seguro sob suas asas do que agora, livre dele.

Enfrentá-lo era bem mais fácil do que ter de enfrentar o mundo desconhecido sem sua guarda.

Era incrível como o medo do desconhecido fazia com que as pessoas perdessem de uma hora para outra o senso de direção, a autoconfiança, a própria liberdade. Talvez fosse melhor voltar para as garras de Ma-Krut...

No entanto, já era tarde demais, se ele voltasse, ainda que suplicando por perdão, ele o mataria sem piedade.

Só lhe restava prosseguir... prosseguir... pelo deserto sob um céu de incerteza.

A cada passo, sua garganta clamava mais e mais por água. A cada passo sua cabeça se tornava mais e mais inundada de pensamentos pessimistas. "Desiste... desiste... Tu estás perdido no deserto... Estás condenado à morte... Entrega-te..."

Ele não podia se entregar, não depois de todo o sacrifício que havia feito para chegar aonde chegou. Kameni tomou ar e prosseguiu ainda que opresso e inseguro.

Minutos depois, descortinava-se diante dele uma subida altamente íngreme. Se já estava sendo difícil seguir em linha semirreta, subir seria o fim. Ainda assim, ele se obrigou a continuar em frente, era preciso, senão morreria de sede ali em pouco tempo. Tentou manter o ritmo, porém, as pernas lhe pareciam duas colunas de chumbo.

Precisava parar e descansar, seu peito chiava como o rosnado de um gato. Ainda assim, ele tinha de prosseguir. Chegando ao alto da duna, para a sua alegria, seus olhos finalmente avistaram o Nilo, no entanto ainda estava muito longe do seu alcance. Sua única escolha era prosseguir ou sentar e morrer. Com um grunhido, espantou o desânimo e prosseguiu.

A poucos metros do rio se deteve. A paisagem dura e pouco hospitaleira daquele trecho do Nilo, com seu ajuntamento de rochas pontiagudas era um perigo para um visitante desprevenido. Qualquer um poderia se esconder ali entre as rochas para uma emboscada. Mesmo assim, ele precisava ir até lá, antes que seu corpo sucumbisse de sede.

Caminhou apressadamente. Quando conseguiu alcançar a beirada do Nilo, caiu de joelhos e, inclinando-se para a frente, começou a beber a água num gesto desesperador.

Água, bendita água... Abençoada água... Como ele precisava dela.

Depois de matar a sede, Kameni, descansou por um minuto ou dois até ser sacudido por um calafrio. Não podia parar naquela hora. Os homens de Ma-Krut já deveriam estar em seu encalço há tempos. E, seguindo-o sobre camelos, em breve o alcançariam. Ele tinha de prosseguir viagem urgentemente. Não só para escapar das garras do senhorio como para poder alimentar seu corpo que começava a dar alarmantes sinais de fome.

Assim, ele retomou sua jornada ao longo do rio. No entanto um novo calafrio o fez lembrar que não podia seguir às margens do Nilo.

Impondo novamente grande esforço às pernas, voltou para a região árida do deserto. Benzendo-se e monologando uma oração para que os deuses não permitissem que ele se perdesse novamente.

As horas escoavam e a cada hora, mais e mais, seu estômago clamava por um prato de comida. Não era para menos, não comera nada desde a última noite. Mal sabia como ainda se mantinha em pé.

A próxima cidade não podia estar muito longe. Se estivesse ele não sobreviveria. Sua vida estava por um triz, simplesmente por um triz. Que Rá o ajudasse a chegar à cidade o mais rápido possível, pois já podia sentir a morte se insinuando para ele.

A ideia era grotesca, mas real. E ele tinha que se libertar dela completamente se quisesse continuar vivo; algo lhe dizia que só mantendo a fé, a esperança é que conseguiria sobreviver.

Assim, Kameni procurou manter a mente otimista. Mas certa zoeira começou a atormentá-lo, o cérebro começou a se encher de sombras e ele percebeu que estava à beira de um desmaio. Onde estava ele com a cabeça quando decidiu fugir se embrenhando pelo deserto? Repreendeu-se.

Subitamente parou quando uma onda de vertigem o envolveu. O desânimo então desabou sobre ele. Suas forças haviam se esgotado. Não conseguiria dar mais nenhum passo. Seu corpo não tardaria a sucumbir à exaustão e à fome. Era o fim.

Então seus olhos avistaram a silhueta de uma mulher parada não muito longe de onde estava, olhando na sua direção. Ele logo pôde ver distintamente quem era. Lá estava ela novamente. O espírito da mulher que vivia a acompanhá-lo. A mulher que, para Kadima, havia sido sua mãe e para ele, havia sido enviada por Ísis para protegê-lo durante sua fuga.

O véu que ela usava se desprendeu e Kameni viu, então, um rosto de beleza rara. Por trás de seus olhos escuros ele podia ver sentimentos tumultuosos que lhe iam na alma, sentimentos que oscilavam entre um amor e uma paixão intensa, um carinho infindável e uma tristeza profunda, imensurável.

Seus olhos também lhe diziam: "Não desistas, Kameni. Não desistas! Falta pouco agora, sê forte!". O jovem encheu o peito de ar e continuou seu caminho buscando o limite de suas forças interiores.

Em certos momentos, parava por instantes, tomava ar, apertava a palma esquerda contra a nuca, massageava a região, tornava a encher o pulmão de ar e continuava rumando em meio ao que parecia ser o nada, com o corpo se esvaindo num suor abissal.

Quando avistou a estrutura imponente dos picos das grandes construções de uma cidade, elevando-se acima das dunas distantes, o jovem quase gritou de alegria. Quase não. Gritou mesmo. A visão cobriu-o de alívio.

Com os dentes comprimidos e os olhos fixos na cidade, ele prosseguiu, lembrando a si mesmo o tempo todo, que só alcançando a cidade, trabalhando, adquirindo condições financeiras é que ele poderia reencontrar a mulher amada.

O sol vermelho apoiava-se nos telhados das casas e palácios de Mênfis quando Kameni entrou nos subúrbios da cidade. Um velho tropeiro de rosto enrugado que lembrava as pedras do deserto, direcionando alguns camelos carregados que iam sendo levados para as margens do rio, olhou para ele com curiosidade.

Enquanto dirigia-se ao aglomerado de pessoas, Kameni percebeu que suas pegadas estavam começando a se retardar e cessar como que por vontade própria.

Não se retardavam somente pela exaustão do físico, mas também por medo. O medo latejante e voraz de encontrar Ma-Krut em meio aos transeuntes, de olhar sua face obesa, suarenta e disforme, e nela ver a expressão que adquiria quando ele o possuía. Só que dessa vez por tê-lo encontrado.

Kameni soltou um grito de susto ao sentir uma mão pousar no seu antebraço. Ao virar-se para trás viu uma senhora bem idosa de olhar fraterno.

– Pega... é teu – disse ela.

Kameni baixou os olhos até as mãos da senhora para ver o que ela lhe ofertava. Era um pedaço de pão. Seus olhos encheram-se de lágrimas naquele instante. Por mais que tentasse não conseguiu dizer nada, absolutamente nada em agradecimento, mas as lágrimas que escorreram de seus olhos significaram mais que qualquer agradecimento feito em palavras para aquela mulher caridosa.

– Tu precisas te alimentar, meu rapaz – tornou ela, com delicadeza novamente.

– Só pode ter sido Ísis quem enviou a senhora – disse ele, agradecido.

– Acompanha-me. Vou levar-te até minha casa para que possas beber água. Teus olhos me dizem que não só estás faminto como sedento também.

– Eu...

– Tuas pernas estão bambas... estás a tremular... Se não descansares um pouco, padecerás.

"Sábio aquele que é humilde suficiente para assumir que precisa de ajuda diante dos outros, pedir essa ajuda e aceitá-la, principalmente", Kameni lembrou-se que ouvira isso certa vez.

Apesar de tudo, temia ser acolhido por aquela criatura desconhecida e aparentemente inofensiva, que parecia ter por ele tão boas intenções. Entretanto, recusar asilo seria um atentado contra si próprio, não lhe restavam mais força física, tampouco mental e, portanto, aceitou o convite.

– Obrigado.

Kameni seguiu à velha senhora. Após excursionarem por intermináveis corredores e ruelas, e um sobe e desce de escadas, os dois finalmente pararam diante de uma singela porta de um humilde casebre. Entraram.

O recinto media não mais que oito ou dez metros quadrados. Talvez fosse ainda menor. O teto era baixo e o calor insuportável. As paredes eram de cimento e a tinta sobre elas estava tão opaca que parecia nunca ter estado ali. No entanto, tudo se achava limpo na medida do possível.

A senhora idosa então lhe serviu um bocado. O jovem comeu a oferta acompanhada de água potável. Depois de alimentar seu corpo esfomeado e sedento, Kameni disse:

– Não posso pagar-lhe pelo que me fez... não disponho de dinheiro algum, mas se a senhora precisar de mim para fazer algum serviço é só me pedir.

A mulher apenas sorriu agradecida e disse:

– Tu precisas descansar. Estás extenuado.

Diante da apreensão que sua sugestão causou em Kameni ela tratou logo de acrescentar:

– Não tenhas medo. Podes tirar um cochilo que nada vai te acontecer. Confia em mim. – E, apontando com o dedo, completou: – Deita-te naquela esteira e dorme antes que teu corpo sucumba de tanta exaustão.

Depois de muito insistir, Kameni deixou-se persuadir pelo conselho da generosa senhora e foi repousar.

Ele tinha de se entregar ao sono, caso contrário não teria forças suficientes para sair e procurar trabalho. Apesar do cansaço, Kameni ficou ali deitado na esteira com um olho aberto e o outro fechado. Na espreita de algum perigo. Se dormiu não se deu conta, mas ao decidir levantar-se, sentiu-se mais revitalizado.

Encontrou a simpática senhora do lado de fora da casa cozinhando algumas raízes. Ao vê-lo, ela sorriu amavelmente. Kameni retribuiu o sorriso, grato sinceramente por sua ajuda.

— Tua expressão é a de quem se sente acossado. Nunca vi um rosto demonstrar tamanha tristeza, tanta desolação! O que há? — perguntou a senhora a seguir.

Os lábios de Kameni chegaram a se mexer, mas fecharam-se num repente. Era melhor ficar calado. Guardar seu passado de quem quer que fosse. A mulher, por mais gentil que houvesse sido, poderia ser uma conhecida de Ma-Krut e aquilo tudo uma armadilha. O sensato era manter-se calado. Com jeitinho, Kameni conseguiu esquivar-se das perguntas que a senhora lhe fazia e passou a interrogá-la, para poder ouvir, em vez de omitir.

Minutos depois pediu licença a mulher para sair para conhecer a cidade e quem sabe assim arrumar um emprego do qual precisava urgentemente.

Kameni seguiu pelas ruelas de Mênfis um tanto apreensivo. Ainda que fosse uma bela cidade sentia-se inseguro ali. Novamente, a realidade o assustava. Sentia-se desenraizado, apreensivo e inseguro. Quem era ele ali no meio daquela gente, no meio daquela cidade, ninguém senão mais um?

Tão envolto em seus pensamentos ficou que acabou se esquecendo de prestar atenção ao caminho que fazia para poder voltar à casa da amável senhora. Acabava de entrar numa ruela de aspecto acanhado quando ouviu um grito agudo de dor atravessar as janelas de uma das casas locais.

Alguém estava em perigo, pensou ele imediatamente. E cedendo ao impulso que lhe vinha da alma de ajudar o próximo, Kameni correu até a casa de onde partira o grito. Ao encontrar a porta entreaberta entrou de supetão.

Havia uma mulher estirada sobre uma esteira cercada por um homem alto e bem apessoado trajando um robe azul-claro com listas amarelas de fino trato, sinal de nobreza, e uma senhora arcada de olhar afogueado. Ao vê-lo o homem disse:

— Vem até aqui, meu rapaz, e me ajude. Segura esta jovem mulher assim...

Assustado, Kameni atendeu ao pedido. Só então compreendeu que se tratava de um parto que necessitou da ajuda de um médico. Com muito esforço, o bebê foi tirado de dentro da mulher e, felizmente, com vida.

Em nenhum momento Kameni fraquejou diante do sangue que escorria da jovem mãe e que encobria o bebê. Pelo contrário, encarou tudo com naturalidade e tranqüilidade. O que o fez lembrar-se que aos doze, treze anos seu sonho era ser médico e que essa fora uma das razões por que Ma-Krut contratou alguém para ensiná-lo a ler e escrever, para que pudesse no futuro cursar a escola de medicina.

Quando tudo se acalmou, o médico foi até o jovem agradecer-lhe pela ajuda.

– Tu fostes de grande serventia, meu rapaz.

– Obrigado, senhor – sorriu Kameni, meio vexado.

O homem o observou com grande interesse. A falta de carne por todo o corpo e as roupas puídas denunciavam sua pobreza.

– O que fazes, meu jovem... Digo, no que trabalhas? – perguntou o médico ainda observando Kameni com um interesse descomunal.

– Bem... na verdade acabo de chegar à cidade e estou procurando trabalho.

– Um trabalho?!

– Sim, e urgente.

– Bendita foi a hora que tu passaste por aqui, pois estou exatamente precisando de um jovem como tu para trabalhar como criado em minha morada. Se quiseres, o trabalho é teu.

– Quero sim, meu senhor.

– Se quiseres me acompanhar agora até minha casa para saber aonde fica, podes...

– Posso sim – adiantou-se Kameni –, não tenho bagagem para ir buscar, só tenho estas vestes... Portanto, posso ir agora mesmo com o senhor.

– Está bem, acompanha-me.

Com a ajuda de Kameni, o médico subiu no camelo que estava amarrado diante do casebre.

– O senhor não me disse seu nome, meu senhor.

E antes que o doutor lhe respondesse, Kameni se adiantou:

– O meu é Kameni.

O médico ergueu as sobrancelhas e repetiu pausadamente:

– Ka-me-ni... Bonito nome.

O rapaz sorriu novamente, vexado. O médico também sorriu, dizendo:

– E eu... eu me chamo Ankh.

7

Luzes na escuridão...

Enquanto falava de assuntos corriqueiros, Ankh conduziu o rapaz até sua casa. Uma aprazível e requintada propriedade, mas não pretensiosa. Finalmente chegaram a um gabinete, onde ele indicou uma cadeira para o jovem se sentar.

Depois, tornou uma ânfora sobre um caneco de bronze de onde saiu um vinho perfumado e assim que o líquido atingiu a borda, o dono da casa estendeu o caneco para o rapaz, acompanhado de um sorriso acolhedor.

Kameni experimentou novamente uma viva e estranha simpatia pela bondosa criatura. Seus gestos e suas palavras traduziam particular encanto. Minutos depois, Ankh levou-o até os aposentos dos empregados e pediu gentilmente a uma criada que lhe preparasse um banho e uma esteira para ele dormir, pois dali em diante o rapaz moraria com eles.

– Tu precisas descansar, meu jovem. Lava-te, janta e dorme até o meio-dia de amanhã. Será de grande importância para o teu restabelecimento. Só amanhã, depois de bem descansado é que darás início aos teus serviços nesta casa.

Kameni agradeceu ao bondoso médico e foi tomar banho. Ele que não tomava um desde que estivera às margens do Nilo, ansiava por um desesperadamente. Nada melhor do que um banho para livrar-se da poeira, da sujeira e do suor e refrescar o corpo... Ah, como ele precisava daquilo. Depois, vestiu a roupa que Ankh lhe emprestou e serviu-se de um bocado de comida que a cozinheira lhe preparara.

Ainda era cedo para dormir, mas Kameni estava pregado e como o médico disse, precisava descansar. Dessa forma, Kameni se deitou na esteira reservada para ele no cômodo dos criados e adormeceu em seguida, com uma deliciosa sensação de que tudo aquilo parecia ser um novo começo de vida, quase uma outra vida.

Ali, finalmente conseguiu dormir de verdade como há tempos não dormia.

No dia seguinte, assim que Ankh soube que o rapaz já havia acordado, mandou chamá-lo. Kameni largou imediatamente o que fazia e seguiu ao seu encontro guiado por um dos criados.

Ankh estava sentado à cabeceira da mesa que ocupava o centro de uma sala ampla e confortável, na companhia da esposa e da filha, almoçando, quando Kameni entrou.

– Estás com uma aparência muito melhor hoje, meu jovem – disse o médico, alegre por revê-lo.

Kameni sorriu timidamente.

– Quero apresentar-te minha esposa, Agmar, e minha filha Açucena.

Kameni mal olhou para as duas tamanho constrangimento. Saudou ambas com uma reverência.

Açucena era uma moça jovem e bela, dona de um porte donoso e de um par de olhos frisantes. Negros e sedosos cabelos lhe coroavam a fronte, realçando a alvura da tez.

A jovem olhou com seus grandes olhos escuros tomados de curiosidade para o novo empregado. Tão direto foi o olhar que Kameni se sentiu ainda mais acanhado.

Uma semana depois de sua chegada à casa de Ankh, Kameni se encontrava no jardim da casa brincando com uma papoula nas mãos quando Açucena se juntou a ele. A túnica que vestia de cetim branco caia-lhe como luva realçando seu físico esguio e belo. Naquele momento, a jovem pareceu a Kameni mais atraente e imponente do que quando a vira pela primeira vez.

— Posso me sentar ao teu lado, Kameni?

— Por favor.

Estava virando um hábito os dois se encontrarem no jardim após o jantar para trocar ideias.

— Meu pai gosta de ti como a um filho.

— Exagero teu.

— Não é não. Eu sinto, compreendes? Ele tem um carinho especial por ti. É como se tu tivesse o mesmo sangue dele correndo em tuas veias. Receio ter por ti o mesmo carinho. Gosto de ficar ao teu lado, Kameni. Porque ao teu lado me sinto diferente.

Era verdade. Desde a primeira vez em que ela havia conversado com ele a sós sua feição adquiriu tamanha luminescência e profundidade, que ninguém conseguia explicar. Era como se soubesse por toda a vida que Kameni um dia se juntaria a ela.

— Agrada-me muito saber que te agrado, Açucena.

— Tu falas pouco de ti... Gostaria que falasses mais.

— Tudo o que me cerca ou me cercou não é de grande interesse. Meu passado não teve nada de importante, tão desimportante foi que eu mesmo fiz questão de apagá-lo da minha mente.

— Tu sofreste muito no passado, não? É por esse motivo que fazes de tudo para ignorá-lo, não é mesmo?

Ele mordeu os lábios.

— Eu sei, eu sinto – acrescentou ela confiante.

A conversa morreu por alguns segundos. Então, Kameni, num tom circunspeto falou:

— Gostaria de te contar um segredo. És capaz de guardá-lo?

— Sim. É lógico que sim, podes confiar em mim.

— Eu sempre... deixa para lá. Vais rir de mim.

– Conta.

– Tolice...

– Ora...

Ainda que envergonhado Kameni acabou compartilhando com ela o seu "segredo".

– Sou seguido por uma mulher onde quer que eu vá.

– Uma mulher?

– Sim...

– Tu a conheces?

– Devo tê-la conhecido quando criança, bem criança.

– Quem é ela?

– Depois de muito pensar a respeito cheguei à conclusão de que ela só pode ser uma única pessoa... minha mãe.

– Tua mãe?!

– Sim.

Breve silêncio.

– E tu nunca conversaste? Nunca tentaste uma aproximação?

– Eu tento...

– E o que ela diz?

– Em palavras, nada. Só por meio do olhar.

– Ela fala com o olhar?

– Sim.

– É muda?

– Talvez...

– O dia que tu tornares a vê-la, chama-me para que eu possa conversar com ela, quem sabe não consigo fazê-la falar com jeitinho.

– Não creio que conseguirás.

– Ora, por quê?

– Porque, Açucena, minha querida, essa mulher que vive a me sondar e que penso ser minha mãe está morta. É o espírito dela que vejo.

Açucena ia dar um grito, mas Kameni percebeu e tapou-lhe a boca com a mão.

265

– Tu vês o espírito de tua mãe?! – disse a jovem segundos depois, afogueada. – E isso é possível?

– Sim. Muita gente relata fatos semelhantes desde muito tempo.

A jovem estremeceu.

– Nossa, é de arrepiar. Há quanto tempo ela está morta?

– Há muitos anos... uns quatorze, quinze anos, mais ou menos...

– E teu pai? Tu também o vês?

– Não! Apenas ela.

– E ele também está morto?

– Sim. Fui levado por uma caravana de escravos quando fiquei órfão de pai e mãe.

Breve pausa. Os olhos bem separados de Açucena estavam quase fechados, brilhando intensamente enquanto ela refletia. Por fim, disse:

– Ela te segue para te proteger, Kameni.

– Sim. Já me disseram isso.

– E se na verdade for... Ísis?

– Ísis?

– Sim. Pode ser e, por algum motivo, um raro privilégio, tu podes vê-la. Ela te protege por alguma razão. Uma razão em especial.

– Se for verdade, qual seria essa razão, Açucena?

Diferentemente das noites anteriores em que Kameni simplesmente apagava assim que pousava sua cabeça no travesseiro de madeira, naquela noite em especial, ele ficou uns bons minutos relembrando alguns dos momentos apaixonantes que passara ao lado de Kadima, antes de adormecer.

O momento em que ele, sob as dunas do deserto, ao luar... passara os braços pelo pescoço dela, na semi-escuridão e beijara-a na boca entreaberta de surpresa. Os dois sob o deleite da paixão às margens do Nilo fazendo amor, noutras, trocando impressões sobre a vida.

Seus grandes olhos escuros que sempre traduziam sentimentos que lhe iam na alma com uma transparência celestial. Tudo tão envolvente, tão emocionante... Que Ísis continuasse a protegê-la onde quer que estivesse... em nome de um grande amor. E com a palavra amor correndo com o sangue por suas veias, Kameni adormeceu, apaixonado.

Dias depois, o rapaz foi convidado a se sentar à mesa para jantar com a família dos seus patrões. Foi uma situação constrangedora para ele. Ankh precisou ser enérgico com o rapaz, caso contrário ele não aceitaria o convite.

O jantar transcorreu com Ankh falando animadamente e Açucena divertindo-se interiormente com o encabulamento de Kameni. Somente Agmar parecia não estar gostando nada da presença do rapaz à mesa. Durante todo o jantar manteve-se de cenho fechado. Com o olhar indo e vindo do marido para o criado.

Ao término do jantar, Kameni pediu licença e se retirou. Açucena o acompanhou. Quando restou somente o casal no recinto, Agmar tentou dizer alguma coisa, mas não conseguiu.

O marido espantou-se com o atropelo das palavras da esposa.

– O que ias dizer? – perguntou aprofundando intensamente seus olhos nos dela.

– Nada – a resposta de Agmar saiu agitada. Ela estava tão nervosa que nem notou que seus punhos pequenos batiam de leve na toalha branca rendada.

– Tu não estás bem, alguma coisa anda te aborrecendo, o que é? – indagou Ankh. – Sempre dividimos um com o outro nossas inquietações, lembras-te? Estás por acaso me escondendo alguma coisa?

A mulher lançou um olhar fulminante para o esposo e disse:

– Eu não, mas tu estás!

– Eu? – Ankh olhou para ela surpreso.

Ela fez um esforço para impedir que a estridência se insinuasse em sua voz, mas foi em vão:

– Sim, tu Ankh. E não te faças de sonso porque sei que não és. Sabes muito bem do que falo.

Agmar baixou o olhar, pediu licença, empurrou a cadeira para trás, levantou e se retirou cabisbaixa com seus punhos cerrados ao lado do corpo, escondidos nas dobras da saia.

Ankh ficou olhando fixamente para o corredor por onde a esposa havia seguido.

– Agmar – chamou ele. Mas ela continuou andando, enxergando tudo distorcido, por onde passava, por causa das lágrimas que inundavam seus olhos. Seu corpo tremia por alguma coisa semelhante à raiva, mas que também parecia uma sensação de pesar. O marido encheu os pulmões de ar e foi atrás dela.

– Agmar!

Ela não respondeu, tampouco parou de andar. Ele se viu forçado a segurá-la pelo braço. A mulher voltou-se para ele sem esconder sua revolta.

– Solta-me, Ankh, por favor.

– O que está havendo contigo? Por que estás me tratando com essa frieza, com toda essa indiferença?

Agmar precisava pôr para fora os temores que lhe apunhalavam a alma. Não aguentava mais guardá-los dentro de si. E, procurando manter o tom de voz baixo, desabafou:

– Um único pensamento rodopia em minha mente como que envolto por um redemoinho.

– Que pensamento é esse, Agmar?

– A ideia de que Kameni é teu filho, Ankh. Teu filho! Desde então, estou a observar atentamente os trejeitos do rapaz a fim de confirmar meus pensamentos. Já encontrei várias semelhanças entre vocês dois. Como se não bastassem as semelhanças físicas. Teu modo especial de tratá-lo confirma tudo.

– Tu estás delirando.

– Não estou não. Estou bem lúcida. Diz-me Ankh, Kameni é teu filho, não é? Filho teu com outra mulher.

– Ora, Agmar!

– Diz-me Ankh, diz-me.

– Que diferença isso faz?

– Faz muita diferença. Nossa filha está se apaixonando por ele.

O coração de Ankh disparou.

– Ela te disse? – perguntou ele, sem esconder a aflição.

– Eu sinto. Eu vejo em seu olhar. Uma mãe sabe...

Fez-se uma breve pausa. Agmar insistiu.

– Diz-me, por favor, Ankh. Diz-me, antes que seja tarde demais. Kameni é teu filho, não é?

– Não. Não é! – a resposta saiu curta e grossa. Em seguida, após respirar profundamente, Ankh perguntou: – Ora, Agmar, será que ainda não percebeste?

Novamente os olhos dela se aprofundaram intensamente nos dele. Por mais que se esforçasse não conseguia compreender aonde o marido queria chegar.

– Kameni, Agmar... Kameni é meu sobrinho.

– Sobrinho? Que sobrinho? O único que teve foi... tu sabes...

– Executado quando ainda era um menino, eu sei. Mas de algum modo ele escapou da morte e foi levado por uma dessas caravanas onde cresceu e tornou-se o que é hoje. Alguém lhe poupou a vida, Agmar, alguém a mando de Ísis e Osíris.

– Como podes saber que é ele?

– Simples. Ele é fisicamente idêntico a Hazem quando tinha a idade dele. Estou certo, mais do que certo, convicto de que Kameni é Alar, filho de Nofretiti e Hazem.

– Se o rapaz se parece tanto com Hazem, então ele só pode ser filho legítimo dele. Em outras palavras, tua irmã nunca o traiu, nem ele tampouco é estéril. Deve ser por isso que dizem que ele se arrependeu amargamente do que fez ao garoto.

Ankh concordou com a cabeça e, olhando-a seriamente, deixou cair as palavras com cuidadosa precisão.

– Mas Hazem, Agmar, não pode saber nunca que o menino sobreviveu. Não enquanto estiver saudável para desfrutar a vida ao lado dele. Não seria justo, não depois de todo o mal que ele causou a minha irmã e ao próprio filho.

– Mas, Ankh – empregou Agmar com amargura –, se ele é o filho de Hazem, então ele é o herdeiro do trono, o futuro faraó do Egito – comentou Agmar maravilhada e ao mesmo tempo assombrada. – É de se arrepiar de emoção saber que aquela criança tão linda sobreviveu àquela barbaridade. É uma bênção.

– Escuta-me. Preciso ir a Heliópolis. Somente lá eu posso confirmar de fato se Kameni é realmente Alar. Eu me ausentarei somente por alguns dias. Toma conta de tudo na minha ausência.

Agmar assentiu com a cabeça. Com um suspiro, passando os braços pelas costas da esposa, Ankh puxou-a para junto dele até ficarem colados um no outro, tomados de emoção.

– Se for ele... se for mesmo Alar – murmurou Ankh com a voz embargada –, Nofretiti esteja onde estiver deve sentir-se menos opressa por ver que o filho sobreviveu à execução.

De volta a Tebas...

Quando Ankh se viu diante de Solovar, um profundo sentimento de alívio emergiu de seu interior. Levou alguns minutos para que o general do Exército do faraó o reconhecesse:

– Ankh?! Meu bom e velho Ankh! Quanto tempo!

Os dois homens se abraçaram fortemente.

– O que o traz a Heliópolis, meu amigo?

– Tu.

– Eu?!

– Sim...

Os olhos de Solovar se estreitaram, avalizando Ankh com curiosidade.

– Só tu podes me ajudar – afirmou Ankh, ansioso.

– Diz, se estiver ao meu alcance vou te ajudar prontamente.

– Segundo me lembro foste tu que Hazem escalara para executar o pequeno Alar, não foste?

A pálpebra do olho direito do general tremeu ligeiramente.

– Sim... – respondeu Solovar, angustiado. – Foi muito triste! Era apenas uma criança... uma criança inocente.

– Meu sobrinho... – rematou Ankh.

– Sim, Ankh, teu sobrinho.

Fez-se um breve silêncio até que Ankh voltasse a falar:

– Tu não mataste o garoto, não é mesmo? Poupaste a vida dele, não foi?

O homem relanceou os olhos para ele, exasperado.

8
A hora da verdade

A expressão piedosa e complacente de Solovar tornou-se tensa. Ele disse:

– Não me peças para admitir algo que...

– Fica tranqüilo... – acudiu Ankh, solenemente. – Jamais falarei a respeito com alguém...

Solovar pigarreou, nervoso.

– Também – disse – não há por que esconder isso de mais ninguém; estou velho, em breve morrerei... se Osíris realmente existe e pesa nossos atos há de ver que se fiz o que fiz foi para salvar uma criança inocente.

– Eu compreendo...

– Acho que nunca tive a oportunidade de te dizer, Ankh, devido ao corre-corre do dia-a-dia, mas eu tive um filho. Um único filho. Seu nome era Tait. Era cerca de cinco anos mais velho que teu sobrinho quando morreu. Morreu daquela forma estúpida... Eu era um embalsamador na época, um dos melhores do Egito, e o menino estava comigo na Câmara Funerária quando ele "sem querer" se prendeu dentro de um ataúde e morreu sufocado.

– Eu sinto muito, Solovar. Muito mesmo.

Solovar balançou a cabeça com tristeza.

– Eu prestei tanto favores aos deuses e mesmo assim eles não souberam poupar a vida do pequeno Tait, meu filho amado. – Ele bufou. – Eu não compreendo os deuses, Ankh. Às vezes eles são tão piedosos com alguns e tão impiedosos com outros. Gostaria muito de saber o que os faz privilegiarem uns mais que os outros.

– Sei onde queres chegar – condoeu-se Ankh.

– Pois bem, na hora em que eu ia arremessar o golpe do facão sobre o pequeno Alar, eu vi meu pequeno Tait nos olhos do menino. A visão paralisou minha mão, fez-me perceber que eu, naquele momento, era como um dos deuses com o poder nas mãos de decidir quanto ao destino de uma criança inocente. E então...

– Tu mudaste de idéia...

– Exato. Dei o menino para uma mulher que seguia com uma caravana para a Cidade do Sol. Paguei-lhe por seus préstimos e não me arrependo.

Houve uma pausa, Solovar então perguntou:

– Como soubes que o menino não foi morto?

– Porque o encontrei, Solovar. E hoje Alar se chama Kameni.

– Como sabes que é ele?

– Sua fisionomia é idêntica a do pai quando jovem. Uma réplica perfeita.

– Fico feliz, imensamente feliz em saber que ele sobreviveu a sua desventura.

Num lampejo de seriedade Ankh disse:

– Mas ninguém deve saber, Solovar, ninguém deve saber que Alar está vivo. Principalmente Hazem. Nem o próprio Alar saberá quem é, na verdade, para o seu próprio bem. Quero protegê-lo.

– Mas ele é o herdeiro do faraó.

– Eu sei... ao mesmo tempo que gostaria que Hazem o visse frente a frente para saber que ele é seu filho de verdade e que minha irmã jamais o traiu, não quero dar-lhe o gostinho de ter o rapaz ao seu lado até que a morte os separe.

Solovar tocou o ombro de Ankh e disse:

– Ele sabe, Ankh, Hazem sabe que Alar é seu filho de verdade e que sua irmã nunca o traiu.

– Sabe? Como pode saber?!

– Acho melhor se sentar, é uma longa história. O que sei poucos sabem.

A seguir, Solovar lhe contou tudo o que soube a respeito do plano de Samira. O médico escutou atenciosamente, olhando para o ex-embalsamador, chocado e ao mesmo tempo consternado.

– Samira? – murmurou Ankh, com uma expressão de incredulidade no rosto. – Não posso acreditar?! Ela amava o irmão...

– Eu também não quis acreditar...

– Onde está ela?

– Oh! Ankh... ela está morta!

– Morta?!

– Sim... Foi jogada no calabouço e morreu em menos de três anos.

– E Arpad e o filho dos dois?

– Foram condenados a trabalhos forçados nas minas de ouro. Nunca mais ninguém ouviu falar deles. Já devem estar mortos com certeza, há muitos anos, tu bem sabes que lá ninguém dura muito tempo, ainda mais uma criança.

– Que tragédia...

– Sim, Ankh, uma tragédia de fato.

– Ainda assim não consigo acreditar que aquela Nebseni que voltou do reino dos mortos não era Nebseni de verdade. A mulher era simplesmente idêntica a ela.

O homem concordou com a cabeça.

– Sim. A jovem deveria ser provavelmente sua irmã gêmea. Devem ter sido separadas quando ainda eram pequeninas, numa idade em que nenhuma das duas teve recordação uma da outra.

– Incrível... e todos nós acreditamos piamente na farsa...

Na voz do médico havia um misto de horror e surpresa.

– Acreditamos, porque queríamos imensamente que fosse verdade, Ankh, e sabes por quê?

Ele soltou um riso curto. Ankh fitou-o admirado. Solovar prosseguiu:

– Para que acalantássemos nosso coração de alívio diante da morte. Porque era a única certeza até então de que havia de fato vida além-túmulo.

Ankh relanceou os olhos para ele, exasperado.

– E quanto à mulher que se passou por Nebseni? A falsa Nebseni, o que houve com ela?

– Hazem lhe perdoou.

– Ele lhe perdoou? Não acredito...

Havia um ligeiro toque de irritação na voz do médico.

– Sim. Apesar de não ser Nebseni era para ele como se fosse. Ao menos com ela ao seu lado Hazem podia fingir para si mesmo que ela, sua amada Nebseni, jamais fora levada pela morte.

Surpreso, Ankh assobiou baixo.

– Que loucura...

– Mas o importante é que o pequeno Alar sobreviveu...

– Sim... e graças a ti!

– Graças a Tait, meu filho.

Ankh beijou o homem na testa em sinal de profundo agradecimento e tornou a repetir:

– Hazem não pode saber que o filho sobreviveu. Nunca, Solovar. Seria bom demais para ele.

Com os olhos em Ankh, Solovar murmurou com meiguice:

– Mesmo tendo sido vítima de uma fraude?

– Mesmo assim...

– Não te esqueças Ankh, de que o posto de faraó pertence a Alar por direito.

– Eu sei...

As palavras do médico morreram no silêncio.

A seguir Solovar ajudou Ankh a entrar no pátio do palácio e o deixou ali. Ankh queria muito, muito mesmo, rever o lugar onde frequentara por tantos anos.

Com medo de ser reconhecido, entrou e se manteve no local o tempo todo com sua cabeça escondida ao máximo, por baixo do manto em forma de capuz.

Foi até a varanda com suas colunas alegremente coloridas e com seus frisos decorados com lótus e papoulas onde parou para saborear, com prazer, os velhos ecos do tempo em que vivera ali. Ecos de sua velha infância e adolescência queridas. Tempos de glória, alegria e amor... Tempos tristes também, de desespero e dor.

Um ligeiro ruído de passos fez-se ouvir atrás dele. Ankh gelou. Temeu que fosse algum conhecido, por sorte não era. Alívio.

Voltou à sua lembrança a revelação feita há pouco por Solovar. Por mais que soubesse de toda a verdade, ainda assim parecia tudo absurdamente incrível, irreal, difícil de acreditar.

Ele próprio cogitara a ideia de que aquela mulher que voltara da vida além-túmulo, tratava-se de uma parente distante, uma irmã gêmea de Nebseni, porém, algo o fez mudar de ideia. O que teria sido?

Ele puxou pela memória... Fora algo em torno dela, algo nela... Não, era mais que isso, era uma vontade interna, dentro de si, de que realmente fosse a própria Nebseni que regressara da morte. Para que seu coração fosse acalantado e apaziguado diante da morte das pessoas queridas e de sua própria morte. Sim, era isso. Queria de vez exterminar qualquer dúvida que tivesse a respeito da vida além-túmulo... qualquer dúvida...

Todos acreditariam em qualquer um que fizesse o mesmo, pela mesma razão. Ter a certeza de que a vida continua após a morte, daria a todos um sentido a mais na vida, uma razão para viver...

Ankh se viu novamente diante de uma incansável pergunta que se alojara em sua mente fazia muito tempo. Se havia de fato vida além-túmulo, por que os deuses nunca permitiam que houvesse uma prova sólida a respeito?

Havia ainda um motivo tão profundo quanto este para ele querer insistentemente que Nebseni houvesse de fato regressado do reino dos mortos: para alegrar o coração de Hazem, devastado e entristecido pela dor da saudade. Um coração já quase morto.

Ele o amava acima de tudo, assim como todos a sua volta e isso era curioso, curioso por demais, desde que ele se lembrava por gente, Hazem tinha o dom de ser querido pelas pessoas, amado e, principalmente, enciumado.

Ainda era difícil, quase uma tortura acreditar que Samira tivesse sido capaz de fazer tudo aquilo contra o próprio irmão. Para ele, Samira sempre tivera verdadeira adoração por Hazem. Sua trama servia para mostrar mais uma vez a todos que muitas pessoas não são o que parecem ser. São como atores e atrizes num palco, encenando uma peça teatral, a única diferença é o palco onde se apresentam. É o palco da vida.

Outro ligeiro ruído de passos fez-se ouvir atrás dele, mais um transeunte, pensou. Mas então, uma repentina lufada de vento, gelado, percorreu seu corpo, fazendo-o voltar-se para trás.

Estremeceu por baixo de suas vestes ao ver a falsa Nebseni vindo na sua direção, acompanhada de seu séquito, composto de criadas, copeiras, aias e dama de companhia. Algo de que a verdadeira Nebseni jamais fizera uso.

Ankh lançou um olhar curioso à singular mulher envolta em espesso véu, trajando um fino robe de seda que acentuava graciosamente suas curvas.

A semelhança dela com Nebseni era assustadoramente incrível, em tudo, em cada detalhe, pavorosamente perfeita. Ele podia jurar que estava a poucos metros da própria Nebseni. Só uma coisa havia de diferente entre a falsa e a verdadeira Nebseni, era seu jeito de andar. Senseneb dava passos mais concentrados, enquanto Nebseni andava como se fosse uma pluma a ser levada pela brisa.

Ankh ficou tão abestalhado com a aparição da rainha que quando deu por si Senseneb se encontrava a poucos passos de onde ele estava.

O médico estremeceu por dentro e por fora ao se ver tão perto dela. Tratou de esconder ligeiramente a cabeça por dentro do manto em forma de capuz. Não queria ser visto, não, em hipótese alguma. Apesar do pouco contato que tivera com Senseneb, ela poderia se lembrar dele. Algumas pessoas têm o dom de gravar a fisionomia das outras com tanto apuro que são capazes de reconhecê-las mesmo velhas e enrugadas.

Ankh baixou ainda mais a cabeça olhando diretamente para os pés quando ela passou por ele. Ficara tão nervoso que se esquecera de fazer a reverência habitual à rainha. Reverência que todos deveriam fazer ao cruzar por seu caminho.

Senseneb lançou um olhar profundo e meticuloso sobre o médico e sua face contorceu-se em forma de interrogação.

O perfume que ela deixou no ar por onde passara era o mesmo, observou Ankh, o mesmo que a verdadeira Nebseni usava e que encantava a todos que se aproximassem dela.

De repente, Ankh começou a sentir uma comichão nas mãos que rapidamente se espalhou pelo corpo todo, fazendo-o tremer e suar por baixo das vestes. O sangue lhe subiu à cabeça. Queria gritar, pular sobre aquela impostora e descontar em seu corpo toda a sua cólera. Berrar: odiosa, como pôde ter feito aquilo?! Como pôde ter aceitado a proposta de Samira?! Ter permitido que uma mulher e uma criança inocente fossem assassinados tão estupidamente? Como?!

Naquele instante, Ankh teve certeza de que nunca sentira ódio tão mortal e descomunal como o que vibrava dentro dele naquele momento.

– Acalma-te! Controla-te! – sussurrou para si mesmo. Não vale a pena sujar tuas mãos, acabar com tua vida por causa de uma sonsa que certamente foi comprada com jóias por Samira para fingir ser quem não era só para acabar com a vida de tua irmã e de teu sobrinho. Perdoa essa mulher, essa falsa Nebseni, a única culpada nisso tudo foi Samira.

O ar de indiferença e a comichão esmaeceram, seu bom senso estava certo, a atitude mais sensata a se tomar era passar por tudo aquilo de cabeça erguida. Afinal, como ele mesmo havia dito: a única culpada era Samira e ela já havia tido o que merecia como punição.

Assim, Ankh retesou sua raiva, prendendo-se a um lugar do seu íntimo mais sereno. Permaneceu imóvel, olhando para Senseneb com os olhos semi-fechados de ódio contido.

Tal como Nebseni, Senseneb entrara na vida de todos eles como uma brisa suave e em seguida tornou-se árida e sufocante, mudando tudo e todos que a cercavam da água para o vinho.

Um pensamento louco e fantástico passou-lhe pela mente, a seguir, mas Ankh pouco lhe deu atenção. Não era fadado a se ater à fantasia.

O médico então percebeu que havia alguém parado ali junto a ele. Ao voltar os olhos na direção em que se encontrava aquele alguém, Ankh encontrou o espírito da irmã olhando fixamente para ele. O médico, por pouco não soltou um grito de susto e pavor.

A visão não durou mais que alguns segundos. Desapareceu com o mesmo encanto que aparecera. Sua mente estava lhe pregando peças, só podia ser isso, disse para si enquanto agarrava o símbolo do deus Rá, feito de eletro e ouro que carregava em seu pescoço.

Deveria ser a idade, a saudade... mais que isso, era o local, o local fizera aquilo com ele. Ele precisava sair dali urgentemente. O quanto mais rápido partisse, melhor. E assim o médico encolheu-se sob o manto e tomou o caminho que levava para fora do palácio. Minutos depois, descia a rua, rumo à estalagem onde se hospedara.

Ao deixar o palácio, Ankh levou consigo mais que suas conclusões, seu corpo e sua alma, levou consigo a imagem do rosto da irmã que vira parada a sua frente, e por mais que tentasse apagá-lo da memória não conseguia.

O rosto dela foi o que mais o intrigou, era o rosto de Nofretiti, com certeza, mas sem sua maquiagem habitual e sua petulância, em seu lugar via-se apenas um rosto mais lívido e sereno, tomado de profunda paciência, algo atípico da irmã em vida.

Novamente aquela vontade de voltar no tempo e mudar o curso da história assolou a mente do médico.

Ah! Se Hazem não houvesse amado Nebseni tanto quanto amou... Ah! Se Nebseni não o tivesse amado na mesma intensidade... Nofretiti tanto quanto... Ah! Se o amor soubesse cair sobre todos na medida certa, tomado de compreensão, sem atiçar a ira do ciúme... sem escravizar as pessoas como fez com todos eles... Ah, se as pessoas não amassem tanto assim... só então poderiam conhecer de fato o que é o amor.

As lembranças, apesar de tristes, serviram para um bom propósito: o de aquecer Ankh da noite gélida. O médico já estava estendido sobre a cama em estado alfa quando repentinamente, a face de Nebseni, lindamente bronzeada e divinamente bem esculpida pela natureza, apareceu diante de seus olhos. Ela o olhava com atenção. Firmemente, olhos nos olhos, sem titubear. Sorrindo. Mas havia algo de diferente nela, ele nunca a tinha visto sorrir daquele jeito.

A visão deixou Ankh tomado por um medo repentino, que o fez levantar-se bruscamente e caminhar até a janela em busca da lua. Ela sempre tinha o poder de acalmá-lo.

Logo a localizou parada e contemplativa no céu, como se fosse uma rainha. Como sempre exibindo sua beleza e sua magia, não importando em qual fase estivesse.

A lua e suas fases, apesar de diferente em cada uma delas, era a mesma o tempo todo...

Retorno ao lar...

Assim que Agmar viu o marido entrando na casa, correu até ele e o abraçou fortemente, exalando o mais profundo e sincero amor.

– Meu Ankh... que saudade... – desabafou ela, rompendo-se em lágrimas.

– Estava também morrendo de saudade de ti – confessou Ankh, emocionado.

Agmar olhou para o marido ansiosa por saber se o que ele supôs era verdade.

Ankh balançou a cabeça positivamente e disse:

– Sim... é ele, Agmar. Kameni é Alar, meu sobrinho.

Os olhos da mulher se dilataram emocionados.

– É inacreditável – disse ela desconcertada, afastando o cabelo do rosto.

– Eu sei – murmurou ele suspirando tristemente.

Ligeiramente afogueado, o marido estendeu a mão para a esposa e disse:

– Vem, preciso te falar em particular.

Pelo tom de tristeza com que ele proferiu a frase, Agmar percebeu que o que ele tinha a lhe dizer era profundo.

Os dois se recolheram ao quarto e só quando Ankh teve certeza de que ninguém poderia ouvi-los, contou à mulher toda a trama que Samira havia realizado para impedir que seu sobrinho um dia herdasse o trono do pai tornando-se o faraó.

– Mal posso acreditar – desabafou Agmar perplexa. – Nunca pensei que Samira fosse capaz de fazer algo tão abominável...

– Mas foi...

– E o que pretendes fazer, meu marido?

Ankh lançou um olhar tenso para a mulher:

– Não sei...

Breve pausa. De repente, Ankh deixou seu corpo cair sobre a beirada da cama, rompendo-se em lágrimas. Agmar correu até ele e o confortou passando levemente as mãos sobre seus cabelos.

– O que foi, meu amor. O que foi?

Não houve resposta, apenas um pranto sentido.

– O lugar te tocou profundamente, é isso, não é? Eu sinto muito. Quando me disse que voltarias lá temi que isso acontecesse. Sabia que seria inevitável.

– A cada passo que dava – disse ele, entre lágrimas –, tudo o que vivi por lá, Agmar, brotava na minha mente e no meu coração novamente...

– Eu sinto muito...

– Não quero nunca mais regressar a Heliópolis, Agmar. Nunca mais.

As palavras do marido penetraram fundo dentro dela, fazendo com que seu coração disparasse, despertando nela uma vontade imensa de apertá-lo junto ao peito para confortá-lo com seu calor humano e todo o seu amor. A mulher afagou-lhe os cabelos e com doçura acrescentou:

– Acalma-te...

Agmar sentou-se ao lado dele e encostou a cabeça em seu ombro. O marido novamente falou naquele tom distante e melancólico:

– Quando me vi novamente diante daquela ordinária usada por Samira para deflagrar toda aquela desgraça sobre Nofretiti eu...

– Esquece isso, Ankh... O importante é que teu sobrinho sobreviveu e será o futuro faraó do Egito.

Um novo suspiro tenso atravessou as narinas do médico.

– Ainda assim tudo poderia ter sido diferente... Se não fosse Samira, com sua ambição escabrosa pelo poder, tudo teria sido muito diferente. Maldita Samira. Falsa, fingida, mesquinha, venenosa...

– Ainda bem que essa mulher que se passou por Nebseni a mando de Samira se apaixonou por Hazem e desmascarou Samira, senão teria sido tudo muito pior. – Agmar suspirou, tensa e completou: – Foi o amor, o amor quem salvou Hazem de uma desgraça ainda maior. O amor que essa irmã gêmea de Nebseni sentiu por ele, se não tivesse sentido...

E Ankh repetiu:

– Maldita, maldita Samira.

282

9
Sonhos que se realizam...

Assim que Kameni terminou seus afazeres do dia, saiu como de hábito para dar um passeio às margens do Nilo. Era sempre reconfortante inspirar o ar puro e fresco do rio. Deixar seus olhos se perderem por sobre sua água azul e cintilante. Linda de se ver. Linda de se banhar.

Algumas jovens mulheres que cruzaram seu caminho o mediram de cima a baixo com profundo interesse; nada a se admirar, afinal Kameni era um rapaz na flor da idade, cuja beleza aflorava cada dia mais e se assemelhava a um deus.

A saudade de Kadima voltou a açoitar-lhe a carne sem dó, como um chicote açoita um animal ou um escravo.

A fim de dissipar a saudade, antes que ela o ferisse ainda mais, Kameni sentou-se numa pedra, apoiou o queixo sobre as mãos e se concentrou no Nilo. Deixou-se invadir pela paz e pelo misticismo que ele doava a todos os que o contemplassem.

Para Kameni, contemplar o Nilo era quase como contemplar a própria Ísis em toda a sua divindade.

De repente, Kameni teve uma súbita curiosidade: quantas e quantas pessoas já teriam se sentado ali no mesmo lugar que ele ocupava agora e ficaram a se deslumbrar admirando o rio? Quantas pessoas já haviam trocado confissões com o rio como se fosse ele uma pessoa, um deus? Quantos encontros e desencontros já haviam sido presenciados pelo Nilo, traçados ali, às suas margens? Quantas histórias de amor e ódio *ele* já tivera a oportunidade de testemunhar? Há quanto tempo estaria *ele* ali, atravessando aquelas terras, dando vida ao Egito?

Minutos depois, Açucena sentava-se ao lado dele.

– O Nilo me encanta... Não me canso de olhar para ele – murmurou Kameni, em alfa.

– Eu também o admiro. Todos os egípcios, creio eu. O Nilo é o coração, o pulmão, o sangue do Egito. Mesmo daqui a mil, dois, cinco mil anos ele ainda exercerá toda a sua magnitude sobre nós e outros povos. Há algo que só ele possui. Uma magia, um mistério. Quando olho para ele me sinto mais viva. Diante dele me sinto maior, em paz.

– Como pode um rio ser capaz de sustentar toda uma civilização?

Açucena sorriu como quem diz: "é verdade..." e Kameni acrescentou:

– Para mim o Nilo é tão importante e poderoso quanto o faraó. Na verdade, atrevo-me a dizer que ele é até mais poderoso e importante que o faraó.

Ela novamente concordou com um sorriso.

– Por falar em faraó... – prosseguiu Kameni em tom sonhador. – Sempre tive vontade de vê-lo, mesmo que de longe.

– Meu pai o conhece – comentou Açucena. – Foram amigos de infância... cresceram juntos. Ele viveu praticamente a infância e a adolescência toda dentro do palácio do rei. Mas um desentendimento selou o fim da amizade de ambos. Ele nunca fala a respeito. Já tentei tocar no assunto, mas ele se recusa a falar. Vejo sempre dor em seus olhos quando o questiono.

– Se teu pai não gosta de falar a respeito, como soubeste de tudo isso?

Açucena riu:

– Ouvi sem querer ele comentar com minha mãe...

– Sem querer? – murmurou Kameni, pândego.

Cada um tinha seus defeitos e suas virtudes que dependendo do ponto de vista poderiam ser encarados de formas inversas, ou seja, os defeitos serem virtudes e as virtudes, defeitos, enfim... O defeito de Açucena, se é que poderia ser considerado um, era ouvir atrás das portas. Ele próprio já a havia pegado diversas vezes escondida atrás das colunas que sustentava a casa para poder ouvir o que o pai ou a mãe conversavam.

A mão de Açucena pousou sobre a dele delicadamente fazendo-o despertar de seus pensamentos. Ele voltou-se para ela com seu sorriso bonito e ambos ficaram olhos nos olhos como se estivessem congelados naquela posição.

O rosto da jovem pareceu iluminar-se naquele instante tanto quanto seus olhos. Kameni pôde perceber por seu olhar cauteloso que ela estivera esperando por aquele momento e com certa curiosidade. Quando Açucena levou seus lábios rumo aos dele, Kameni segurou seu beijo com a ponta de seu dedo indicador.

– Gosto de ti, Kameni. Muito. Desde que te vi pela primeira vez – confessou a jovem, emocionada.

– Eu sei. Fico lisonjeado por teu carinho, mas devo-lhe ser sincero, Açucena. Amo profundamente outra mulher. Seu nome é Kadima.

Açucena voltou a olhar imponente e firme para o Nilo. Sem deixar transparecer qualquer impacto que porventura houvesse surgido com a revelação, simplesmente disse:

– Compreendo.

A seguir seus olhos encheram-se de lágrimas. Kameni pousou sua mão sobre a dela e a acariciou:

– Que bom que me compreendes, pois gosto muito de ti, Açucena, e não quero que nada estrague nossa amizade.

A jovem voltou a fitá-lo com seus olhos úmidos e disse num murmúrio:

– Nada vai nos separar, Kameni. Nada.

Era evidente o esforço que ela fazia para não demonstrar tristeza e desapontamento.

Kameni levou a mão dela até seus lábios e a beijou ternamente. Depois a face, em seguida a ponta do nariz. Ela suspirou. Ele então passou os braços por suas costas puxou-a para junto dele até ficarem de ombros colados e perguntou:

– Amigos?

Ela sorriu, aliviada, depois amorosamente.

- Sim. Amigos.

Seu tom e o sorriso foram deliciosos. Houve uma breve pausa até que ela perguntasse:

– Por onde ela anda? Digo, a jovem que tanto amas?

– Eu não sei. É uma escrava...

Kameni mordeu os lábios, sabia que não devia dizer, mas não se conteve:

– É uma escrava assim como eu...

Não houve qualquer sinal de alarme em Açucena. Ele prosseguiu:

– Sou um escravo fugitivo, Açucena.

– Compreendo.

– Estou lhe revelando isso porque gosto e confio em ti. Se quiseres saber minha história, o que me levou a fugir...

– Gosto de histórias Kameni. Gosto muito. Conta-me – respondeu ela, verdadeiramente interessada.

Kameni contou tudo o que passou desde que fora comprado por Ma-Krut. Açucena ouviu tudo pacientemente.

– Eu sinto muito... – disse ela ao fim da narrativa.

Ele agradeceu com o olhar, pegou-lhe a mão e a beijou ternamente novamente.

– Por que não vai atrás dela, Kameni? – perguntou Açucena a seguir.

– C... como?! O Egito é vasto, levaria meses, talvez anos para eu vasculhar cada canto do país. Como me sustentaria? Além do mais o mercador de escravos diz que a vendeu, mas pode tê-la matado e enterrado o seu corpo num canto qualquer do deserto.

– Que maldade... E tudo por causa do amor...

– O que... O que foi que tu disseste?

– Disse que tudo de mau que te aconteceu foi por causa do amor. Se o mercador não tivesse se apaixonado por ti nada disso estaria acontecendo. Por outro lado se tu não tivesses se apaixonado pela jovem...

Este homem, o tal mercador também deve sofrer e muito por causa desta paixão. É nessas horas que me pergunto: por quê? Por que o amor faz isso conosco? Faz muitos de nós se apaixonar pela pessoa errada? E por que, mesmo sabendo que nos apaixonamos pela pessoa errada, que não nos ama, insistimos em querer tê-la ao nosso lado?

Ela suspirou e prosseguiu:

– Por que o amor nos faz apaixonar e depois nos separa? Pouco sei do amor, mas diante das turbulências que ele provoca nas pessoas chego a pensar em certos momentos que seria melhor que ele não existisse.

Kameni a interrompeu delicadamente:

– Mas o amor é o que move tudo, Açucena. Não pode morrer jamais.

– Eu sei...

– O problema não está no amor, penso eu, e sim no modo como reagimos às... como tu chamaste... turbulências que ele provoca em nós. Estou quase certo também de que todas as turbulências vêm para nós, nos seus diferentes modos, como lições, que quando apreendidas nos permitem viver e amar de forma mais apurada. Elevar o espírito.

Kameni suspirou e continuou:

– Não te feches para o amor, Açucena. Não é porque um sentimento teu não foi correspondido que tu não nasceste para ter sucesso no amor. Abre teu coração para outro, ainda que ames profundamente quem não correspondeu ao teu amor. E ao fazeres isso, encontrarás com certeza alguém cujo amor vai te surpreender. E vai te fazer muito feliz. E que fará também com que percebas que tu acabaste ficando com a

287

pessoa com que realmente deverias estar. E que essa foi mais uma lição que a vida quis te ensinar.

Ao voltar para casa, Kameni encontrou Ankh sentado muito quieto, com uma expressão curiosa no rosto. O jovem chegou a ele timidamente e perguntou:

– O senhor está bem, meu senhor?

O médico respondeu que sim com a cabeça.

– Meditativo?

– Sim... lembrando os velhos tempos de minha juventude.

A presença do rapaz fez Ankh relaxar. Entrelaçou os dedos por trás da cabeça e esticou as pernas.

– Qual fase da vida é a melhor, meu senhor?

– Penso que a melhor fase da vida varia de pessoa para pessoa, meu bom Kameni. Para alguns é a infância, para outros é a fase adulta, para outros a velhice... E para alguns todas as fases lhe são queridas porque essas pessoas têm a capacidade de encarar todas as fases da vida, tanto as desagradáveis quanto as positivas de modo positivo o que a meu ver é um ato de extrema sapiência e admirável.

Os dois continuaram a prosear. Enquanto Kameni falava, Ankh observava o jovem. Olhar para Kameni era o mesmo que olhar para Hazem no auge da juventude. Sua face risonha, seus ombros fortes e seus olhos e cabelos negros eram uma cópia fiel do amigo-irmão.

Por diversos momentos durante o desenrolar da prosa, Ankh sentiu duas mãos apertarem seu pescoço forçando-o a dizer a verdade para o sobrinho amado, mas com grande esforço ele repelia o impulso. O rapaz levaria certamente um choque ao saber quem era de fato, principalmente quando descobrisse o porquê fora desligado do pai e da mãe quando ainda era um menino.

– Por que se tornou um médico, meu senhor? – perguntou Kameni minutos depois.

A pergunta tomou Ankh de surpresa.

— Poucos sabem a razão. Creio mesmo que só Agmar a conhece... Bem... foi por causa dela, Kameni... Da coisa mais abominável que há na vida que eu decidi cursar medicina.

O rapaz franziu a testa, sem compreender.

— Refiro-me à morte. Eu sempre a odiei. Odiei profundamente. Então pensei, na minha doce ignorância, que se eu me tornasse médico teria as condições necessárias para duelar com ela, a morte. Evitar que ela levasse as pessoas tão cedo... Prolongar ao máximo a vida do ser humano... Mas a morte é astuta, quando quer matar um, encontra sempre um modo de matá-lo, mesmo que a pessoa esteja cercada por médicos capacitados para combater e retardar sua ação sobre o homem. Ela é terrível...

Fez-se um minuto de silêncio. A fim de quebrar a tristeza que pareceu se debruçar sobre o senhorio querido, Kameni disse no seu tom alegre de sempre:

— Sempre quis ser médico, meu senhor. Desde que era um garotinho.

A revelação surpreendeu Ankh.

— Foi por isso que o homem que me criou fez questão que eu aprendesse a ler e escrever, para que no futuro eu pudesse cursar a escola de médicos.

— Falas sério, meu rapaz?

— Sim, meu senhor.

Ankh se pôs de pé num pulo. Seu rosto agora exibia uma coloração alegre.

— Pois tu cursarás medicina, Kameni.

Kameni, na sua modéstia e humildade de sempre, gaguejou:

— Que é isso, meu senhor? Minha vontade não passou de um sonho de menino. Não tenho condições para...

— Agora tens. Vou custear teus estudos.

— Veja lá, meu senhor... Não sou digno...

Ankh segurou fortemente nos ombros do rapaz e afirmou:

— És digno, sim. Está decidido. Tu cursarás a escola de médicos e não se fala mais nisso.

Kameni mal podia acreditar no que ouvia. Aquilo só poderia ser um sonho do qual nunca se quer acordar. Mas que sonho que nada, tudo aquilo era bem real e no período adequado, Kameni entrou para a escola de médicos, dedicando-se aos estudos de corpo e alma.

O rapaz sentiu-se novamente agradecido aos deuses por tê-lo feito encontrar aquele homem tão amável e generoso para com ele, como se ambos tivessem o mesmo sangue correndo por suas veias.

Ao contrário de muitos, empenhar-se nos estudos não era sacrifício algum para o rapaz, estudava sem precisar se esforçar porque se apaixonara pela matéria e, como sempre acontece, tudo que fazemos com amor e paixão torna-se leve para aprender e executar.

Sua dedicação aos estudos fez com que Kameni nublasse a saudade que sentia de Kadima, da qual, nas horas de folga, procurava saber o paradeiro. Ia até onde considerava um terreno seguro, não mais longe, por medo de deparar com Ma-Krut e ser preso.

Mais um sonho que se realiza...

A cidade de Mênfis estava em polvorosa com a visita do faraó. Assim que Kameni soube que o rei passeava por sobre as ruas da cidade, sobre uma liteira, largou imediatamente o que fazia e se dirigiu para o centro da cidade.

Ver o rei, mesmo que de longe era um sonho antigo, um sonho de menino que finalmente poderia se realizar.

Disposto a chegar o mais perto que pudesse do faraó, Kameni se infiltrou, com a habilidade de se esgueirar de uma enguia, por entre os circunstantes que olhavam abobados e encantados para o rei que desfilava por entre eles.

Ao ver a liteira que carregava Hazem se aproximando, Kameni sentiu um aperto de emoção no estômago.

Lá estava ele, o rei, com quem tanto tinha sonhado em ver de perto, escoltado por sua guarda, se aproximando lentamente do local onde ele se encontrava. A emoção tomou conta de Kameni por inteiro. Tão forte foi que suas pernas e queixo chegaram a tremer.

A multidão abria larga passagem para que a liteira trazendo o faraó transcorresse pelo caminho sem complicações. Hazem saudava seus fiéis egípcios com acenos carinhosos, deixando o povo ainda mais exultante de alegria. Seu semblante era lívido, porém Kameni teve a impressão de que ele se forçava a manter sua face assim. Era como se vestisse uma máscara.

De repente, os olhos do rei e do rapaz se colidiram um com o outro e pareceu para ambos, naquele instante, que o tempo seguiu mais lentamente para que os dois pudessem se admirar com precisão.

Kameni então viu algo que ninguém mais notara. Ele viu a máscara do faraó cair. Não houve tempo, porém para o jovem se ater ao que vira, os olhos do faraó prenderam sua atenção a seguir. Kameni sentiu-se lisonjeado pelo modo com que ele olhava para ele, com profundo interesse, como se quisesse, através daquele olhar profundo, enxergar o recesso de sua alma.

Um sorriso espontâneo transpareceu no rosto do rapaz, mas Hazem não retribuiu o sorriso. Permaneceu rígido, olhando apopléctico para ele.

Ao ver Hazem cochichar no ouvido de um dos guardas que o protegiam, Kameni deu nos calcanhares se esgueirando rapidamente por entre a multidão, que aclamava o faraó com a habilidade de uma naja. Teve medo de que ele tivesse alguma ligação com Ma-Krut e o tivesse reconhecido.

Assim que Hazem perdeu o rapaz de vista, rapidamente ergueu-se na liteira e com os olhos abobados abrangeu a multidão desvairada, que, vendo seu gesto, alvoroçou-se ainda mais. Nada, porém, foi captado pelos ouvidos do faraó, tampouco por seus olhos, ele estava absorto demais, procurando pelo jovem que vira há pouco, para notar a manifestação.

Mas, em todas as direções, por mais longe que a vista de Hazem alcançasse, só se viam cabeças, as inúmeras cabeças daquela turba ensandecida, atordoando-lhe o cérebro, impossibilitando-o de localizar o jovem que vira há pouco e que desaparecera como um fantasma.

Ainda que triste por não ter localizado o jovem, os olhos de Hazem brilharam alegremente.

5:15 daquele mesmo dia...

A visita que aguardava Ankh estava em pé junto à janela da sala de espera quando o médico entrou no aposento. Ao vê-la, Ankh gelou. Jamais por momento algum em toda a sua vida pensou encontrar Hazem novamente, frente a frente, ainda mais dentro de sua própria casa.

Ankh procurou dizer alguma coisa, mas ficara tão desconcertado com o encontro que, por mais que tentasse falar, sua língua não conseguia ser articulada. O clima pesou no ambiente, pesou gravemente por um longo e tenso minuto.

– O que queres aqui? – perguntou Ankh, rispidamente, minutos depois.

A rispidez assustou Hazem. Seus lábios moveram-se, mas as palavras ficaram presas na garganta. O clima pesou ainda mais no recinto.

– O que queres aqui? – tornou Ankh, num tom ainda mais ríspido. Imperioso.

– Esperava ser melhor recebido por ti, Ankh – disse Hazem, por fim.

– Enganaste – respondeu Ankh, rápido como um raio. – Diz logo ao que vem, estou muito ocupado.

O médico olhou-o desafiadoramente e depois desviou o olhar emudecido.

– Não te culpo por me tratares assim... sei também que não sou bem-vindo a tua casa...

– Se sabes, por que vieste?

– Porque tenho algo importante a te dizer. Algo que interessa a ti também.

Após acolher Ankh mais uma vez com seu olhar afetuoso, sem mais preâmbulos, Hazem explicou:

– Hoje, enquanto passeava pelas ruas da cidade em meio a multidão, eu o vi Ankh. Vi meu filho. Alar está vivo, Ankh. Vivo.

Ankh procurou imediatamente manter a calma. Hazem prosseguiu, ansioso:

– Era ele, Ankh, jamais vi alguém tão parecido comigo quando jovem em toda a minha vida. Os deuses de alguma forma o protegeram.

Fez-se novamente um silêncio desconfortável no aposento. Ankh se viu então, naquele momento, diante de uma escolha crucial: dizer ou não a verdade sobre o filho para Hazem?

Ele estava prestes a lhe dizer: "Sim, Hazem, seu filho foi poupado pelos deuses. Hoje ele se chama Kameni e é um rapaz de ouro", mas a aparição repentina da irmã (em espírito) a menos de dois metros de distância de Hazem arrancou-lhe as palavras da boca.

Ankh mal podia acreditar no que via. A visão não durou mais que dois ou três segundos, mas foi o suficiente para impressioná-lo.

Nofretiti não lhe disse nada, mas seus olhos lhe disseram tudo: "Não digas, meu irmão. Não digas nada a respeito de Kameni. Guarda este segredo para o próprio bem do meu filho amado... Teu sobrinho querido".

Quando Ankh voltou a olhar para o ex-grande amigo, o rosto lívido de Hazem estava todo riscado de lágrimas que faiscavam à luz fraca do recinto. Ainda que tocado pelo estado emotivo do rei, Ankh se manteve firme ao pedido da irmã. Mediu Hazem novamente com um olhar altivo e glacial e disse:

– O que tenho a ver com isso, Hazem?

– É teu sobrinho, achei que gostarias de saber...

O médico precisou de um momento para transformar seus pensamentos em palavras.

– Meu sobrinho morreu assassinado cruelmente a teu mando e os deuses, Hazem, os deuses não o pouparam. És tu que queres acreditar nisso e de tanto quereres acreditar estás tendo alucinações...

Hazem precisou arrancar de dentro de si as palavras.

– Tu estavas certo, Ankh, bem certo quando me disseste que um dia eu me arrependeria por ter mandado executar tua irmã Nofretiti e o pequeno Alar. Talvez não acredites em mim, mas me arrependi amargamente pelo que fiz. Amargamente.

Ele parou de falar. A mente ficou paralisada, tensa e desamparada por alguns segundos. Então Hazem olhou fixamente para a frente. Esfregou a testa com a palma da mão, como que para se livrar da angústia, e disse:

– Eu preciso te contar algo, algo muito importante. Algo que somente eu e pessoas de minha confiança temos conhecimento. Quem sabe assim podes me compreender melhor e um dia talvez me perdoar.

Hazem fez a Ankh um breve relato dos acontecimentos que Solovar já havia lhe posto a par. Assim que ele terminou, Ankh permaneceu olhando-o com o rosto firme, os olhos escuros penetrantes, estufou o peito, foi até a porta e, indicando-a com a mão, disse friamente:

– Agora te pões para fora da minha casa e nunca mais ouses pôr teus pés aqui.

Hazem parou rente a ele e, olhando firme em seu rosto com olhos cheios d'água, perguntou humildemente:

– É só isso que tens para me dizer?

Ankh virou a face ainda mais na direção do ombro esquerdo e tornou a falar com autoridade.

– Vai embora, Hazem, agora!

O rei respirou fundo procurando conter a angústia, baixou a cabeça e se retirou. Ele atravessava a porta em arco quando a voz de Ankh soou novamente atrás dele.

– Nebseni... – disse Ankh pronunciando o nome em maiúsculas. – Esteja ela com os deuses ou não, deve ter sentido muita vergonha da tua pessoa ao te ver fazendo o que fizeste contra a minha irmã e o meu sobrinho. Deve ter sentido vergonha de si mesma, uma vergonha infinita, por ter amado um homem tão estupidamente precipitado como tu.

294

As palavras feriram o rei ainda mais. Dessa vez ele nem sequer ousou olhar para trás, simplesmente continuou caminhado para fora da casa sentindo-se golpeado na alma.

Não era só ele quem se sentia assim, com Ankh acontecia o mesmo. Fora difícil, muito difícil para ele tratar aquele que um dia tivera como a um irmão, o irmão que nunca teve, daquela maneira, ainda mais percebendo que o amor que sentia por Hazem ainda era o mesmo que sentira nos velhos tempos. O amor que no fundo nunca morreu dentro dele.

E mais uma vez Ankh se ouviu dizendo: "Ah! Se não amássemos tanto assim..."

Ao repassar o olhar pelo canto onde vira o espírito da irmã, Ankh disse em voz alta:

— Eu te prometo, minha irmã. Prometo-te que Hazem nunca vai saber que teu filho sobreviveu à execução e se encontra sob os meus cuidados. E que hoje se chama Kameni.

Açucena rente a uma das entradas que davam para a grande sala, ouvira tudo o que se passara entre os dois homens com muita atenção. Mas nada a surpreendeu tanto quanto as palavras que o pai disse em voz alta antes de deixar o recinto.

"Por isso", murmurou ela, "por isso, que o pai tem tanto carinho por Kameni. Por ser seu sobrinho." O mais inacreditável naquilo tudo era saber que Kameni era filho do faraó e herdeiro do trono.

Açucena deixou o local com a cabeça a mil. Não havia tempo para espasmos, a revelação tinha de ser absorvida nos mínimos detalhes ligeiramente, tal como se é obrigado a tomar um remédio amargo.

Ao cair da noite, Ankh recebeu um comunicado urgente. Um homem pedia a ele misericordiosamente que fosse atendê-lo, pois estava muito mal de saúde. Fora indicado por um colega de profissão, por ser um especialista naquele tipo de enfermidade. Ankh partiu imediatamente com o criado do homem que lhe trouxe o recado.

Três semanas depois, o enfermo se encontrava em convalescença e fez questão de ir até a casa do médico agradecer sua cura.

Um criado foi avisar o patrão, enquanto o paciente era conduzido até a sala de visitas, onde lhe indicaram um banco para se sentar e aguardar. Ma-Krut entrou na casa mancando, apoiando-se num bastão.

Assim que Ankh entrou na sala espantou-se com a fisionomia do visitante. O velho homenzarrão que Ankh encontrara tão gemebundo agora tinha uma aparência reconfortada, podia-se dizer até que mais feliz. O convalescente disse logo ao que vinha:

– Venho até aqui, meu senhor, agradecer-te e recompensar-te por ter me curado.

– Não há de que, meu senhor.

Ankh bateu palmas para chamar um cervo. Foi Kameni quem o atendeu. Seu corpo estancou de súbito ao avistar Ma-Krut a poucos metros dele.

Ankh, que falava algo animadamente naquele instante, calou-se ao ver Kameni tornando-se pálido como um cadáver, suplicando por sua ajuda pelo olhar. Seus pensamentos estancaram confusos.

Ma-Krut, que agora transpirava forte como se estivesse sendo acometido de uma forte febre, disse trépido:

– Este rapaz... este rapaz me pertence. É meu escravo. Sou seu dono.

Tudo então tornou-se claro para Ankh, que instantaneamente pôs sua cabeça para funcionar em busca de uma solução para a delicada situação. Segundos depois ele dizia sem denotar abatimento:

– Se este rapaz pertence de fato à tua caravana de escravos eu o compro.

– Não está à venda.

– Eu insisto em comprá-lo.

– Fui bem claro, não fui? O rapaz não está à venda. Tenho escravos muito melhores que este para o senhor comprar.

– Se são melhores, fica com eles – revidou Ankh, seriamente. – Ficarei com este mesmo.

– Este eu não vendo! – repetiu Ma-Krut pausadamente, espumando-se de raiva.

– Por que o senhor insistes tanto em querer manter esta peça?

A pergunta deixou o homem corpulento atordoado vagando pelo cérebro em busca de uma resposta convincente:

– Não te devo satisfações. Só quero meu escravo de volta. Além do mais é um fugitivo...

Ankh dessa vez se manteve quieto. Foi até um canto da sala, assistido o tempo todo pelos olhos atentos de Ma-Krut. Segundos depois, empurrou com o pé um baú para o centro do aposento e disse:

– Aqui está! Uma quantia bem generosa em ouro pela compra do rapaz. Estou te pagando três vezes mais o que vale um escravo deste porte. Aceita de bom grado.

– Não aceito!

– Escuta, meu senhor. Escuta-me bem. Se não aceitares minha oferta, eu me sentirei ofendido e não serei mais capaz de ajudar-lte, caso adoeças de novo.

– Estás me ameaçando?!

– Não. Estou apenas te prevenindo!

– Há outros médicos pelo Egito, tão bons ou melhores do que tu. Se não quiseres me atender há quem queira...

– Como queiras.

O mercador fuzilou Ankh com o olhar e voltando-se para Kameni, ordenou:

– Vem, Kameni, vamos embora.

– Daqui ele não sai – opôs Ankh, erguendo a voz.

Os dois homens se afrontaram no olhar novamente por um longo e tenso minuto. Foi Ma-Krut quem desviou o olhar primeiramente e num tom enfurecido salientou:

– Isso não ficará assim. Haverei de reaver meu escravo custe o que custar.

– Somente sobre meu cadáver! – salientou Ankh, desafiadoramente.

– Pois bem, se tiver de ser sobre teu cadáver, assim será.

Ma-Krut lançou mais uma vez um olhar demoníaco para Kameni que parecia aturdido sem saber o que fazer.

Hirto de cólera, afogado em raiva, os olhos expressivos do senhor de escravos dardejavam chamas. O melhor a se fazer, ao menos por ora, era retirar-se, recuperar as forças para poder atacar o inimigo num terreno mais favorável.

O mercador despediu-se friamente e deixou a casa com os passos mais rápidos que suas pernas conseguiram lhe propiciar, deixando o ambiente impregnado de pavor e mal-estar.

Ma-Krut partiu dali com uma aluvião de idéias indo e vindo a sua mente para apanhar Kameni . Ele o apanharia, nem que tivesse de gastar toda a sua fortuna para isso, ainda assim o apanharia.

Ao se ver a sós com Ankh, Kameni desabafou:

– Não deveria tê-lo enfrentando, meu senhor. Esse homem é perigoso. Será capaz de matá-lo sem dó para me reaver.

– Não te preocupes, a mim ele não mete medo.

Kameni arqueou as sobrancelhas apreensivo.

– Ainda assim deveria temê-lo, meu senhor. Quando Ma-Krut põe na cabeça um alvo não descansa enquanto não atingi-lo.

– Acalma-te. Abranda o teu coração... aqui estás incólume! Não te alardes inutilmente...

– De qualquer modo, pertenço por direito a Ma-Krut, ele me comprou quando ainda era apenas um menino. Se ele exige que eu seja só dele é um direito que tem. Devo-lhe, de certo modo, respeito.

– Não te preocupes, vou te libertar do jugo deste homem horrendo, a qualquer custo.

O rapaz voltou os olhos inquietos para a abóbada azulada do céu, como que procurando por um dos deuses para que o protegessem ainda mais, principalmente agora que Ma-Krut o havia localizado. Depois, voltando o olhar para Ankh, perguntou:

– Por que? Por que me ajuda tanto, meu senhor? Por que me protege tanto assim?

– Porque és um bom rapaz, Kameni.

– Parece ter um carinho diferente por mim.

– E tenho mesmo. Tu me lembras uma pessoa muito especial que conheci outrora...

– Presumo que ela esteja morta?

– Sim.

– Ela há de regressar do reino de Osíris, não há?

– Creio que não, Kameni. Não poderá regressar, seu corpo não foi mumificado e...

Ele ia dizer: "E mesmo que tivesse, ela (referindo-se a Nofretiti) não seria absolvida por Osíris por todas as maldades que rogou àquela que tinha por rival". Mas guardou para si.

Voltando novamente os olhos inquietos para a abóbada do céu, Kameni perguntou:

– Não há outro modo de voltarmos a essa vida daqui senão através de nosso corpo embalsamado?

– Até onde se sabe, não. Aqueles que não podem voltar, ficam vagando perdidos no mundo dos espíritos. Uns tornam-se malignos e podem afetar os que aqui estão com suas maldades.

Kameni sentiu um arrepio. Disse:

– Sempre me pergunto se minha mãe e meu pai foram absolvidos diante de Osíris.

A pergunta assustou Ankh. Kameni prosseguiu num tom nostálgico:

– Lembro-me de algumas coisas do passado. Um lugar muito bonito, um homem que sempre conversava e brincava comigo. Havia também uma bela mulher, creio ter sido minha mãe. As lembranças são boas, me fazem bem, só que de repente elas desaparecem e tudo o que me lembro é do deserto árido, sol, gente suja, fedor, estrume de camelos e a lua pairando no céu... Às vezes me pergunto se tudo isso de bom que passa por minha mente não é invenção da minha cabeça, uma ilusão, uma miragem.

– Com certeza são lembranças de teus pais pouco antes de...

– Antes de eles terem morrido? É isso o que o senhor ia dizer, não? Já pensei nisso também.

Ankh preferiu mudar de assunto, anunciando:

– Tu serás um grande médico, Kameni.

– Como tu, meu senhor.

– Sim e ainda trabalharás ao meu lado por longos bons anos.

O rapaz sorriu e os dois se abraçaram fortemente.

Quando Agmar regressou à grande sala de visitas da casa, já era quase boca da noite. Encontrou Ankh cabisbaixo, sentado numa espécie de divã. Seus olhos estavam inchados, o que indicava ter chorado um bocado.

– O que houve? – indagou ela, olhando o marido com preocupação.

Ele voltou o olhar para ela e forçou um sorriso, que não passou de um mero esboço. Disse:

– Estava me lembrando de minha irmã, minha irmã querida. Coincidentemente eu e Hazem tínhamos adoração por nossas irmãs. Eram para nós como se fossem a metade de nós mesmos ou uma extensão de nós. Não é coincidência demais ambas terem morrido de forma tão brutal?!

– Mas Samira morreu como morreu porque mereceu aquele tipo de morte. Afinal, depois de tudo que fez... – opinou Agmar lentamente, escolhendo cada palavra.

– Nofretiti não era também flor que se cheirasse, Agmar. Por mais que eu a amasse profundamente não posso encobrir esta verdade a respeito dela. Ela foi também muito má, tão má a ponto de me pedir ao leito de morte de Nebseni, da verdadeira Nebseni, que a deixasse morrer para o bem de todos.

Novo suspiro.

– Ninguém tem o direito de julgar quem deve permanecer vivo ou não. Ainda mais em relação a uma mulher tão humana como Nebseni.

Ankh coçou o queixo pensativo. Disse:

– Estou preocupado com Kameni. Com sua segurança.

Rapidamente, o marido resumiu o que havia sido descoberto aquela manhã.

– Kameni, um escravo fugitivo? Eu nunca...

– Agora que esse mercador escroto sabe que ele está aqui não vai deixá-lo em paz.

Ankh bufou:

– Aquele homem é um doente. Se eu soubesse quem era, eu não o teria curado... o teria deixado morrer para deixar Kameni livre de suas garras para sempre.

E engrossando o tom tornou a repetir:

– Deveria tê-lo deixado morrer.

Nem bem ele terminou de pronunciar a frase ressurgiu em sua mente o momento em que Nofretiti lhe fez aquele pedido obsceno: "Deixe-a morrer, Ankh. Para o bem de todos!".

Ela se referia a Nebseni, ele abominara seu pedido pavoroso e, no entanto, ali estava ele pensando o mesmo. Com uma simples diferença, Ma-Krut era mau e Nebseni era boa, infinitamente boa.

A vida era esquisita, em vez de deixar pessoas más como Ma-Krut morrer, salvava-as da morte e aquelas de bom coração, como Nebseni, deixava-as morrer e de forma tão miserável como aconteceu a ela. Não, por mais que ele tentasse, ele não conseguia compreender a vida.

Só havia um fato irrefutável naquilo tudo: o mal sempre voltava para aqueles que o cometiam. Nofretiti quis Nebseni tão mal que acabou atraindo o mal para si própria e de forma bem pior do que a que almejou para aquela que tinha como rival.

Com Samira aconteceu o mesmo. Fez mal para o próximo e um mal dez vezes pior recebeu em troca. Babeth tanto quanto. Ele sabia, não era segredo para ninguém o que Babeth havia feito contra as amantes de seu marido quando jovem. Coisas abomináveis, principalmente com aquelas que suspeitava estarem grávidas.

Ele próprio havia feito mal ao faraó depois de morto e recebera o mal de volta tanto quanto Hazem, e em proporções bem piores.

A vida poderia ser injusta para muitos de bom coração, mas o mal voltava para todos aqueles que o alimentavam, cedo ou tarde, e em proporções bem maiores do que a almejada e feita por eles ao próximo. E isso independia do julgamento do poderoso Osíris.

Segundo mês da enchente do Nilo

Fim de tarde, Kameni deu uma pausa nos estudos para fazer sua caminhada habitual às margens do Nilo. Voltara a caminhar depois que os homens contratados por Ankh percorreram os arredores de Mênfis e descobriram que a caravana de Ma-Krut Kalim já havia partido.

Enquanto caminhava, um homem calvo, numa túnica verde, desbotada, que passou correndo junto à margem na outra extremidade do rio, chamou a atenção do rapaz. Depois foi a vez de um pássaro que fez um vôo raso e logo sumiu de vista.

Então, de repente, um calafrio sacudiu o rapaz por inteiro. Um calafrio esquisito. Como se algo ou alguém quisesse alertá-lo quanto a um perigo que se aproximava.

Ao virar-se para trás, Kameni mal pôde acreditar no que via. A poucos metros dele se encontrava o mercador de aspecto nojento olhando para ele com uma expressão odiosa. Fungando desdenhosamente. Surgido como que por encanto, do nada, deixando Kameni sem reação.

O gordo, que mais parecia um sapo de tamanho gigante, cruzou os dedos e transformou as mãos num grande punho pronto para esmurrar o rapaz até sangrar, mas conteve-se.

Quando seus olhos se fixaram um no outro, o rosto gorducho do mercador iluminou-se. Disse:

– E agora, seu pirralho? Como vais escapar de mim?

O cérebro de Kameni só teve tempo de emitir um sinal para suas pernas correrem o quanto pudessem. Os capatazes do mercador seguiram ao seu encalço imediatamente.

Com o coração disparando no peito, Kameni conseguiu alcançar uma das ruas das proximidades. Mas, ao virar numa esquina, para seu desespero, o local não tinha saída. Os capatazes riram ao vê-lo encurralado.

Subiu como um macaco às pedras sobressalentes de um dos imóveis até atingir o topo dele. Seguiu-se equilibrando por sobre o friso do muro quase sem fôlego, por pouco não perdeu o equilíbrio e despencou. Foi por um fio.

Os homens de Ma-Krut seguiram seus passos e por serem mais hábeis e fortes alcançaram o topo da edificação na velocidade de um raio.

Não demorou muito e eles o encurralaram num canto novamente. Acossado pelo terror, Kameni tratou de alcançar a escadaria o mais rápido possível, exigindo de suas pernas o limite máximo de sua força. Seu desespero era tanto que subiu o manancial de degraus de quatro em quatro.

Ao atingir o topo, alívio e, ao mesmo tempo, decepção. Não havia saída. Só lhe restava saltar e morrer com a queda ou se entregar. Os quatro homens cercaram-no rindo descaradamente de sua situação.

Kameni ainda tentou lutar contra eles para escapar de suas garras. Atirou-se contra um dos carrascos e atracou-se com ele, tentando derrubá-lo, mas, desgraçadamente, o carrasco foi mais forte e logo conseguiu dominar o jovem rapidamente. Ele tentou reunir todas as forças que ainda lhe corriam nas veias, esforçando-se ao máximo para impedir que o torpor tolhesse suas forças, mas foi em vão, apagou.

Quando Kameni deu por si, estava estendido no que parecia ser um porão de uma embarcação. Sentia-se trêmulo, fraco, incapaz de compreender o sucedido. De um ferimento na testa o sangue borbotava sobre sua face.

Olhou para si mesmo com cuidado, procurando descobrir um meio de libertar as amarras. De repente, uma sensação de frustração e angústia enfraqueceu suas forças.

Ele não podia perder o ânimo. Tinha de lutar contra o desânimo, era o único modo de escapar dali e sobreviver.

Ele tentou novamente desatar os nós, mas o medo e a fraqueza provocada pela fome o deixavam cada vez mais zonzo, com o cérebro cheio de sombras, à beira do desmaio. Ele respirou fundo e continuou tentando se desamarrar. A zoeira da cabeça aumentou. Encheu o peito de ar novamente. Agora não era somente uma luta para escapar da situação em si, mas uma luta contra a zonzeira da cabeça. Ele tornou a encher os pulmões de ar, mas foi em vão, o desmaio foi inevitável.

Quando Kameni despertou novamente, estava jogado ao chão, quase sem vida, numa das muitas tendas que compunham a caravana de Ma-Krut. Seu pulso doía, seus olhos eram fatigados e uma crescente e latente dor de cabeça o importunava impiedosamente. Enchia os pulmões de ar por diversas vezes na esperança de afugentar a dor, mas ela persistia tanto quanto aquele destino sombrio sobre ele.

Tinha a impressão de que seus músculos haviam se transformado em água. Tentou apoiar-se num dos cotovelos para se erguer, mas sentia-se fraco até para isso. Seu corpo parecia haver sido triturado, pisoteado por um batalhão de homens.

Quando se viu diante do escravo novamente, Ma-Krut trazia consigo um ferro em brasa. Kameni encarou-o perplexo. Pelo tom de voz do mercador, o rapaz pôde perceber que ele estava rindo por dentro; rindo sarcasticamente dele.

– Sou capaz de marcar teu corpo todo com este ferro... – disse Ma-Krut espumando de ódio e prazer ao mesmo tempo. – Duvidas? – acrescentou com ênfase um tanto exagerada.

O velhaco encostou o ferro rente à face de Kameni, com um sorriso pérfido repuxando-lhe os lábios. Mas o pavor que viu transparecer nos olhos lacrimejantes do rapaz o fez recuar, enrubescer e parecer pouco à vontade.

Ma-Krut ia dizer mais alguma coisa, porém o choro que não conseguiu ser contido dentro do escravo o fez engolir as palavras.

– Para de chorar – ordenou o brutamontes, irritando-se.

Por mais que tentasse, Kameni não conseguia conter o pranto.

– Para, estou mandando! – tornou o mercador impondo ainda mais força à voz.

Kameni não conseguia parar. Ma-Krut ergueu o ferro como se fosse golpear o jovem na cabeça. Mas uma voz na sua mente interrompeu sua ação, petrificando-o.

"Não sejas hipócrita, seu miolo mole", disse a voz. "Vais querer estragar o corpo tão bonito deste rapaz com marcas e vergões?".

O rosto de Ma-Krut avermelhou-se tão gravemente que parecia que ia explodir. Nisso, outra voz rompeu seus pensamentos:

"Mata-o, vamos!"

O mercador engoliu em seco.

"Mata-o, vamos!", insistia o dono daquela voz pérfida e desumana. "Tu podes não ter coragem, mas teus capangas têm... Chama-os e lhes dá a ordem".

O senhor de escravos ficou vermelho de ódio. Ódio daquelas vozes que o prendiam em cima de um muro, embaralhando seus pensamentos e deixando-o mais confuso do que já estava. Qual delas estava certa? A quem deveria acatar?

"Ouve teu bom senso, Ma-Krut. Ouve o teu coração. Não é nada disso que tu almejas para ti, tampouco para o rapaz. Ouve teu coração", tornou a se manifestar a voz do bom senso.

Sentindo-se cada vez mais indeciso, o homem sapo jogou a cabeça para trás com súbita impaciência, deu meia volta e deixou o local, indo direto para sua tenda. Sua mente estava em tamanha desordem que mais parecia um torvelinho mental. Suava em profusão e seu cheiro tinha um odor apodrecido. Parecia mais uma lavagem ambulante.

Após horas de diálogo com suas vozes mentais Ma-Krut, infelizmente, como acontece com a maioria das pessoas, elegeu a voz pérfida à voz sensata. Decidiu que não mataria o rapaz, mas se vingaria dele de forma bastante cruel. A vingança se daria só no dia seguinte.

Enquanto isso na tenda, Kameni procurava se acalmar pensando nas coisas boas que o mercador havia feito por ele. "Concentre-se nelas!", dizia uma voz na sua mente. "Sim, aquilo era o melhor a se fazer", concordou ele.

Ma-Krut não havia sido de todo mau. Desde que o comprara e se encantara por ele, quando ainda era apenas uma criança, deixara-o sob os cuidados de uma parentela para que o menino aprendesse a ler e escrever tal como um escriba. Sempre esteve disposto a dar-lhe um futuro nobre à altura do que ele acreditava que ele merecia. Isso facilitou e muito o ingresso do rapaz nos estudos da medicina. Portanto, ele não era de todo mau...

No dia seguinte, o sol já se encaminhava para o horizonte quando Ma-Krut atravessou o pátio em busca de seus capatazes. Logo, dois deles acompanhavam o patrão de volta à tenda ocupada pelo prisioneiro.

– O que eu reservei para ti, Kameni – disse Ma-Krut –, vai baixar de vez o teu topete. Vai fazer-te perder esse ar petulante nos olhos. Essa panca de rei... – derramou Ma-Krut com desagrado.

Como acontece com as pessoas em estado de orgulho ferido, elas enxergam coisas que não há naquelas que lhe feriram o orgulho. Distorcem, descaradamente sua verdadeira essência tal como Ma-Krut estava fazendo com Kameni, afinal, ele nada tinha de petulante e panca de rei.

– Tu compreenderás de vez que ninguém nunca pode me vencer – arrematou Ma-Krut.

– O amor... o amor vai vencê-lo... – disse Kameni parecendo voltar de muito longe.

As palavras mexeram com o velhaco. Ele não as compreendeu, mas algo dentro dele sim, um significado que só seu subconsciente conseguiu captar.

Foi o próprio Ma-Krut quem amolou a navalha num pedaço de pedra. A navalha com a qual faria de Kameni um eunuco. E enquanto o fazia, olhava desafiadoramente para o jovem acorrentado, já quase sem vida por tanto sofrimento e amargura.

O rosto de Kameni era a própria imagem de angústia perplexa quando os dois capatazes, a mando do senhorio, amarraram suas pernas e braços fortemente deixando-o totalmente à mercê da maldade.

A aproximação do gordo encardido acelerou o ritmo das batidas do coração do jovem rapaz, deixando-os cada vez mais irregulares e nervosas.

– Agora tu vais ter o que mereces! – acrescentou Ma-Krut sem disfarçar na voz o sabor do triunfo.

Um olhar sinistro, e ao mesmo tempo apatetado, despontou na face do gorducho enquanto admirava lentamente, centímetro a centímetro, cada vão, cada detalhe, cada canto do rosto do rapaz que tremia e se retorcia de pavor.

– Agora sim, tu vais me conhecer de verdade! – tornou Ma-Krut.

O pensamento de Kameni parou como um rato que acabara de ser preso numa armadilha. Suspirou e desistiu. Virou a cabeça lentamente para o lado se entregando ao seu destino.

10
Suas verdades
o tempo não apaga...

Ma-Krut estava prestes a dar início ao que sua mente em desatino ordenava quando uma voz forte e vibrante ecoou dentro da tenda.

– Não ouses encostar um dedo imundo teu neste rapaz.

Ma-Krut voltou os olhos furiosos para a entrada do lugar e avistou Ankh cercado de capangas de sua confiança.

– Ele é meu... meu escravo e dele faço o que quiser – protestou o mercador.

A voz de Ankh tornou a soar firme e decidida no recinto.

– Solta-o.

– Quem és tu para mandar em mim? Não és nada.

– Sou sim. O homem que salvou tua vida.

Ma-Krut gargalhou estridentemente antes de dizer:

– Antes não me tivesse salvado, não é?

Outra gargalhada espalhafatosa.

Sem mais preâmbulos, Ankh saltou por sobre o homem enquanto seus capangas detinham os dois capatazes do mercador. A ação de Ankh foi tão rápida e tempestuosa que Ma-Krut não conseguiu pensar em nada para se defender dela. Caiu ao chão, sentado, e como sempre acontecia, sem que ninguém o ajudasse, ele não tinha forças suficientes para se por de pé por si só, devido à obesidade.

E voltando-se para o brutamontes, o médico o alertou:

– Escuta-me bem, velho safado. Se ousares por a mão mais uma vez neste rapaz, tu estás acabado. O faraó de quem sou amigo pessoal, já está a par das tuas brutalidades, e vai te castigar se continuares a importunar este jovem.

Era um blefe, uma mentira dita com tanta ênfase e verdade que pareceu assustar e convencer o mercador de olhar abobalhado para ele.

E voltando-se para o sobrinho, Ankh passou o braço pelos ombros largos do rapaz para confortá-lo.

– Calma, meu bom Kameni. Está tudo bem agora. – A voz de Ankh se transformara num gemido e parecia dizer aquelas palavras de conforto para si mesmo, diante do medo pavoroso que sentiu de não chegar a tempo para salvar o sobrinho querido das garras daquele demônio.

Na calada da noite

Nem bem Ankh pôs os pés em casa, teve uma outra surpresa. Havia um recado urgente de Mersus, o médico-sacerdote, pedindo-lhe que fosse imediatamente para Heliópolis se unir a eles na tentativa de encontrar a cura para um mal súbito que se abatera sobre o faraó.

– Tu irás, não irás Ankh? – perguntou Agmar, ressabiada.

O marido demorou tanto para responder que ela pensou que ele desistiria. Por fim disse:

– É meu dever como médico.

Agmar sabia que o esposo amado jamais admitiria que o verdadeiro motivo para atender àquele chamado se dava pelo amor que sentia por Hazem e que fingia insistentemente para si mesmo não mais ter em seu coração.

Assim que Ankh chegou ao palácio, foi levado imediatamente ao quarto de Hazem onde encontrou sua augusta presença deitado sobre a cama. O médico aproximou-se do leito real e ficou aterrado; rosto contraído e violáceo, o amigo-irmão parecia um cadáver, um cadáver em decomposição.

O médico ajoelhou-se rente ao enfermo e pousou suas mãos trêmulas sobre o corpo do faraó, um corpo frio e rígido como de um morto realmente. Não conseguiu conter o pranto e se pôs a chorar desesperadamente pelo amigo que sempre teve como um irmão e que apesar de toda a horrorosa perversidade que se sucedeu entre eles, ainda o amava, amava-o profundamente como sempre o amou desde que eram crianças.

— Vamos, Hazem, por favor, reage. Reage, meu irmão.

Era mais que um clamor desesperado, era uma súplica emocionada e desvairada aos deuses.

A lua já ia alta no céu quando Açucena encontrou a mãe em fervorosa oração.

— Por onde anda papai? Desde anteontem que não o vejo.

— Foi atender o faraó que está muito mal. Visto que os demais de sua confiança não conseguiram curar o mal que se abate sobre ele, os sacerdotes mandaram chamá-lo com urgência para que...

Açucena, de testa franzida, interrompeu a mãe:

— O faraó corre risco de vida e a senhora não me diz nada?

— Ora, filha, nunca pensei que te preocupasses...

Ao ver a filha saindo ligeira da sala, Agmar perguntou:

— Aonde vais, Açucena?

Mas Açucena não respondeu de tão aflita para encontrar Kameni.

Ela deteve-se diante da balaustrada e ao avistar o rapaz, chamou-o com um gesto para junto dela.

Logo os dois estavam frente a frente. A jovem pediu então a Kameni que ele se sentasse. Ele obedeceu, olhando curiosamente para ela. Açucena fitou-o um instante, inspirou o ar umas três vezes então disse:

— Há algo que preciso te contar, Kameni. Algo muito importante. Algo que pode deixar-te muito alegre ou perturbar-te violentamente.

310

– Perturbar-me? Ora, Açucena...

– Estou falando sério... talvez não acredites em mim, talvez me tenhas por louca. Mas é meu dever te contar em nome da nossa amizade. Mesmo que...

– Mesmo que...

– Mesmo que meu pai jamais me perdoe pelo que estou fazendo.

– O que é?

– Teu pai está vivo, Kameni, sei quem é ele e onde mora.

As sobrancelhas negras de Kameni se arqueram naquele instante.

– Sabes quem é meu pai?!

– Sei. E se tu souberes quem é ele compreenderás muito bem por que meu pai lhe quer tão bem – ela respirou. – Somos primos...

– Primos? Ora, Açucena, se isso fosse verdade teu pai já teria me dito, por que haveria de me esconder laços de família?

– Tu compreenderás o porquê assim que souberes de toda a verdade.

– Teu tom está me amedrontando...

– Espero não me arrepender por isso...

Ela tomou o ar, tomou coragem e disse:

– Teu pai é nada mais, nada menos, Kameni, que o faraó do Egito.

Kameni jogou a cabeça para trás numa gargalhada gostosa. Seu pomo de adão protuberante chegou a brilhar mesmo sob os últimos raios do sol da tarde. Ainda rindo, voltou-se para Açucena e disse:

– Ora, Açucena, que brincadeira de mau gosto!

– Não é brincadeira, é verdade.

– Ora, vamos...

– Estou te dizendo a verdade, Kameni.

– De onde desenterrou tamanho absurdo?

– Ouvi sem querer meu pai falando a respeito...

– E por que não me disseste antes?

– Porque tive medo.

– Por que me dizes agora?

– Porque teu pai está doente, muito doente ao que aparece, tanto que o médico real mandou chamar meu pai para tratar dele e...

311

– E?!

– E não quero que ele morra antes que tu o reconheças.

Novamente Kameni riu.

– Ainda não acreditas em mim?

– Não!

Açucena suspirou fundo antes de acrescentar:

– Pois bem. Vou te provar que tudo o que te digo é a mais pura verdade e será agora.

Ela levantou-se, estendeu a mão para ele, e disse:

– Vem, temos de partir o quanto antes.

– Partir para onde?

– Para Heliópolis.

– E como esperas chegar até o faraó? Ele não vai te receber, ainda mais doente. Nunca!

– Tenho um plano que não falhará. Lembra-te de que meu pai se encontra por lá e sou a filha que ele pediu para levar e entregar-lhe em mãos um remédio muito importante para o restabelecimento do faraó.

E novamente estendendo a mão, Açucena reforçou o pedido:

– Vem. Precisamos partir o mais rápido possível.

– Tu perdeste o juízo.

– Talvez. Mas o futuro do Egito, meu caro, está nas tuas mãos.

Os dois se puseram a andar. Kameni ia à sombra da prima, perguntando-lhe aflito:

– Se isso tudo é verdade, por que teu pai não me contou nada a respeito? Por que não contou para o próprio faraó?

– Por causa de uma rixa entre os dois no passado. Como já te disse, tu entenderás melhor com as devidas explicações. Por ora tudo o que posso te afirmar é o que te disse.

– Nós? Primos? C... como?

– Sua mãe era irmã de meu pai. A irmã querida de quem ele fala tanto.

Pela primeira vez Kameni encarou as palavras de Açucena seriamente. Seu rosto enrijeceu ao perguntar:

312

– Do que ela morreu, afinal?

– Isso eu não sei. Mas logo saberás. O importante agora é fazer-te encontrar teu pai enquanto ainda está vivo.

– Podemos ser mortos por isso.

– Não seremos.

O bom filho retorna ao lar

Quando Açucena chegou ao palácio em companhia de Kameni, Hazem já estava se sentindo melhor. O medicamento prescrito por Ankh surtira efeito. A dor no corpo se atenuara e Hazem parecia recobrar a cor gradativamente. Apesar da melhora, os olhos do faraó ainda se mantinham semicerrados e intumescidos por causa do largo período carcomido pela doença.

Ankh estava tão absorvido em seus pensamentos que não ouviu a batida na porta do quarto. Foi o aglomerado de vozes vindas do lado do fora do aposento que o despertou de seus pensamentos atormentados pelos ecos do passado e o fez voltar-se para o local com uma interrogação nos olhos.

Nesse momento, Açucena entreabriu a cortina que separava a antessala do quarto e deu uma espiada no interior do aposento. Ao ver o rosto rígido e triste do pai, uma estranha angústia lhe dominou o peito. Na verdade de ambos.

– Açucena!?

A exclamação do médico despertou Hazem, com sua voz fraca perguntou:

– O que foi?

Não houve resposta. Açucena entrou no aposento, cautelosamente, seguida por Kameni, com os cabelos brilhando à luz das tochas. Ankh retorceu os dedos apreensivo, tomado de susto. As palavras da filha provocaram-lhe um sobressalto e um calafrio:

– Kameni precisa saber, pai. Ele precisa saber!

– Filha, não! – berrou Ankh.

– Eu sinto muito papai – revidou ela, prontamente. – Eu sinto muito... Sei que possue bons motivos para agir como vem agindo, mas eu não podia impedir Kameni de conhecer seu... Não seria justo.

Kameni ainda se sentia sem graça diante de Ankh por quem tinha profundo respeito.

– É melhor eu me retirar – disse ele, sentindo-se um peixe fora d'água.

– Não! Espera, meu bom Kameni. Espera!

Ankh ficou tão atordoado com o que estava acontecendo que chegou a sentir vertigem por instantes e por pouco não perdeu o equilíbrio e foi ao chão.

Mesmo no estado que se encontrava e acamado, Hazem percebeu o rápido sobressalto, a apreensão e depois o medo, quase um desespero daquele que um dia considerou seu amigo-irmão. O que quer que fosse, Hazem teve certeza de que era grave.

Ankh voltou-se então para o rei estirado sobre a cama de madeira e tentou dizer o que precisava ser dito, mas as palavras viraram um nó na garganta. Ele pigarreou e, com muito custo, finalmente conseguiu dizer alguma coisa:

– Hazem...

– O que há, Ankh, o que houve?

O médico ajoelhou-se ao lado da cama e pousou a mão sobre o braço do acamado como quem procura por conforto, então disse atropelando as palavras:

– Há uma visita para ti, meu faraó.

Açucena puxou Kameni pelo braço até ficarem rente a cama. Ainda sentindo dificuldades para olhar direto e reto para o faraó, Kameni ficou ali parado com o olhar baixo e submisso.

Com esforço, Hazem frisou os olhos para ver melhor a face dos dois jovens ali parados diante dele. Teve a certeza de que jamais vira a moça em toda a vida, no entanto, o rapaz, reconheceu-o de imediato. Era como se estivesse se vendo no espelho vinte anos atrás.

No fundo de seus olhos espocou uma luz azulada, de brilho intenso. Tentou ordenar as palavras para formular uma frase, mas não conseguia. Ficou ali a fitar o rapaz do fundo dos seus olhos escuros, bonitos e taciturnos enquanto tentava recuperar o autocontrole. Por fim, Hazem disse:

– Alar?!...

Aquele nome nada significava para Kameni e por isso ele se manteve sem reação.

Os lábios de Hazem sorriam ligeiramente movidos por uma força sobrenatural e uma nova alegria o invadiu.

– Alar, meu filho, meu filho querido...

– Nós o chamamos de Kameni, Hazem – acudiu Ankh. – Kameni... esse foi o nome que ele recebeu após partir daqui... Há longos anos...

Kameni voltou então o olhar para o pai acamado e sentiu um arrepio ao colidir seus olhos com os dele. Pai e filho estavam novamente frente a frente dezessete anos depois da separação.

11
Sob a luz do perdão...

Kameni estava ficando inibido e ao mesmo tempo convulso. Seus dedos se apertavam uns contra os outros num tique nervoso.

– Eu sabia que tu um dia voltarias para mim. Para os meus braços... – dizia Hazem, convulso de emoção.

– Eu... – gaguejou Kameni – ...não estou entendendo... Alar, quem é Alar?

Ankh tratou logo de lhe dar as devidas explicações:

– Teu nome verdadeiro é Alar e não Kameni. Kameni foi o nome que te deram quando foste levado deste palácio cerca de dezessete anos atrás.

Ankh agarrou firmemente nos ombros do sobrinho e o girou até ficar frente a frente com ele.

– Olha para mim, Kameni. Olha para mim, por favor.

O rapaz obedeceu submisso, então Ankh completou:

– Tu és filho legítimo do faraó – explicou o tio. – Este ao meu lado é teu pai. Teu verdadeiro pai. Tu és filho de minha irmã com ele. Sou teu tio e Açucena, tua prima.

Uma vertigem dominou Kameni por instantes. Era preciso dar-lhe tempo para absorver a revelação, observou Ankh. Era forte demais para ser absorvida sem sofrer um impacto devastador.

316

– Meu pai, o faraó? – murmurou o jovem numa voz engrolada.

Ankh confirmou com a cabeça:

– Sim, meu Kameni. Sim, teu pai.

– Se isso é verdade, por que não me contou antes, meu senhor?

– Eu te darei as devidas explicações, não agora... por favor.

Ankh esperou por mais algum comentário do sobrinho mas ele se manteve quieto, estático. A voz de Hazem soou novamente no recinto.

– Por favor, Ankh, deixa-nos a sós. Preciso falar com meu filho em particular.

O médico sentiu dificuldades em atender ao pedido do rei. Foi Açucena quem o encorajou com os olhos. Assim, pai e filha deixaram o aposento.

Ao saírem, Açucena quis saber por que o faraó havia se separado do filho. Ankh sabia que de nada adiantaria dizer à filha uma mentira, ela era inteligente, se ele não lhe dissesse a verdade, ela saberia intuitivamente ou somente pelo seu olhar e seu tom de voz que estava mentindo. E não descansaria enquanto não obtivesse a verdade.

Dentro do quarto restaram apenas pai e filho. Kameni permaneceu cabisbaixo, olhando fixamente para o chão enquanto o silêncio foi se avolumando até parecer ter o peso da idade, tão difícil de remover.

No silêncio, apenas rompido pela respiração ofegante dos dois homens, o jovem começou a sentir medo. Tinha a sensação de que seu coração batia impulsionado por uma força jamais vista. Coceiras de agonia lhe subiam pelas pernas e ele receava se mexer para restaurar a circulação.

Ao se mover, na cama, Hazem, sem querer derrubou um dos amuletos deixados ali para ajudar na sua melhora, mas o ruído foi absorvido pelo silêncio. Tudo parecia estar sendo absorvido pelo silêncio.

– Não me odeies – disse Hazem, no minuto seguinte –, não antes de saber por que tu fostes levado daqui quando ainda era apenas uma criança.

317

Com grande esforço, Hazem conseguiu se levantar da cama e ficar diante do filho, olhos nos olhos. As íris de Hazem eram tão negras quanto as suas, observava Kameni, com linhas radicais escuras que conduziam aos vórtices das pupilas. E no fundo de cada pupila ele avistou seu próprio rosto refletido, como se dois Kamenis o fitassem.

Ainda que trêmulo, o faraó palmeou o rosto do filho, carinhosamente, dizendo:

– Que bom... Que bom que os deuses te protegeram daquele ato precipitado e insano.

A seguir, Hazem contou-lhe toda a verdade sobre a trama armada por Samira e confessou seu extremo arrependimento por tudo o que fizera de errado. Ao terminar a narrativa, ajoelhou-se diante do filho, pegou numa das mãos dele e a beijou respeitosamente. O toque dos lábios do pai sobre a pele do rapaz, fizeram Kameni cair em si novamente.

– Perdoa minhas atitudes imprudentes e cegas – desmanchou-se Hazem em tom de súplica...

O desabafo real emocionou fortemente Kameni, mas o que ele disse para o pai, fez com que toda comoção fosse um mero grão de areia:

– Tu fostes enganado, meu pai e, portanto, não tens culpa... Tua única culpa talvez foi ter amado demais... talvez nem isso... quem sou eu para julgar... Enfim, tudo o que tenho a dizer-te, é que seria imprudente, indigno de minha parte não te compreender e não te perdoar tudo... Não deixemos que o peso do rancor pese sobre nossas costas, ofusque a luz de nossa alma...

Kameni estendeu a mão para o pai e disse:

– Ergue-te meu pai e abraça-me, selemos agora o fim de toda essa história e comecemos uma vida nova... um novo tempo...

– Tu me perdoaste, meu filho, como eu perdoei a mulher que minha irmã trouxe para cá na intenção de me destruir. Seu verdadeiro nome é Senseneb, mas eu a chamo de Nebseni, pois no fundo, para mim, apesar de saber que ela não é Nebseni, ela atinge meu coração e o domina como se fosse a própria. Faz-me sentir o mesmo amor, o mesmo afeto, dá-me os mesmos carinhos. Sei que ela me ama, tão forte quanto Nebseni me amou em vida e foi graças a esse amor que eu pude descobrir toda a verdade e...

— Vingar-te de tua irmã...

— Eu amava Samira e por isso lhe dei um castigo brando.

— É tanta coisa para saber e tudo de uma vez que...

— Eu sei, deve estar sendo muito difícil para ti...

De repente, Kameni sentiu uma vontade louca de enlaçar o pai que tanto quis conhecer, abraçá-lo com força e demonstrar a alegria intensa que sentia por estar ali diante dele. Assim ele fez. Assim ambos provaram mais um momento marcante de suas vidas.

A atitude de Hazem a seguir foi render graças aos deuses por lhe haverem poupado a vida do filho. Acompanhado apenas de reduzido séquito, o faraó dirigiu-se ao templo onde habituais solenidades foram proferidas aos deuses.

Todos que estavam presentes ali ouviram, admirados, as palavras reais e se sentiram tocados por elas e comovidos com a volta do príncipe, cuja vida havia sido protegida pelos deuses.

Minutos depois, pai e filho se encontravam no grande salão real tomando um refresco. Bebiam e conversavam alegremente, quando Hazem escutou os passos discretos de Senseneb entrando no aposento. Hazem levantou-se imediatamente do trono, foi até ela e fez as devidas apresentações.

Uma melancolia sombria envolveu todos os presentes no recinto. Os olhos de Senseneb se arregalaram e tornaram a se contrair por diversas vezes, parecendo de espanto e encantamento. Talvez nem uma coisa, nem outra.

— Lembro-me vagamente de ti quando criança — disse ela, emocionada. — Eras um menino bonito, viçoso e *encantado* como teu pai.

Kameni ficou estático ao contemplar a mulher. Senseneb era linda. Como alguém previu no passado, ela ainda se mantivera bela na idade avançada.

Subitamente, as palavras dela foram engolidas por uma torrente de lágrimas. E logo em seguida um grito mesclado de alegria e desespero atravessou seus lábios. Senseneb caiu de joelhos diante de Kameni suplicando por perdão.

– Ergue-te, por favor... – disse ele bondosamente. – O passado não pode ser refeito. Por mais que queiramos... Não é somente pelo tom de tua voz que sei que me dizes a verdade. Teus olhos também confirmam o que dizes. Não te deves sentir envergonhada pelo que fizeste, fostes usada para um propósito maligno, por uma mulher que se deixou embriagar pelo poder.

E, estendendo a mão para Senseneb, Kameni reforçou seu pedido com ternura:

– Ergue-te daí. De nada servirá viveres em guerra contigo por causa do passado, pois nesta guerra a única perdedora serás tu.

Ela tornou a fitar o príncipe com olhos embaçados de lágrimas e ainda que incerta quanto ao que fazer, tomou-lhe a mão e se pôs em pé novamente.

– Eu te perdôo como meu pai te perdoou, Nef... – ele se atrapalhou nas palavras – qual é o mesmo teu verdadeiro nome?

– Senseneb... – respondeu a moça, submissa.

– Senseneb...

– Mas podes me chamar de Nebseni, como teu pai me chama, como todos me chamam, agrada-me ser chamada assim.

– Assim farei, Nebseni. Pois também pedi a meu pai que todos me chamem de Kameni.

Um sorriso brilhou nos lábios do jovem e daquela mulher linda e mística. Um longo silêncio dominou o ambiente depois que ela se retirou. Olhando fixamente para o portal por onde Senseneb havia passado, Hazem comentou com orgulho:

– Senseneb é boa, boa de verdade, meu filho. Nunca faz mal a ninguém. Nunca diz coisas ruins a respeito de ninguém. Não é mesquinha, nunca se queixa, é a bondade em forma de gente.

A seguir, foi a vez de apresentar Kameni a Solovar. Outro momento tocante e marcante na vida de todos. Devido à forte emoção, Hazem se viu obrigado a esperar alguns segundos até que se sentisse suficientemente firme para falar:

– Este é o homem que salvou tua vida, meu filho.

Lágrimas quentes e vagarosas começaram escorrer pela face de Solovar. Os músculos estavam tensos e ele fez um grande esforço para evitar qualquer som de choro. Ver o menino de rosto bonito, agora um rapaz viçoso e vigoroso porque ele o salvou, a mando de Tait, seu filho amado, morto aos oito anos de idade, como ele acreditava, era mais que uma vitória, era uma glória.

O general e o príncipe se abraçaram forte e demoradamente, e naquele abraço Solovar não só teve a sensação de que abraçava o próprio filho na idade adulta como que já trocara um abraço carinhoso com ele anteriormente. Lembranças de outra vida ou da mesma?

– Não fui somente eu quem te salvou, meu príncipe – observou Solovar com seriedade minutos depois. – Meu filho também teve grande participação no teu salvamento. Mesmo morto foi capaz de salvar alguém vivo, de fazer o bem ao próximo, o que me leva a pensar que foi somente seu corpo que morreu, seu espírito jamais. E posso até vê-lo ao teu lado, meu príncipe.

O homem procurou conter o choro.

– Que pena, meu rapaz! Que pena que não tirei um momento enquanto pude para dizer ao pequeno Tait o quanto eu o amava. Todos deveriam dizer "Eu te amo" para quem amam de verdade antes que não haja mais tempo para isso. Tal como é preciso amar como se não houvesse amanhã.

O homem não conseguiu mais conter o choro dentro de si e chorou. Kameni o abraçou novamente carinhosamente e disse:

321

– Diz, Solovar, diz a teu filho agora o quanto o ama. Tenho a certeza que ele pode ouvi-lo. Abre o teu coração para senti-lo, vê-lo e também para ouvi-lo.

Kameni se assustou com o tom da própria voz tanto quanto com as próprias palavras. Pareciam estar sendo postas na sua boca.

Solovar assustou-se também com elas, pois aprimoraram a sensação de que ele estava definitivamente diante do filho amado na fase adulta. Se houvesse um modo de o espírito do filho ter voltado à vida no corpo de Kameni, poderia jurar que Kameni era Tait.

Mas aquilo era impossível. Tait estava morto, havia morrido cerca de oito anos antes do nascimento de Kameni, ele tinha de se lembrar disso. O sorriso do príncipe despertou o homem de suas reflexões.

Ao cair em si novamente, Solovar percebeu imediatamente que havia uma sensação de paz circulando entre ele e o jovem. Uma sensação jamais sentida antes. Que só vem às pessoas quando elas se veem diante de um grande reencontro na vida. Um reencontro espiritual.

– Diz, Solovar – insistiu Kameni com delicadeza.

Solovar aprofundou o olhar embaçado pelas lágrimas em Kameni, tomado de alegria e espanto ao mesmo tempo. E novamente, no fundo dos olhos do rapaz, ele viu os olhos do filho amado olhando para ele. Ainda que trêmulo, Solovar finalmente falou:

– Eu te amo, Tait, meu filho. Eu te amo profundamente.

Daquele momento em diante um novo Solovar nasceu. Ou renasceu, seria o termo exato para descrever a transformação que ocorreu em sua vida. Tal como um pássaro Fênix.

Quando Hazem e Kameni tornaram a ficar a sós novamente, ambos transbordavam de afeição um pelo outro.

– Eu sempre me senti um ser humano inacabado, praticamente um aleijado por não ter tido uma família... – desabafou o príncipe, humildemente.

– Agora tu tens de volta a família que sempre foi tua. E um lar. Um lar que sempre foi teu.

322

Kameni sorriu agradecido para o pai.

Minutos depois, os olhos de Kameni observavam seu novo quarto avidamente. Nesse instante, Kameni se contemplou interiormente, com espanto. Seus nervos e músculos vibravam com uma fome ansiosa. Nascia em seu coração um apetite intenso pelo futuro, uma sensação agradável de certeza de que os próximos minutos, semanas, meses e anos lhe trariam somente coisas maravilhosas. Como um dia que se desperta deslumbrante e sereno e se estende pela eternidade.

A manhã seguinte entrou para a história do Egito. Às onze horas, como anunciado pelos quatro cantos da cidade, o povo se reuniu abaixo da abóbada do palácio para ouvir o pronunciamento do rei.

De todos os lados havia pessoas empunhando tochas e repetindo num só coro, um viva, que ecoava de canto a canto, espalhando alegria e furor. A maior grita se deu quando o faraó puxou à frente o filho amado.

– Este é meu filho que os deuses salvaram da morte.

Grande palor espalhou-se pelo rosto bonito e sereno de Kameni, enquanto a turba contemplava emocionada o pai na presença do filho, algo que logo passou a ser visto por muitos como um milagre, o encontro do profano com o divino.

A alegria da turba ensandecida de egípcios atingiu o apogeu quando as liteiras carregando pai e filho atravessaram as portas do palácio e seguiram pela rua principal da cidade.

O herdeiro da coroa maravilhava-se ao ver todas as ruas do itinerário do desfile apinhadas de gente, das quais partiam urros de louvor, bênção, alegria e respeito. Milhares de braços alçavam os céus enquanto outros tentavam tocar o corpo do faraó e do filho.

A certa altura, as liteiras foram obrigadas a parar devido ao cerco do povo. Foi nesse momento que Kameni avistou uma figura bastante conhecida. A poucos metros de distância estava Ma-Krut. O jovem virou o rosto imediatamente para o lado quase convencido de que não fora notado.

Não, ele não o notara, sua visão era fraca, ele bem sabia, daquela distância não poderia ver seu rosto com detalhes, tampouco trajando aquelas vestes luxuosas.

Mas Kameni se enganou, Ma-Krut o havia reconhecido e o reconheceria mesmo que de longe e em plena noite.

Quando Kameni voltou o olhar novamente na direção que vira o brutamontes, para o seu alívio, ele não se encontrava mais lá. Ao voltar os olhos para a frente, seu coração por pouco não parou. O mercador estava parado bem a sua frente.

O homem grandalhão e disforme acolheu o rapazote com um sorriso que aumentou sua tortura e o fez corar. Sem dar-lhe tempo para falar Ma-Krut foi logo dizendo com sutil ironia:

— Isso só pode ser um sonho – murmurou arremessando sobre o ex-escravo seu olhar de lince de cima a baixo. – Tu, o filho do faraó?!...

Um guarda empurrou o homem para o lado para que a liteira com Kameni e Hazem prosseguisse caminho. O príncipe levava agora consigo uma carranca escura como se a vida houvesse saído de seu corpo.

Uma voz bondosa ecoou no interior de Kameni:

— Tem calma... muita calma... não te prendas ao desespero.

Sim, ele tinha de manter-se calmo. Não só calmo, como procurar enterrar bem fundo as más recordações que aquele homem lhe trouxera à memória. Não seria digno viver o resto da vida com coisas desagradáveis do passado o importunando.

Ma-Krut certamente se gabaria e poderia até vir a humilhá-lo diante das pessoas pelo resto de sua vida por tê-lo feito ceder às suas vontades.

Muitos, nas mesmas condições de Kameni, chegariam a pedir aos deuses ou às forças do mal para que lhe tirassem a vida para poderem se libertar de seu olhar malicioso e vitorioso por sobre eles. Mas quem eram eles para determinar quem e quando alguém tem de morrer? A ninguém cabia esse direito, senão aos deuses.

Algo dizia a Kameni que por mais que uma pessoa que afronta e humilha a outra com o olhar, ou gestos, ou palavras morra, se não silenciar as vozes mentais que a enchem de culpa e vergonha pelo que fizera, ela continuará presa ao algoz.

Kameni sabia que precisava voltar para Mênfis para a Escola de Médicos o quanto antes, mas Hazem suplicou-lhe tanto que ficasse ao seu lado pelo menos por mais uma semana que o rapaz acabou atendendo. O faraó chegou a escrever de próprio punho uma carta para o diretor da escola explicando os motivos pelo afastamento temporário do aluno.

A tarde caía bonita quando Kameni caminhou até o pátio do palácio e sentou-se na mureta que cercava o lago artificial, para relaxar. O pátio era como o coração do palácio. Sentado ali, estava cercado por toda a edificação a contemplá-lo.

O local estava juncado de folhas mortas e amareladas enquanto lufadas de vento chicoteavam algumas delas, movendo-as e misturando-as como se dançassem um balé esquisito. Não havia sol, pela primeira vez, desde que Kameni chegara em Heliópolis. Além e acima dos picos das mais altas dunas do deserto, ao longe havia uma camada de nuvens escuras.

O jovem príncipe logo descobriu que não era só o palácio, o castelo nas areias que o cercavam, o passado também, onde ele e Kadima haviam se conhecido e vivido aqueles poucos, mas magníficos momentos juntos um do outro.

As lembranças o invadiram de paz, invadiram-no de amor. De um sublime amor. Kameni ficou ali a saborear as lembranças apaixonantes ao máximo.

Foi assim até que o medo de jamais reencontrar Kadima perturbou novamente sua paz. Não era um medo qualquer e sim um medo gigantesco. Logo percebeu que se o deixasse emergir, seria capaz de consumi-lo por inteiro, devorá-lo, esquartejá-lo, torná-lo um fantasma sem qualquer possibilidade de exorcismo.

325

Só lhe restava uma saída, erguer uma barreira contra aquele medo para poder sobreviver e para construí-la era preciso manter sua fé em alta, na esperança de reencontrar a mulher amada.

"Ela está lá, Kameni. Ela está lá em algum lugar", lembrava-lhe uma voz interior, por mais que uma vozinha interior negativa o perturbasse, dizendo: "Diz isso para te iludir, no íntimo sabes muito bem que Kadima está morta".

Kameni procurava ignorar essa voz traiçoeira, travando com ela uma luta diária. Luta que o fez certo dia chegar à conclusão de que as lutas externas eram tão torturantes ou até mais, para algumas pessoas, que aquela com a voz interna negativa.

Ele sabia, mesmo com pouca idade, que todo ser humano enfrentava o mesmo problema interior, uma luta constante contra os ataques a sangue frio desta voz interior negativa.

Kameni ficou tão envolto com as lembranças de Kadima que o tempo escorreu de seus sentidos. Quando deu por si, não sabia precisar por quanto tempo estivera ali. Meia hora, uma hora, não saberia dizer, só sabia que seu coração estava menos opresso pela saudade do que antes de chegar ao local. E que havia uma certeza, infinita como o céu, dentro dele de que em breve, muito breve, estaria novamente ao lado de Kadima.

De repente, Kameni viu o espírito da mulher – que tudo levava a crer era de sua mãe – aparecer diante dele segundos antes de avistar uma naja de cor escura, surgida do nada, deslizando na direção de onde se encontrava sentado. Tão rápido quanto o réptil, Kameni sumiu dali. Se não fosse a visão do espírito da mulher, concluiu o rapaz, certamente teria sido atacado pela cobra. O espírito da mãe havia mais uma vez o ajudado a sobreviver. E voltando o olhar para o réptil, Kameni se perguntou:

O que haveria uma naja de estar fazendo no jardim do palácio? Parecia até que havia sido posta ali por alguém em surdina para atacá-lo. Só podia ser coisa de Ma-Krut. O mercador não desistiria dele tão fácil, mesmo sabendo ser ele o herdeiro do trono.

Na tarde do dia seguinte, Kameni foi de camelo visitar uma das belas encostas próximas ao Nilo. O vento estava ligeiramente frio naquela tarde. Algo totalmente atípico para a estação. Era como se o vento quisesse lhe dizer alguma coisa e por não ser ouvido esfriara para chamar sua atenção. Mas o que estaria o vento querendo lhe dizer? Como compreender sua linguagem? Decifrar seu código?

Ao chegar ao topo da elevação, o príncipe sentou-se numa pedra e ficou olhando ao redor. A vista era linda... Incrivelmente linda... Enquanto contemplava a bela vista, ouviu novamente aquela voz lhe dizendo: "Ela está lá, Kameni. Kadima está lá, em algum lugar..."

Subitamente um fragor despertou-o de seus pensamentos e o fez voltar-se para trás.

Dois homens encapuzados surgidos do nada estavam parados ali a poucos metros, fitando-o severamente. Pareciam assombrações, antes fossem... Não era preciso perguntar, tampouco tentar adivinhar ao que vinham. Eles queriam-no e por motivos nada nobres.

Sua mente examinou o local em busca de uma saída, vezes sem conta, aos tropeções e sempre sem chegar a qualquer resultado. Não havia por onde escapar a não ser que se jogasse colina abaixo. Os dois encapuzados pareciam aguardar sua busca, divertindo-se interiormente.

Ma-Krut e seus homens... Que tolo fora ele ao pensar que desistiria de persegui-lo.

O rapaz começou a ofegar e a tremer, enquanto uma nuvem de dolorosa frialdade o envolvia pouco a pouco. Ele quis gritar, mas foi em vão, porque todos os sons se aglutinaram e congelaram em sua garganta. Gritou, mas apenas mentalmente.

Kameni decidiu esmurrar os agressores até a morte, se fosse preciso para escapar de suas garras. Levantou-se com ímpeto e foi contra eles.

Com os últimos resquícios de força de que dispunha, Kameni conseguiu sobressaltar seu segundo perseguidor. Acertou-lhe um murro tão forte, que o fez cair de costas.

Cambaleando como um embriagado, Kameni precipitou-se de volta à encosta do morro. Estava tão zonzo que se viu obrigado a parar, apoiar-se numa grande pedra na esperança de acalmar seu coração, o qual batia com tal violência que mal conseguia respirar.

De repente, pensou ter ouvido o som de passos golpeando o chão vindo naquela direção. Sua adrenalina foi ao ápice mais uma vez.

Sem voltar o olhar para trás, Kameni seguiu caminho aos tropeções. "Continua...", dizia de si para si. "Prossegue... prossegue..."

Logo ele tomava o caminho em ziguezague que levava ao sopé da colina. A tensão se agravava de tal forma que não lhe permitia introduzir ar suficiente nos pulmões; o que só servia para adensar seu senso de desnorteamento e labirintite.

De repente, uma mão forte agarrou sua nuca e antes que pudesse reagir, ele apagou.

12
A luz nasce na escuridão...

Quando Kameni voltou a si, tudo o que via era um profundo breu. Algo lhe dizia que estava preso numa caverna, o que de fato era verdade.

Há quanto tempo estaria ele preso naquele lugar árido e malsão? Horas ou dias haviam se passado, ele não saberia precisar... a escuridão não lhe permitia calcular, tampouco a mente que em frangalhos lhe privava de qualquer raciocínio.

A escuridão era tal que o mais sensato a se fazer era reprimir qualquer vontade que brotasse no seu interior de se locomover pelo local, evitando assim deparar com algo, um escorpião do deserto ou mesmo uma naja venenosa que porventura houvessem feito do local sua morada e ser picado por eles...

Sentiu vontade de gritar por ajuda. Assim o fez até secar a garganta. O grito do jovem ecoou pela caverna como um ribombo de um trovão. Mas nada obteve senão o silêncio como resposta.

Não restava nada a Kameni senão seus próprios pensamentos. Ele parecia ter sido abandonado por tudo e até mesmo pelos deuses, nem o espírito da mulher que sempre o acompanhava parecia estar mais ao seu lado. Ele estava só, completamente só, no breu. Talvez estivesse morto e não soubesse...

Às vezes, o estômago apertava de fome; depois era invadido por uma pesada sonolência, talvez fruto da fraqueza, do desânimo ou da depressão ou de tudo junto.

Apenas um fio o impedia de perder a cabeça por completo: a possibilidade de reencontrar a mulher amada. Por esse motivo, fazia um esforço sobrenatural para se manter no perfeito domínio de suas faculdades mentais.

Kadima... Kadima... Kadima... repetia ele baixinho, ao mesmo tempo em que elevava seus pensamentos a deusa Ísis.

Diante daquele breu, Kameni teve a impressão de que já vivera aquilo um dia na vida. Só que de outro modo... E ele estava certo. Vivera algo semelhante duas reencarnações antes daquela.

Exausto de ficar prostrado na mesma posição por horas, Kameni decidiu se mover mesmo com o risco de tocar, sem querer, em meio à escuridão uma cobra ou um escorpião do deserto.

Assim, seguiu, em total cegueira, tateando as paredes da gruta escura em busca de uma saída. Os minutos voavam loucamente, enquanto sua busca lhe parecia em vão.

Quanto tempo lhe restava de vida? Indagava-se. Quantos minutos, segundos mais? Ele tinha de sobreviver, ao menos para poder ver Kadima pela última vez.

Cansado de lutar contra a voz negativa que lhe dizia: "tu estás acabado. Este é teu fim", Kameni se rendeu a ela:

– Sim... este é o meu fim.

Tudo o que lhe restava era chorar e foi o que ele fez.

Afundou seu corpo sobre seus calcanhares e se entregou ao pranto. Chorou, chorou tanto, como há muito tempo não chorava, que derramou mais lágrimas naqueles minutos do que durante sua vida toda.

Quando conseguiu se controlar, Kameni se deixou mergulhar fundo numa prece.

– Oh! Grande Ísis não me deixes aqui... não me abandones... preciso continuar vivo, não quero morrer, quero a vida por mais cruel que possa ser, às vezes... ainda assim quero a vida... dentro de mim há uma voz que me pede para viver, sobreviver, há ainda algo para se fazer neste mundo, há ainda algo para acrescentar a esta vida... Oh! Dinvidade, liberta-me. Eu te peço humildemente que me liberte.

O choro encobriu suas palavras e tudo o que se ouviu a seguir foi o pranto amargurado de um jovem de vinte anos de idade. Um jovem que queria sobreviver àquilo tudo por amor à vida, a si próprio, ao próximo e à mulher amada.

As lágrimas continuaram a escorrer pela face, perdidas em regatos de transpiração. Os soluços sufocados assombravam o interior daquele aposento morto.

As vozes negativas continuavam a falar em sua mente e pareciam se multiplicar a cada segundo que avançava. Falavam só coisas ruins, cheias de prazer por verem o estado deplorável que conseguiam produzir no interior do rapaz, atingindo até sua alma.

Elas estavam dispostas a matá-lo, mais que a própria prisão na caverna.

"Só há um jeito de nos silenciar, Kameni", diziam elas. "Mata-te! Mata-te!..."

A sugestão parecia que iria ecoar em sua mente sem ter fim. Ordinárias, sim, as vozes eram ordinárias. Horríveis. Medonhas. Desumanas. Vozes demoníacas.

De repente, surgida do nada, como uma flecha que atravessa a escuridão, a voz de Kadima soou em seus ouvidos, interpondo-se em meio a todas aquelas vozes abomináveis. Kameni decidiu então ignorar todo e qualquer som que não fosse o da voz da mulher amada e assim conseguiu silenciá-las sem se fazer mal.

A voz de Kadima declamava um poema, um poema que ela a seu lado nunca declamara. Como poderia então ouvi-la falar algo que nunca falara? Mais um mistério da vida. Talvez não fosse ela quem declamasse e sim Ísis, a poderosa deusa se utilizando da voz de Kadima para fazê-lo prestar atenção nela, bem como aliviar seu coração exasperado.

Kameni se ateve a prestar redobrada atenção no que era declamado em seu mental por aquela voz tão doce, tão sutil, tão amada.Nas horas que se passaram, conseguiu manter a fé absoluta na sua salvação. "Nada me resta senão a salvação", repetia ele com convicção e incansavelmente.

A certa altura, chegou a pensar em abrir os olhos e olhar ao redor, para ver se já estava fora daquele lugar horrível. Bonito por fora, pavoroso por dentro. Mas repeliu a vontade, se concentrando novamente nas suas palavras de fé.

De repente, teve a impressão de ouvir vozes nas proximidades. Duvidou. Aquilo só podia ser vozes vindas do reino dos mortos, os espíritos vindo buscá-lo para levá-lo até Osíris. Era seu fim.

Num último resquício de esperança, o jovem abraçou-se a si mesmo encolhido na escuridão, rezando para que Ísis intercedesse por ele. O volume das vozes foi aumentando ao mesmo tempo em que a escuridão era quebrada. Logo, dois homens entravam na caverna e seguiram na sua direção trazendo consigo uma tocha nas mãos para iluminar o lugar.

Desesperado, Kameni conteve a respiração e ficou imóvel para que ninguém o visse escondido ali, crente de que eram os enviados do mundo da morte a buscá-lo.

Sua mente estava tão embaralhada que não podia mais distinguir o que era realidade e o que era imaginação. Um dos homens finalmente o avistou e correu até ele. Ergueu-o do chão e o ajudou a caminhar até o estreito vão por onde haviam entrado na caverna.

Após dezoito horas de agonia, Kameni estava novamente livre.

Ao ser atingido pelos raios do sol, os olhos do rapaz arderam como se estivessem cheios de areia por ter ficado todo aquele tempo em meio àquela profunda escuridão. Estava com a cabeça tão atormentada e confusa que ainda não sabia ao certo em qual mundo estava. Dos vivos ou dos mortos?

Os dois homens deram-lhe água para beber e depois pão para comer. Ele bebeu com furor jamais visto e a água nunca teve tanto sabor como daquela vez.

De repente, uma sombra chamou-lhe atenção. Era uma sombra conhecida, bem conhecida. Na verdade o rosto dos dois homens que o tiraram da tumba também eram conhecidos. A descoberta fez Kameni encolher-se todo num espasmo de pavor. Ele se apertou contra si mesmo como quem se apega a sua última alternativa. Tentou gritar, mas apenas um grasnido emergiu de sua garganta.

— Encontramo-nos novamente, meu rapaz — disse Ma-Krut no seu tom grave de sempre.

Kameni tratou logo de dizer:

— Por que não me mata de uma vez e acaba com toda essa minha tortura, seu demônio?

— É assim que agradece àquele que salvou sua vida? — perguntou o mercador abrandando a voz.

Uma estranha angústia dominou o peito do rapaz apavorado.

— Minha vida?! — murmurou. — Prende-me na intenção de me matar e depois me solta para que eu te seja grato? É isso?

— Eu não tive nada a ver com a tua prisão nesta caverna, Kameni. Absolutamente nada.

Kameni soltou um riso esganiçado.

— Ora, o senhor não espera que eu acredite no que me diz.

— Não espero...

O homenzarrão deixou seu corpo sentar-se ao lado de Kameni e o silêncio veio ao encontro de todos ali.

— Mata-me de uma vez por todas... — insistiu Kameni, mais uma vez.

O homenzarrão riu.

— Não te matarei, Kameni. Tu estás livre, podes ir embora...

— Por que faz isso comigo?

— Estou te dizendo a verdade, estás livre para sempre...

— Fala sério?

— Nunca falei tão sério em toda a minha vida. Se eu não te libertar eu nunca me libertarei. Estarei preso a ti como um escravo tanto quanto tu fostes preso a mim como um escravo. Quero a liberdade, quero me ver livre do sofrimento que me causa, de todo desejo que me tortura e corrói toda vez que meus olhos pousam em ti. Não aguento mais. Não mais...

"Acho que finalmente compreendi o que os deuses estão querendo me dizer já faz algum tempo... Nunca podemos forçar alguém a nos amar. Esta é a maior lição que aprendi na vida. Insistir, persistir só nos faz sofrer, gastar as horas, os dias de nossa vida em meio ao sofrimento... eu sempre gostei de ti, sempre, sempre... posso dizer que te amei, mas por mais que te ame, se tu, como qualquer outro, não me amares reciprocamente, esse amor será, na verdade, apenas dor, uma insólita e pobre dor. Se te pagar para me amar, seja de que forma for, ainda assim não será amor, se te forçar a me amar também não será amor..."

Ma-Krut suspirou:

– E eu, Kameni, sempre quis ser amado do mesmo modo que eu te desejei e amei... Hoje sei que há coisas na vida que nunca serão como queremos, nunca... há coisas na vida que precisamos aprender a compreender, aceitar, esquivar-nos, amar, mesmo não sendo amado... A maior prova de amor que se pode dar a quem se ama é deixá-lo livre para amar quem o coração dele escolher para amar... Se fores tu, tudo bem, senão, tudo bem também... porque se tu amas alguém de verdade, queres ver a pessoa feliz... E eu te amo de verdade, Kameni, por esse motivo quero te ver feliz.

Novo suspiro e Ma-Krut prosseguiu:

– Não me curvo mais diante da paixão... Ela me quer seu escravo, tanto o quanto o desejo sexual quer me arrojar aos teus pés e ver-me humilhar até não me restar mais dignidade... Este tipo de amor eu dispenso...

O mercador reprimiu as lágrimas e acrescentou:

– Mente quem diz que o coração não se engana quando o assunto é amor, engana-se sim, quando enfeitiçado pelo ego e pela vaidade dispostos a mutilar os sentidos d'alma.

Kameni conhecia bem seu amo para saber que o que ele estava dizendo vinha d'alma e sentiu orgulho dele.

Mais tarde, em suas reflexões, Kameni percebeu que ele e Ma-Krut haviam sido postos lado a lado naquela reencarnação porque ambos tinham muito a aprender um com o outro. A voz de Ma-krut adentrou seus pensamentos:

— Que bom que o médico chegou a tempo de me impedir de fazer aquela loucura contra ti. Um lado meu ansiava por uma intervenção dos deuses e eles me ouviram...

Ele suspirou, emocionado antes de acrescentar:

— A jovem... a jovem que tanto amas e que anseias loucamente reencontrar, bem... ela mora numa choupana nas proximidades de Busíris. Nã será difícil localizá-la. Vai atrás dela, Kameni, não adies mais esse reencontro, ela espera por ti...

Ele voltou-se para o mercador, surpreso e emocionado. Foi até ele e deu-lhe um beijo na face bochechuda. O gesto deixou o homem vermelho de constrangimento.

— Ora... ora... ora... deixa isso — murmurou, escondendo os olhos contidos de emoção.

Kameni sorriu agradecido. Antes de partir, Ma-Krut fez um adendo:

— Lembra-te Kameni. Não te esqueças jamais. Não fui eu quem mandou te prender nesta caverna. Há um inimigo à espreita. Alguém que te abomina e que quer te impedir a todo custo de tomar o lugar do faraó. Abre os olhos, protege-te... Fica atento.

— Eu agradeço sua preocupação para comigo e também lhe agradeço por tudo o que fez por mim desde criança. Se não fosse o senhor...

O homem se segurou novamente para não chorar... mas dessa vez foi em vão, as lágrimas irromperam de seus olhos em profusão.

13
O amor venceu...

Rumo a Busíris

Galgando a sela sobre o camelo, Kameni devorou o deserto iluminado pela lua e as estrelas como se fossem tochas de fogo presas no céu, ansioso pelo reencontro da mulher que tanto amava.

Pelo caminho, o jovem príncipe se pegou pensando no velho Ma-Krut e toda a sua história. O bem vencerá o mal mais uma vez. Conseguira insuflar bondade, num ser dominado pela maldade. Transformá-lo num ser humano melhor e no caso do mercador tanto pelo amor quanto pela dor.

Através do amor e da dor ao mesmo tempo Ma-Krut finalmente compreendeu o que a vida estava querendo lhe ensinar. Que quando se ama alguém, perdidamente, mas esse alguém não nos ama reciprocamente, podemos continuar amando-a, mas abrindo nosso coração para outra pessoa que nos ame com reciprocidade. Deixar a quem se ama violentamente, viver com quem o coração dela escolher para amar, é o maior gesto de amor, a maior prova de amor que se pode dar a ela, pois quem ama o outro quer vê-lo feliz, verdadeiramente feliz. Deixar de sofrer por quem não o ama é também a maior prova de amor próprio. O maior sinal de respeito a si próprio.

Libertar-se de uma paixão é se libertar. Viver preso a ela é se escravizar. Enquanto Ma-Krut não compreendeu isso, viveu prisioneiro, escravo da paixão tanto quanto os escravos que comercializava.

Quantas e quantas pessoas não viveram e viviam o mesmo problema de Ma-Krut e mesmo sabendo o que a vida estava querendo lhes ensinar, se recusavam a aprender a lição?

Vida e lições... Lições da vida... Sim, a vida era como uma escola...

E por que alguns haviam de ter de aprender essa lição e outros não? Kameni não soube compreender porque nessa época desconhecia o proceso das reencarnações. Se tivesse conhecimento compreenderia que aqueles que já têm conhecimento não precisam passar por determinadas situações. E quando ocorreu tal aprendizado senão noutra vida anterior àquela?

A única conclusão que ele chegou na época é que a vida era tal como uma escola e o objetivo era levar cada um a uma compreensão melhor e maior sobre a vida. Apurar o espírito de todos nós.

Seguindo as informações que colhera na vila de Busíris, Kameni chegou ao lugar onde vivia Kadima. Uma modesta choupana de juncos, construída à beira de um campo de trigo. Na frente dela havia uma mulher parada como se estivesse esperando por ele. O que de fato era verdade. Uma voz lhe soprara nos ouvidos: "Fica em frente a casa que Kameni está chegando...". Uma onda de calor ecoou por dentro de Kameni, povoando-o de alívio ao perceber que se tratava de Kadima.

Mal contendo a ansiedade, Kameni dirigiu o camelo até a mulher envolta em espesso véu. Quando lá chegou ela já havia tirado o véu e exibia seu semblante bonito e delicado para ele, com um sorriso iluminando seus lábios.

– Kadima! – exclamou ele saltando do animal. Correu até ela e apertou-a apaixonadamente contra o peito e cobriu-lhe o rosto de beijos.

A voz foi-lhe embargada pelos soluços...

– Minha querida, quanto tempo... Não sabes o quanto eu ansiei por este reencontro.

– Meu amado – disse ela, aconchegando-se em seus braços fortes.

Os dois se abraçaram numa explosão de afeto e alegria. Kameni mergulhou o rosto nos cabelos sedosos da mulher amada, apertando-os contra sua quentura sedosa e perfumada. Beijou-lhe os cabelos, o pescoço, a nuca com sutil ardor.

Ela recuou a cabeça de repente em busca dos lábios do homem amado e só então os dois se entregaram a um beijo ardente, apaixonado, sobrenatural...

Os lábios macios de ambos pareciam veludos a sulcar com ardência um ao outro.

Por mais que tentasse descrever a onda de sentimentos que a invadia ao se ver novamente nos braços do homem amado e, após ouvir suas palavras, Kadima não conseguia.

Dessa vez foi Kameni quem afastou o rosto e, ofegante, sorriu para ela, tomou-lhe as mãos, levou-as até seus lábios e beijou-as ardentemente. Ele queria falar, por para fora o que lhe vinha da alma naquele instante, mas as palavras se perdiam no meio da forte emoção. Por fim disse:

– Quanta saudade... quanta saudade, meu amor...

Ele a apertou contra si e, mais uma vez, ficaram fortemente enlaçados, enquanto ele afagava os cabelos dela com os dedos. Contendo o fôlego ele murmurou:

– Como estás tu?!

– Estou bem. Melhor agora.

– Cheguei a duvidar que te reencontraria, meu amor.

Ela tornou a afastar o rosto, agora com uma expressão de perplexidade. Segurou o rosto do amado com suas duas mãos delicadas e disse com certa seriedade:

– Eu jamais duvidei. Jamais duvidei que esse dia chegaria... Por mais que a mente dissesse não, eu dizia sim, sim, sim...

Ele sorriu àquelas palavras. Ela lhe devolveu o sorriso, enxugando suas lágrimas quentes com a ponta de seus dedos delicados.

– É evidente que fiquei irritadiça, inquieta e fadigada muitas vezes – acrescentou Kadima a seguir. – Cheguei a chorar, chorei muito, sim, mas de saudade... Jamais de dúvida de te reencontrar.

– Nada mais vai nos separar, Kadima. Nada mais! – disse ele a seguir. E, novamente, aquela vontade de que o mundo parasse com eles abraçados um ao outro explodiu no interior do príncipe. Kameni desabafou:

– Gostaria que o mundo parasse agora conosco nessa posição para que ficássemos assim pela eternidade, Kadima.

Ela tornou a olhar fundo nos seus olhos e seriamente disse:

– Não pode parar, Kameni. Não pode.

Ela baixou os olhos emocionada. O movimento de sua garganta, quando engoliu com dificuldade chamou atenção de Kameni. Uma pontada de receio imobilizou-o naquele instante. Ao erguer o rosto, revelando as doces feições graves e pálidas, Kadima disse baixinho:

– Se o tempo parar teu filho não poderá crescer.

– O que disseste?

– Teu filho, Kameni. Teu filho. Eu dei à luz um filho teu. Estava grávida quando fui vendida.

A revelação era forte demais para ser absorvida de uma vez.

– Um filho?!

– Sim, Kameni. Um filho!

A felicidade do príncipe era tanta que seu rosto pareceu tomar uma coloração mais luminescente, como se uma tocha houvesse sido acesa por trás da sua pele. Ele tornou a sorrir e beijar a mão de Kadima suavemente. Ela tornou a se apertar contra ele e emitiu um som sibilante de dor e alegria. Quase um êxtase.

A seguir ela puxou o amado para dentro da choupana e Kameni logo avistou o filho deitado sobre a cama, dormindo como um anjo.

Por mais que tentasse, não conseguia tirar os olhos da criança. Era linda demais de se ver.

Enquanto isso, Kadima lhe serviu água, muita água.

Minutos depois, os dois olhos bonitos do menino se abriram e fitaram o pai. Kameni tremeu por inteiro, tamanha emoção. Então, ergueu o garoto da cama com suas mãos morenas, fortes e grandes e exclamou emocionado:

– Meu filho! Meu filho!

A maneira como ele disse "filho!" encheu a mulher amada de súbita alegria, e lhe deu uma visão de como seriam os anos futuros ao lado de Kameni e do filho adorado.

Kameni tornou a rir, debilmente. A vida pregava surpresas: boas e más. Mas aquela não era uma surpresa nem boa, nem má, era divina.

Nada mais pareceu existir para Kameni a partir daquele momento, nem a bondade, nem a maldade, nem a fome, nem a satisfação, nem a vida, nem a morte, tampouco os grãos de areia do deserto, tampouco o mundo, as pessoas, a glória, a vida e a morte. Só existiam eles por todo o Universo sob os olhos dos deuses.

Dez, quinze minutos depois, Kameni pôs o filho de novo sobre a cama, voltou-se para a mulher amada e a abraçou novamente.

Ah! Como era bom sentir novamente seu corpo dourado e quente sob o seu, sua respiração suave sob seu rosto, ouvir seus sussurros e gemidos apaixonantes. Sentir seu corpo encaixando no seu tão perfeitamente. Sentir o amor explodindo em suas entranhas, em seus vãos, atingindo sua alma, libertando sua alma.

– Este é um novo começo de vida para nós. Um novo ponto de partida. Esqueçamos o passado, Kadima. Todo o desespero. Toda a tortura. Tudo enfim de ruim que fez parte dele. Sigamos em frente carregando conosco na memória somente os bons momentos que vivemos lá atrás.

O presente nos oferece agora tanto amor, tanta alegria que não é justo carregarmos qualquer centelha de desagrado do passado conosco.

Assim como não vale a pena abrir espaço dentro de nós para que o rancor, a mágoa se manifestem e nos atormentem.

Ele novamente a beijou, dessa vez na ponta do nariz. Sorriram e então ele pediu a ela que se sentasse.

– Ah, meu amor, aconteceu tanta coisa comigo desde que nos separamos que é melhor tu sentares para ouvir. Bem, primeiramente, descobri que meu nome não é Kameni. Esse nome me foi dado após ter sido deixado numa caravana quando ainda era uma criança. Meu nome verdadeiro é Alar. Ainda que prefira continuar sendo chamado de Kameni. E meu pai é nada mais, nada menos que o faraó do Egito.

A seguir Kameni contou à mulher amada com detalhes tudo o que vivera desde que fugira da caravana de Ma-Krut Kalin. Kadima ouviu com profunda atenção.

– Tu, filho do faraó?

– Sim.

– Agora compreendo porque sempre vi dentro de ti e sobre tua cabeça uma estrela.

Ele tornou a sorrir com afeto. Disse:

– Meu pai precisa te conhecer. Conhecer o neto. Isso vai alegrá-lo profundamente. Antes, porém, de te levar até ele, quero preparar o coração dele, temo que se chegar assim de supetão seu encanto seja tanto que passe mal de tanta alegria.

– Como queiras, meu amor. Aguardaremos por ti.

Novamente os dois sorriram e se abraçaram fortemente por um longo tempo. Enlaçados um ao outro, pareciam duas crianças amedrontadas, que se reencontram após longas e doloridas horas de separação.

Foi preciso puxar forças dentro de si para que Kameni se libertasse dos braços da mulher amada, caso contrário não conseguiria jamais partir dali.

Antes, porém, de ele seguir caminho, Kadima fez nova observação:

341

– Então o espiríto da mulher que te acompanhava só poderia ser mesmo o de tua mãe. Ela não só o te seguia para te proteger como também para te dizer quem era.

– Sim – concordou Kameni, exibindo os dentes novamenre num sorriso bonito. De repente, uma pontada no peito o extremeceu.

– O que foi? – assustou-se Kadima.

– Senti uma pontada, nada mais... – respondeu ele ao mesmo tempo em que voltava à sua memória, o rosto de Nofretiti, em espiríto. Ele novamente tremeu perceptivamente.

– Tu estás bem?

– Sim, é que... de repente me pareceu que minha mãe me seguia não só para tentar me dizer que eu era o filho do faraó, mas para me alertar quanto a algo, algo terrível, mas o que seria? Ou a quem ela se referia?

14
Se não amássemos tanto assim...

O sol vermelho apoiava-se nos telhados das casas e do palácio quando Kameni retornou para Heliópolis. Nem bem pisara na rampa que levava à entrada da suntuosa edificação, uma sensação esquisita desabou sobre ele. Algo obscuro pairava por lá, algo sombrio, seu nome era morte, sim a morte transitava pelo palácio de forma sinistra e assustadora. Ele apertou o passo e logo na entrada colidiu com Solovar que, ao vê-lo, abraçou-o fortemente e chorou de emoção.

– Por onde andaste, meu filho?

– É uma longa história, Solovar. Depois te explico. Onde está meu pai?

O homem não conseguiu responder.

– Diz, Solovar, onde está...

– Caiu de cama depois do teu desaparecimento, doente, muito mal... está nos seus aposentos.

Kameni não esperou seu salvador terminar o que dizia, partiu correndo e imediatamente para o quarto do rei. Ao entrar deu de cara com Senseneb que, ao vê-lo, por pouco não gritou de susto.

– Meu pai? Onde está?

Ela não respondeu. Permaneceu boquiaberta olhando para ele como se olhasse para um fantasma. Kameni passou por ela como um raio em direção ao cômodo subsequente onde o pai estava acamado. Ajoelhou-se ao lado da cama, tomou-lhe a mão e disse:

– Estou aqui, pai. Não te preocupes. Está tudo bem...

Hazem, ainda que sedado, teve seus olhos imediatamente tomados de lágrimas pela emoção de rever o filho.

Kameni voltou então para o cômodo ao lado para ver como estava Senseneb. Entre lágrimas ela pôs para fora o que tanto a afligia:

– Chegou a hora, Kameni, a hora de eu me separar do grande amor da minha vida. Por mais que eu procure entender não consigo, não consigo compreender por que os deuses criaram a morte.

E meneando a cabeça acrescentou:

– Eu a temi, Kameni, sempre temi a vinda da morte. Não por medo de morrer, minha morte nunca me assustou, mas porque ela tem o poder de nos separar das pessoas que mais amamos na vida. Amo teu pai mais que a mim mesma. Antes fosse eu a morrer primeiro. Seria mais fácil...

– Não percamos as esperanças, Senseneb, o faraó ainda pode se recuperar.

– Conheço-o muito bem, Kameni, e sinto que desta vez ele será vencido pela enfermidade.

Ela inspirou o ar e murmurou num lamento:

– Nós vivemos a maior e mais profunda, intensa e linda história de amor. A mais repleta de paixão... Jamais vi um amor como o nosso... tão sem limites...

– Tu falas com tanta emoção que posso sentir, mesmo não estando dentro de ti, o quanto amas o rei e o quanto estás sofrendo por vê-lo mal.

Um leve sorriso transpareceu na face transfigurada pela dor de Senseneb. Kameni baixou o olhar entristecido e lamentou:

– Eu sinto tanto em ver meu pai assim... Ficamos tantos anos separados e agora que poderíamos desfrutar a vida juntos a morte vai nos separar novamente.

Nisso ouviu-se um grunhido, parecendo de dor, vindo do aposento ao lado onde Hazem se encontrava acamado. Kameni correu para lá imediatamente. Hazem jazia sobre a cama na mesma posição. O filho examinou-o, curvando-se sobre seu corpo. Ele permanecia sedado, inconsciente.

Quando Kameni voltou ao aposento onde estava Senseneb, encontrou-a ainda mais abatida e lacrimejante.

Ele foi até ela e pousou sua mão direita sobre seu ombro esquerdo na esperança de confortá-la com seu toque e seu calor humano. Quando ela voltou a encará-lo, Kameni se assustou. O rosto de Senseneb tinha a expressão mais sombria do sofrimento que ele já vira em toda a vida. Era a própria face da amargura, a face de quem passa mal, muito mal sofrendo na carne e no espírito.

Seu estado tocou Kameni tão profundamente que ele puxou Senseneb de encontro ao seu peito e a envolveu com um abraço carinhoso e confortante.

Os dois permaneceram naquela posição por longos minutos em muda angústia. Não era só ela quem se confortava nos braços do príncipe, ele também procurava confortar-se nos braços dela.

O silêncio dominou o local e os minutos perderam-se de vista.

Quando Senseneb se desvencilhou do abraço carinhoso de Kameni parecia mais equilibrada e calma. Ela sorriu, um daqueles sorrisos que todos procuram dar para quebrar o sofrimento compulsivo, e disse:

– Em breve, Kameni, em breve tu serás o novo faraó.

– Não pensemos nisso agora... – disse ele, acabrunhado.

Ela pareceu não ouvi-lo.

– Em breve o Egito estará sob o teu controle. Em breve o Egito estará aos teus pés.

O rosto de Senseneb perdeu ainda mais aquele laivo de angústia.

– Em breve tu entrarás para a história do Egito.

– Se eu pudesse trocar meu trono pela saúde de meu pai eu o trocaria sem pensar duas vezes...

– Eu sei que sim... és dono de um coração benevolente, despretensioso e sem ambição...

Ela tornou a ficar calada pelo que pareceu uma eternidade, antes de voltar a falar. Dirigiu-se então até onde estava a jarra de vinho no seu suporte. Afundou dentro dela um copo de bronze e virando-se para o rapaz perguntou:

– Aceitas um pouco?

Kameni respondeu que sim. Um vinho cairia bem naquela hora tão amargurada. Poderia, quem sabe, libertá-los da amargura.

Ela voltou até Kameni e lhe entregou o copo de bronze com vinho quase até a boca. Ela então ergueu o que estava preso em seus dedos, elevou o queixo e num tom dramático teatral disse:

– Tomemos em nome do Egito... Em nome dos deuses... Em nome do novo faraó... Tu...

E antes de sorver a bebida, Senseneb acrescentou:

– Não é só o Egito que precisa de ti, Kameni. Os deuses precisam de ti tanto quanto...

Ela finalmente entornou o copo sobre seus lábios finos e delicados tão atípicos de uma mulher egípcia e começou a sorver a bebida vagarosamente parecendo sorver cada gota como se fosse a última. Kameni estava prestes a fazer o mesmo quando avistou por sobre os ombros de Senseneb uma chama celeste. E, logo a chama se transformou no espírito da mulher que ele acreditava ser sua mãe. Como sempre, ela nada lhe disse a não ser com os olhos. E nunca seus olhos haviam se esforçado tanto para dizer-lhe alguma coisa como naquele momento.

Senseneb passou então a caminhar pelo aposento como se flutuasse sobre os pés. A bebida pareceu aquecer seu coração e espantar sua tristeza e amargura, seu rosto recobrou a cor e tornou-se novamente lívido. Sua voz então atravessou o silêncio:

– Quem diria... quem diria que um dia tu voltarias para cá. Para herdar o trono que sempre te pertenceu por direito. Quem diria...

Os lábios dela se abriram e se fecharam repetidas vezes ansiosa para falar, mas as palavras não conseguiam atravessar sua boca. Havia lágrimas se acumulando de novo nos olhos de Senseneb, mas desta vez ela rilhou os dentes para reprimir a fraqueza.

Durante um momento, seu rosto permaneceu inexpressivo. Chegou a revelar uma breve suavidade em seu olhar a certa altura, mas foi fugaz. Logo, gradativamente, a expressão de Senseneb foi se tornando pesadamente malévola, ao passo que seus olhos faiscavam. Ante a fúria de ódio e maldade, em seu olhar, Kameni recuou um passo. Chegou a pensar em dizer alguma coisa, mas a apreensão calou-lhe a voz.

Senseneb ergueu o queixo, fitou-o austera e desafiadoramente e disse com ardor:

— Era meu filho...

E impondo mais ênfase na voz acrescentou:

— Era meu filho, Kameni, meu filho...

Seu rosto estava cada vez mais vermelho e inundado de lágrimas que afloravam de seus olhos vermelhos de raiva.

— Filho? – perguntou ele, sem compreender.

— Sim, meu filho...

— Nunca soube que houvesses tido um...

Um grunhido de tristeza escapou do peito de Senseneb. Os olhos tornaram-se novamente opacos e desfocados. A dor parecia ter retomado total controle sobre ela.

— Meu filho... – murmurou ela levando a mão à boca para conter o pranto.

— O que tem teu filho, Senseneb?

Ela ignorou a pergunta. Apenas soltou um suspiro tenso enquanto tornava a repetir lenta e distintamente as mesmas palavras parecendo distante:

— Era meu filho, Kameni, meu filho...

Uma torrente de lágrimas cortou-lhe a frase pelo meio.

— Acalma-te – acudiu Kameni, com delicadeza.

347

O choro dela secou subitamente. Ela voltou-se para ele, mirou seus olhos, e com descaso disse:

– Acalmar-me?

– Sim. Tu precisas...

Ela interrompeu-o ríspida e vivamente:

– Eu não preciso de nada!

A frase foi arremessada quase num berro. Seus olhos escuros brilharam a seguir como os de uma cobra preparando-se para dar o bote.

– Será que és tão estúpido assim para não me compreenderes? Ou te fazes de sonso, de cínico... – cuspiu-lhe as palavras.

Ela calou-se, mas seu olhar de fogo não desviou do rosto de Kameni, no qual ainda podia se ver a espelhar um ardente ódio mortal e um orgulho descomunal. Segundos depois ela prosseguiu:

– Era meu filho, Kameni... meu filho quem seria o futuro faraó do Egito. Entendes agora? Era meu filho que era para estar aqui e agora no teu lugar. E não tu!

Balançando a cabeça vigorosamente, em negação, ela acrescentou:

– Mas eles, Kameni, eles não quiseram... Aqueles malditos não quiseram...

O rosto do rapaz começou a dar alarmantes sinais de apoplexia. Perguntou:

– Eles? Eles quem, Senseneb?

– Os deuses – explodiu ela. – Os deuses, Kameni... Eles não quiseram que eu tivesse um filho, o filho que toda mulher sonha ter. Pelo menos um. O filho amado, querido, idolatrado...

Ela tornou a balançar a cabeça inconformada:

– Por que? Eu te pergunto. Por que eles fizeram isso comigo? Responda-me, Kameni. Por quê? Eu sempre fui boa, honesta, humana e mesmo assim eles não tiveram pena de mim... nenhum laivo de pena e compreensão.

As palavras saíam tempestuosamente de seus lábios:

– Eu os odeio, Kameni, um a um, odeio a todos!

– Não deverias falar assim dos deuses, Senseneb.

– Falo como quero – a resposta saltou-lhe da boca, tanto quanto uma expressão de descaso saltava-lhe à face. Ela inspirou o ar, por duas, três vezes, de forma grosseira e completou:

– Se eu tivesse tido o meu filho, meu e de Hazem, tudo teria dado certo, simplesmente tudo... Ele seria agora o sucessor do pai respeitando o curso natural da vida de todo casal, mas...

– Eu... eu nem sei o que te dizer, Senseneb.

Ela ignorou mais uma vez as palavras do rapaz e prosseguiu:

– E tudo porque os deuses, os malditos deuses me deram um útero seco... tudo por causa de um útero seco. Foi ele quem desgraçou a minha vida... Foi ele quem por pouco não destruiu o meu amor e o de Hazem... Um maldito útero seco!

– Eu... eu sinto muito...

Ela lhe dirigiu um olhar penetrante e irônico, antes de perguntar:

– Sentes? Será que sentes mesmo?

– Sim, Senseneb eu sinto muito... – atestou Kameni com sinceridade.

– Tu? – ralhou ela medindo-o de cima a baixo com desdém. – Não sentes nada por mim. És filho daquela infeliz.

Os olhos se arregalaram, a boca se contraiu esquisitamente. Ela se evoluiu novamente pelo aposento como uma atriz evolui sobre um palco pronta para interpretar uma cena dramática com a maior dramaticidade possível.

Kameni estarreceu diante daquela nova e estranha expressão no rosto de Senseneb. Uma expressão tão sombria que lhe roubava da face os últimos resquícios de beleza.

Ela sorriu, sorriu como uma raposa matreira antes de dizer:

– Ela me odiava, Kameni... Queria me ver morta, desgraçada, infeliz como ela era... Não me deixou em paz um minuto desde que se mudou para cá.

349

Novo sorriso matreiro:

– Se não fosse meu útero seco eu não precisaria ter passado tudo o que passei nas mãos daquela demente...

– Minha mãe... – murmurou ele, timidamente.

– Sim. Tua mãe – respondeu ela, rompendo-se numa gargalhada. – Ela pensou que iria me destruir, acabar comigo, separar-me de Hazem para sempre e eu cheguei a temer que conseguisse, mas quando estava na pior, no fundo do abismo eu ouvi uma voz me dizer: "Se tu não podes vencer o outro com a bondade, una-te às forças do mal..." e foi o que eu fiz.

Senseneb gargalhou novamente deformando ainda mais sua face bonita.

– Esquece o passado, Senseneb – propôs Kameni. – Não te deixes mais ser atormentada por ele. Recomeça a vida.

Ela riu. Ele continuou:

– Tu podes, Senseneb.

Ela riu ainda mais alto e revidou:

– Não posso!

– Podes sim!

– Não posso!

– Faz um esforço!

– Não posso, Kameni! Não posso porque tu estás aqui diante de mim...

As palavras dela calaram-lhe a voz. Ele fitou a mulher, alarmado, sem compreender. Perguntou:

– O que eu tenho a ver...

– Tu tens tudo a ver... – adiantou-se ela, impaciente. – Será que ainda não percebeste... foi tu, Kameni, Alar seja lá como se chame, foi por tua causa que minha vida com Hazem por pouco não foi destruída. Por pouco...

Ela empinou a cabeça feito uma naja olhando enojada para ele e arrematou:

– Eu te odeio... eu te odeio desde a primeira vez que te vi, quando era ainda um bebezinho frágil e indefeso, mesmo assim eu te odiei... porque era para ser meu filho, nascido do meu ventre que era para estar ali envolvido nos braços de Hazem recebendo afeto e não tu, filho daquele demônio.

A revelação deixou Kameni estatelado. Ela prosseguia, dramática:

– Eu fiz de tudo, simplesmente de tudo para me ver livre de ti e, no entanto, tu voltaste... Voltaste para me atormentar novamente... O que me leva a crer que os deuses me odeiam... sim, odeiam-me, pois se gostassem de mim, não teriam permitido que aquele inútil que Hazem encarregou de te executar poupasse tua vida.

Senseneb terminou a frase, vertendo-se em lágrimas que à luz das tochas, pareciam ser de fogo.

– Sabes o que foi para mim aturar e encarar Hazem brincando contigo quando criança? Ver o brilho nos olhos daquela cadela, radiando de felicidade por me ver sofrer de humilhação por eu não poder dar o filho que Hazem tanto queria e merecia ter, sabes? Faz ideia? Não...

Por alguns momentos ela pareceu mergulhada em seus pensamentos. A mente de Kameni encontrava-se num estado de fermentação. Voltando a si, ele ergueu a cabeça num gesto brusco e disse, lenta e distintamente:

– Mas...

– Diz... – desafiou Senseneb, imperativa.

– Mas... tu não estavas aqui quando nasci, não é mesmo? Pelo que sei, tu só chegaste ao palácio, dois, três anos depois do meu nascimento. Quem estava aqui quando nasci era Nebseni, a verdadeira Nebseni e não tu. Samira só te trouxe para cá depois que Nebseni morreu, não é isso?

Um sorriso se insinuou no rosto da mulher. Ela tentou se conter, mas o riso foi mais forte que ela. Escapou-lhe pela boca e pelo nariz. Era um riso cheio de prazer e cheio de maldade. Assustador.

351

– Pelos deuses... – murmurou Kameni, em tom de perplexidade. – Tu... – Ele não conseguia completar a frase. Seu corpo começava a tremer por fora e por dentro. E a cor de seus lábios e sua tez desapareciam rapidamente.

– Não pode ser... – repetiu ele, desorientado. Tentando desesperadamente firmar a voz: – Tu és a própria Nebseni. A verdadeira Nebseni o tempo todo...

Os olhos dela responderam que sim e aquilo fez Kameni estremecer ainda mais, apelando desesperadamente para toda a sua força de vontade, a fim de não explodir de desespero e pavor.

Ela agora olhava para ele com sua beleza, dilacerada de vez. Em questão de segundos, o rosto de Nebseni estava o avesso do que sempre fora, era mais do que feio, era demoníaco.

Kameni logo compreendeu que o rosto dela que via agora, era a verdadeira face de Nebseni, a face interior, que sua beleza exterior encobrira durante todos aqueles anos. Apenas os olhos de águia, cheios de inteligência e audácia não haviam mudado.

– Mas c-como...? Não pode ser... Todos te viram morta. Foste embalsamada, mumificada e enterrada em tua tumba. Como pode...

A mulher permaneceu encarando-o com um sorriso sarcástico e desdenhoso nos lábios por alguns segundos antes de responder, e quando o fez, foi num tom vitorioso:

– Quem morreu não fui eu, Kameni. Foi uma jovem muitíssimo parecida comigo. Que teu pai encontrou por aí e pensou ser eu.

Kameni permaneceu hirto, estático, imóvel, atônito, olhando fixo nos olhos dela como que chumbado naquela direção. Ela continuou a falar, num tom mais brando agora:

– Coitado, Hazem estava tão desesperado por me encontrar que bastou encontrar a tal jovem, minha irmã gêmea possivelmente e acreditou piamente ser eu, mesmo ela afirmando insistentemente ser outra pessoa.

Ela baixou seus olhos rutilantes para o nada e prosseguiu:

– Parte da história que lhe foi contada é verdadeira, sim. De fato, após teu nascimento e após ter esgotado todas as minhas tentativas para engravidar, decidi partir daqui para nunca mais voltar. Foi a única solução que encontrei para não mais ter de deparar com os olhares de todos aqui... Samira, Babeth, Ankh... Todos que fingiam gostar de mim pela frente, para agradar Hazem, mas por trás se matavam de ciúme pela minha pessoa, por Hazem me amar tão loucamente como sempre me amou e não amar a eles tanto quanto. E, principalmente os de tua mãe, zombando da minha pessoa, por eu não poder dar ao faraó um herdeiro.

Sentia-me tão humilhada, tão inútil, tão culpada por isso que só mesmo vivendo longe daqui, acreditei que voltaria a ter um pouco de paz. Parti sofrendo e vivi sofrendo cada minuto pela saudade que tinha de Hazem. Mas foi a única solução que encontrei para suavizar meu martírio.

Ela tomou ar antes de prosseguir:

– Tive de ser forte, muito forte para não voltar atrás na minha decisão. Pois era insuportável ter de viver longe de Hazem, ainda mais sabendo que ele estava com a saúde debilitada por causa do meu desaparecimento. Ainda assim, eu me mantive firme no meu propósito. Jamais regressar. Rogando aos deuses que protegessem Hazem.

Hazem agiu como eu previra, pôs o Egito inteiro ao meu encalço e depois partiu atrás de mim. Ainda assim consegui me esconder dele. Tudo ia bem até que ele encontrou a tal jovem idêntica a minha pessoa. Fosse ela minha irmã gêmea, ou simplesmente uma mulher idêntica a mim, isso eu não sei, só sei que o desespero de Hazem por me encontrar era tanto que ele acreditou, mesmo ela negando, que era eu de fato e que dizia aquilo para não ter de regressar para cá.

Estou quase certa de que essa jovem, ao saber que ele era o faraó, e que a confundira com a rainha desaparecida acabou decidindo se passar por mim para poder usufruir das regalias que cercam a vida de uma rainha. Mas a doença a matou. E para Hazem quem morreu fui eu.

Pálido, o rosto de Kameni estava agora inundado de lágrimas e desfigurado pelo desespero. Ela prosseguia sem dó:

– A notícia da morte da jovem se espalhou pelo Egito como um raio, somente eu sabia que a mulher que morrera não era eu. O que mais me doía era saber que Hazem estava enlouquecendo por causa da morte dela. Eu pensei que ele superaria a perda com o tempo, mas infelizmente não... Decidi então voltar para cá para lhe contar a verdade, era o único modo de salvá-lo do desespero e da morte.

Ela soltou um risinho escarninho:

– Só queria ver a expressão de horror e surpresa nos olhos de tua mãe, Samira, Babeth, Ankh quando descobrissem que quem morreu não fora Nebseni aquela que ofuscara a presença deles na vida de Hazem e sim uma sósia dela.

Ela tornou a rir, mas o riso se entristeceu a seguir:

– No entanto, por mais surpresos e decepcionados com minha volta, eu ainda teria de enfrentar seus olhares sobre mim, condenando-me por não poder ter dado um filho a Hazem. Sentindo-se vitoriosos. Principalmente tua mãe. Eles zombariam de mim sem piedade até meu último suspiro. Sem dó.

O rosto dela sombreou-se a seguir, sombreou-se ainda mais de tristeza.

– Em dúvida quanto a voltar ou não para cá, minha cabeça começou a ser invadida por vozes, femininas e masculinas, vozes esquisitas que rodopiavam por dentro dela como um torvelinho ensandecido.

Eu logo reconheci os donos das vozes, pertenciam a tua mãe, Ankh, Babeth, Samira, Arpad..., dizendo: "tu nunca vais ganhar de nós. Intrusa, ladra, indesejável, estéril... inútil...".

Em meio a essas vozes surgiram outras, desconhecidas, que logo abafaram as demais e me puseram num estado de calma. Então, quando calma, sugeriram-me algo absurdo e cruel, mas que poderia dar certo. Algo feito por amor, pelo amor imenso que eu sentia e sinto por Hazem...

Seria tal como encenar uma peça teatral e sendo eu uma atriz, seria facílimo, além do mais excitante, estupidamente excitante, pois estaria encenando no maior de todos os palcos da vida. O palco da própria vida.

Os olhos dela inflamavam-se de paixão e ódio a seguir:

– Hazem acreditava tanto nos deuses, tanto, tanto, tanto... que se eu aparecesse na calada da noite com ares de quem volta do reino dos mortos, ele acreditaria piamente que eu havia sido absolvida por Osíris e regressado a essa vida. Eu não sabia se o plano daria certo, se minha encenação seria convincente, seria arriscado, mas eu não tinha mais nada a perder na vida. Assim dei início à peça mais desafiante que estrelei em toda a minha vida, escrita, dirigida e estrelada por mim. Nebseni...

"Eu tentei embuçar essa idéia com todas as forças que me iam na alma... eu juro... mas uma força, uma força contrária à vontade do meu coração, era demoniacamente mais forte que esse meu lado, e, com sua lábia, seu feitiço, ofuscou minha compreensão, minha bondade, meu caráter e quando dei por mim já estava me deixando ser guiada completamente por esse instinto desumano e vingativo.

"Era como se o ódio que tua mãe sentia por mim tivesse me possuído, fazendo-me voltar contra ela com o mesmo ódio... rogando-lhe as mesmas pragas... querendo como ela quis, desde o primeiro momento que soube da minha existência, que eu morresse... Ela me instigava o mal sem piedade... sem nenhuma piedade... e eu acabei absorvendo todo o mal que tua mãe tinha por mim... e tal como um espelho eu devolvi a ela todo o mal... devolvi, não só para ela, mas para todos os demais que nutriam por mim o mesmo mal que ia no coração dela."

Não foram as palavras de Nebseni que tocaram profundamente o herdeiro do trono e sim o rosto do espírito da mulher que sempre o acompanhara e que estava ali parada no fundo do quarto a observar os dois.

355

As lágrimas intermináveis a riscar o rosto daquela mulher não só revelavam a ele que tudo o que Nebseni acabava de dizer era a mais pura verdade como também confirmava que o espírito daquela mulher amargurada era de fato o de sua mãe, Nofretiti.

Kameni sentiu um furor envolver seu coração e também muita pena, pena da mãe e também muita pena de Nebseni.

E neste instante despontou no céu de seus pensamentos a imagem de Osíris. Como poderia ele julgar os atos daquelas duas mulheres, principalmente os de Nebseni, se no fundo ela fora contaminada pelo ódio vil de sua mãe? Sua própria mãe.

Sim, ele, por mais que a amasse e fosse seu filho, não podia deixar que esse sentimento pela mãe o impedisse de ver a verdade. Sua mãe disseminara sem piedade o mal e acabara colhendo o mal.

Nebseni havia ido embora para deixá-los em paz, inclusive a si própria... Tomara essa decisão, na certa, por influência de Ísis*

No entanto, mesmo longe dali, bem longe, Nofretiti quis vê-la morta. Só estando morta é que ela se sentiria sossegada para todo o sempre. Muitos ali deveriam ter almejado o mesmo para Nebseni ainda que por motivos diferentes. Queriam vê-la morta pelo ciúme que sentiam dela por despertar aquele amor abissal em Hazem e fazê-lo sofrer tanto por sua ausência.

E foi esse desejo mau que fez com que a luz das trevas acabasse apagando a luz da consciência em Nebseni, convertendo-a para o mal de vez.

E se aprofundando na análise, Kameni percebeu que não fora a luz das trevas alheia a tudo e a todos que trouxe Nebseni de volta para o palácio para interpretar toda aquela trágica peça e sim a luz negra do ciúme, do ódio, da inveja, do ego, do orgulho ferido, da vaidade desmedida e prejudicial de cada um daqueles que amavam Hazem profundamente, que a trouxeram de volta para lá. Tal como o ímã atrai o metal.

---

*Um espírito de luz disposta a evitar uma desgraça.(N. do A.)

Kameni estava certo agora de que havia uma força sobre o planeta, por trás de cada indivíduo atraindo para cada um aquilo que cada um almejava para o próximo. Uma lei da ação, atração e reação.

Nebseni continuava a se explicar:

– Voltei para cá e entrei no palácio por uma das passagens secretas que há por aqui e que somente a família real tem conhecimento. Foi o próprio Hazem quem me mostrou logo depois que nos casamos. Foram construídas para proteger o rei e sua família de ataques inimigos. Sabendo me locomover por esses corredores secretos seria muito fácil aparecer e desaparecer dos locais como um fantasma.

Kameni permanecia estupefato, a seguir uma angústia começou a fustigar-lhe o estômago.

– Hazem, coitado, acreditou piamente que eu era o espírito de mim mesma que regressara do reino dos mortos e assim me introduziu à sua vida novamente. No momento certo eu expliquei a ele o porquê Osíris me fizera voltar para o seu lado: para contar-te algo terrível... Por sorte, pouco antes da minha sósia morrer, ela tentou dizer algo a Hazem, mas foi interrompida pela morte. Estou quase certa de que a jovem ia tentar dizer para ele mais uma vez que ela não era eu e sim uma mulher parecida comigo. Quando ele me contou isso, vi que meu plano teria mais solidez do que pensara até então.

Ainda que trêmulo, Kameni tomou-lhe as palavras:

– Então tu disseste ao faraó que havia sido estuprada durante a jornada da caravana, ficado grávida, para que ele pensasse que ele é que não podia ter filhos e não tu. E se ele não podia ter filhos, minha mãe só podia ter engravidado de outro homem e eu era um filho bastardo.

– Exato. Assim eu me livraria dela, de Ankh, o amigo tão querido e que também achava em certos momentos que disputava o amor e atenção de Hazem comigo e, principalmente de ti.

Uma dor aguda no cérebro de Kameni, e um calor que pareciam consumir o corpo aturdiram-no inteiramente. Nebseni prosseguia.

357

– Tudo correu como esperado. Eu me vi livre de todos. Mas ainda restavam algumas outras pessoas indesejáveis e que também haviam sido terríveis para comigo, a mãe, a irmã, o cunhado e principalmente o sobrinho de Hazem, o qual certamente acabaria herdando o trono. O que eu não podia permitir, jamais, afinal onde já se viu o filho de Samira tomar o poder depois de tudo que ela fez contra mim?

– Então tu...

– Sim. Eu executei a segunda parte do plano. Parte esta que me foi somente sugerida por essas vozes mentais nessa ocasião, jamais, por momento algum soube dela antes e durante a execução do primeiro ato da tragédia. O mais incrível e assustador foi perceber como tudo se encaixava tão facilmente...

"Disse a Hazem que eu não era o espírito de Nebseni e sim uma mulher idêntica a ela, inventei o nome de Senseneb, e disse que havia sido contratada por Samira para fazer toda aquela encenação, contar-lhe principalmente aquela mentira toda sobre estupro para levá-lo a pensar o que pensou sobre Nofretiti.

"Dito e feito. Hazem se vingou da mãe, da irmã e consequentemente do cunhado e do sobrinho. Pronto, eu estava livre de todos aqueles que me afrontavam com o olhar, me humilhando, caçoando de mim sem dó nem piedade.

"Em seguida, Hazem agiu exatamente como eu previra, perdoou-me e me aceitou como sua esposa. E assim eu voltei a reinar a seu lado como havia de ser."

Os olhos dela inflamaram-se de paixão a seguir:

– Hazem disse para mim que jamais me chamaria de Senseneb, para ele eu seria sempre sua Nebseni. Eu aceitei.

Ela mirou bem fundo no olhar de Kameni antes de acrescentar:

– Mas sabes de uma coisa, Kameni, no fundo eu me tornei de fato Senseneb, porque Nebseni, aquela tonta, boba, que um dia se viu obrigada a fugir daqui na calada da noite para se ver livre de seus algozes morreu no íntimo do amargor, humilhação, vergonha... No fundo já

358

estava morta, há muito tempo e não sabia, morrera no dia que soube definitivamente que jamais poderia dar ao homem a quem tanto amava um filho.

"No fundo eu voltei sim, do reino dos mortos, mas como uma nova mulher, para triunfar sobre meus algozes. Livre do meu passado abominável. E por isso chamo a mim mesma de Senseneb."

Kameni tentou mover-se, chegar até ela, mas estava entorpecido; um peso negro e monstruoso o prendia ao lugar. Era a situação mais hedionda que já enfrentara na vida. Um gemido de angústia soou de seu peito, pouco antes de ele dizer:

— É tudo tão...

— Fantástico?

— Cruel...

— Cruel, fantástico seja o que for, tudo deu certo como eu queria... exceto...

— A minha morte que não aconteceu?

— Sim...

Com voz soturna e desolada Nebseni prosseguiu:

— Quando o vi de volta a este palácio, meu coração por pouco não parou, de susto e de ódio. Como, depois de todo o sacrifício que eu fiz, tu ainda continuavas vivo? Como? Os deuses te protegeram... aqueles malditos te protegeram e por isso eu digo de boca cheia que os odeio tanto quanto odeio a ti.

Ela suspirou fundo, o rosto novamente tornou-se viçoso e num tom orgulhoso continuou:

— Mas eu finalmente venci, Kameni. Finalmente venci... Os deuses pensam ser espertos, mas não são tanto assim... Eu os ludibriei como ninguém...

Ela riu malignamente. E repetiu triunfante:

— Eu venci, no fim eu venci...

Kameni baixou o olhar para o local onde havia posto o copo de bronze que Nebseni havia lhe servido o vinho, pegou-o, ergueu-o e a certa altura girou-o em direção ao chão. Assim, o vinho que ele fingiu ter tomado começou a cair de dentro do copo e se esparramar pelo chão, formando uma poça que mais parecia ser uma poça de sangue.

Os olhos de Nebseni se abriram num espasmo de surpresa e terror. A voz dele, firme desta vez, tornou a soar no recinto.

– Não, Nebseni – disse ele, com graciosa severidade. – Tu não venceste. Tu perdeste. Fui eu quem triunfou no fim. E os deuses ficaram ao meu lado porque os deuses estão ao lado do bem e hão sempre de ficar ao lado do bem. Sempre, sempre, sempre... Foste tu que perdeste...

Ela baixou o olhar sentindo-se nocauteada na alma. Ficou parada ali naquela posição, deixando ser carcomida por uma vastidão de pensamentos confusos e vozes assustadoras.

Ao ouvir um fragor, Nebseni voltou-se abruptamente para trás. Hazem estava ali parado rente a ela, respirando pesado, envolto numa tempestade emocional.

Ao ver sua face toda riscada de lágrimas, Nebseni gelou enquanto uma dor aguda começava a se alastrar por seu estômago. Ela baixou o olhar e viu a faca presa à mão dele contra a sua barriga. Sua face então começou a se derreter como se derrete o gelo ao sol. Ela voltou a encará-lo, com um misto de horror, piedade, arrependimento e pesar se desenhando em seus olhos quase sem vida.

Ele recuou a mão e ela começou a cair sobre as pernas num espasmo de agonia... Em nenhum momento os olhos de ambos se desprenderam um do outro. Um manancial de tristeza minava nitidamente dos olhos escuros de Nebseni. Ela disse:

– Como pudeste, Hazem? Como pudeste? Se eu te amei tanto...

E novamente ela repetiu com voz débil a extinguir-se:

– Por que? Por que, se te amei tanto?

– Isto não é amor, Nebseni – respondeu ele, com a voz por um fio. – Não é amor... é uma doença... uma praga... um punhal...

Por segundos, Nebseni, manteve-se de joelhos, olhando para ele com olhos de súplica, petrificada de angústia, esvaindo-se em sangue.

O quarto pareceu escurecer ainda mais. As pálpebras se contraíram. A respiração foi diminuindo, enquanto se tornava cada vez menor. Finalmente desapareceu... ao mesmo tempo em que ela caía sobre a pele que tapetava o chão.

Naquele instante Hazem viu a beleza que tanto amou na face de Nebseni retomar o seu devido lugar. O remorso transpareceu imediatamente em seu rosto devastado pela dor.

Ele levantou os olhos até encontrar os do filho, olhando entristecido para a tragédia. Disse:

– Dias atrás ela me disse que tu eras um bebê lindo, mas ela nunca te vira bebê.

O que mais entristeceu Kameni foi não ter percebido o que o pai estava disposto a fazer. Ele o teria impedido, crente de que jamais se deve pagar o mal com o mal, pois mais mal causa não só ao próximo como a si próprio pela eternidade.

Por mais ordinária que Nebseni tivesse sido, ainda assim, matá-la, condenaria Hazem ao umbral. Agora já era tarde, um deslize que só mesmo a eternidade poderia livrá-lo.

Kameni foi até o pai e o acolheu em seus braços. Abraçado ao pai, envolto de emoção, os olhos do filho sem querer foram dar novamente no rosto da morta estirada ao chão.

Kameni observou que mesmo morta, a aparência e as maneiras de Nebseni ainda pareciam tão enfeitiçadoras quanto viva. Aquilo o fez agarrar-se ainda mais a Hazem para conter seu estremecimento diante do fato.

Ela estava ali, observou Kameni em silêncio, Nebseni ainda estava ali em espírito, a contemplar pai e filho abraçados um ao outro. Mas não havia rancor, tampouco ódio transparecendo em seu olhar, ao contrário, eles reluziam alívio, como se ela houvesse finalmente sido libertada de uma prisão.

E nesse instante ecoou em sua mente o que ele ouviu alguém dizer certa vez: "Ah, se não amássemos tanto assim..."

Agora, Nebseni e Nofretiti estariam juntas novamente no reino dos mortos. Longe, bem longe do homem que tanto amaram. Mesmo com Hazem se reunindo a elas, na vida além-túmulo, as duas seriam obrigadas a perceber, a duras penas mais uma vez, que não tinha adiantado nada o que ambas fizeram para ter o homem amado somente para elas, porque novamente se viam obrigadas a permanecer lado a lado com ele, tendo de dividir sua atenção.

Isso mostrou a Kameni que não adiantava fugir das lições que a vida impõe a todo ser humano, que enquanto não forem aprendidas não se eleva o espírito.

Tudo o que se dizia a respeito de Nebseni foi varrido do Egito, desde as estátuas construídas nos templos em sua homenagem às festividades em sua honra. Todas as estelas que registravam sua história foram destruídas por completo. Nenhum vestígio seu foi considerado digno de permanecer sobre aquelas terras sagradas, iluminadas pelo deus Rá. Como esposa real de Hazem, ficou guardada apenas a memória de Nofretiti, não por mérito, mas por ter sido a mãe de Kameni.

Houve só um lugar onde a lembrança de Nebseni não conseguiu ser varrida e apagada da história da humanidade, esse lugar foi o coração de Hazem... Por mais que ele tentasse...

15
80 anos depois...

Num vilarejo de um povo que no futuro seria conhecido como hebreus e mais tarde judeus.

Abel (Hazem) sentiu seu peito incendiar de alegria ao ouvir o choro de bebê anunciando o seu nascimento. Segundos depois, a parteira aparecia diante dele.

– E então?

A mulher olhou-o com certa insegurança e disse:

– São gêmeas, meu senhor. Duas meninas... (Nofretiti e Nebseni)

O homem mal conseguia falar de tanta emoção.

– Deixe-me vê-las.

– Meu senhor... – a mulher ia dizer mais alguma coisa, mas ele, de tão ansioso para ver as filhas, entrou no quarto. Ao ver as duas meninas uma felicidade abissal se estampou na face do pai, mas foi passageira, logo ela começou a ser encoberta por uma palidez horrível que se alastrou pelo corpo todo do homem. Eram duas meninas, de fato, gêmeas, porém, siamesas*.

Uma mistura de paixão e revolta bateu-lhe o coração nos minutos seguintes. Novamente ele se via derribado e revoltado com o destino que para ele não passava de um ser monstruoso, sem consideração alguma para com o próximo.

Destino?...

---

*Gêmeos xifópagos: gêmeos que nascem ligados na altura do tórax ou da área do apêndice xifóide.

Reflexões...

Essa é sem dúvida uma história de amor trágica e apesar de estar relatada aqui de forma sucinta, com palavras e situações simplificadas, muitas vezes, modernizadas, para que o leitor possa compreender o que se passou da forma mais simples possível, tornando gostosa a leitura deste romance, tudo ocorreu no passado conforme foi descrito.

Para àqueles que quiserem conhecer os costumes, hábitos cotidianos e a religião egípcia da época com mais detalhes sugiro a leitura dos livros que muitos historiadores escreveram a respeito. Ainda que haja discordância, contradições e muitas suposições eles se aproximam 90% do que realmente se passou às margens do Nilo durante aqueles milênios.

Vale a ressalva de que não *queremos* em hipótese alguma denegrir a imagem do Egito Antigo com esta obra e sim brindar a todos com mais um trecho da história desse fascinante povo que tanto marcou a história da humanidade. (o processo de vida na Terra)

Mostrar dentre tudo um dos motivos que levou os intérpretes religiosos da época a mudar seu ponto de vista quanto ao por que da mumificação dos corpos, passando a mumificá-los somente para que o espírito tivesse condições de chegar até Osíris e se defender na hora de seu julgamento e não para acoplar seu espírito caso este fosse absolvido pelo deus.

Mostrar também que o Egito Antigo foi a civilização que mais se preocupou com a vida após a morte e as consequências que o espírito teria após seu desencarne diante do que fez enquanto encarnado na Terra. Se fizesse o mal, o mal voltaria para a pessoa. Idem o bem. O que nos leva a perceber que eles também acreditavam na lei da causa e efeito. Não só eles, mas muitas outras raças e até mesmo aldeias indígenas da época.

A história vem também para mostrar que muitos, naquela época, viam e se comunicavam com espíritos desencarnados bem como acreditavam no processo das reencarnações, mas guardavam suas visões e crenças por medo de serem encarados como heresia, como aconteceu com muitos outros encarnados ao longo dos tempos vivendo em diferentes culturas que recusavam aceitar a reencarnação.

ponto de assassinar quem dizem amar, como vemos em muitos casos. Mas pode realmente quem ama matar a quem diz amar? É lógico que não, pois se amasse de verdade não cometeria tamanha barbárie contra essa pessoa amada, pois como diz o ditado, um dos mais verdadeiros: "quem ama não mata".

Uns chegam a se defender dizendo: "fiz o que fiz, mas foi por amor! Matei por amor". Amor? Amor a quem? Ao ódio, à revolta, à hipocrisia, à ignorância?

"Se *ela* não vai ser minha não será mais de ninguém", revidam outros. Um dos exemplos mais nítidos de ignorância e de egoísmo abissal. De pobreza e baixíssimo nível espiritual, um dos mais precários na escala da evolução.

Aqueles que matam a quem dizem amar, não só fazem mal ao próximo como também a si mesmos, pois prejudicam drasticamente a sua reencarnação atual bem como a(s) seguinte(s). O mesmo ocorre quando o mal foi cometido contra aquele que ama, o alvo de sua paixão ama. (Como fez também Nofretiti e Ma-Krut.)

E não adianta se perdoar, pedir perdão, clemência a Deus depois da barbárie cometida, pois Deus ao contrário do que muitos dizem, não perdoa a ninguém e é fácil de se compreender por que: seria injusto de sua parte perdoar a um filho em meio a tantos que agem corretamente. Tampouco prendê-lo num inferno onde você queimará pela vida eterna. Para quê?

O único perdão que Deus dá a todos é não privar nenhum de nós da oportunidade de reparar o mal que se fez ao próximo e a si mesmo através de novas reencarnações.

Portanto, pense bem antes de cometer qualquer barbárie e quando não se sentir suficientemente capaz de se salvar do caos emocional provocado pela paixão, peça ajuda psicológica e, principalmente, espiritual, uma vez que quem comete barbáries por causa da paixão são geralmente os que cuidam muito mal do seu lado espiritual.

"Ah, mas se eu não tivesse nascido com um útero seco ou se fulano tivesse correspondido ao meu amor ou se meu marido não tivesse me abandonado... eu não teria reagido mal como reagi."

Ainda assim, nada o isenta da responsabilidade sobre seus atos. Agiu sem medir as consequências? Inconsequências receberá em troca. Nada o livra da lei de *ação e reação* que existe no cosmos.

Continuar a culpar o outro em vez de passar para uma *outra,* como se diz na gíria, é também uma atitude imatura. É fato que nem toda ação de sua parte é 100% responsável pelo modo como alguém agiu ou age com você, mas a sua reação para com esse modo é ainda 100% responsável pelo você de amanhã.

Não adianta também tirar a própria vida por causa de uma paixão não correspondida. O que o afligia continuará o afligindo do mesmo modo, porque a morte apenas liberta o espírito do corpo físico, suas emoções, sentimentos, pensamentos, a consciência, enfim tudo está preso ao espírito, que é eterno, e o peso na consciência é que o indivíduo realmente quer se livrar. Portanto, procurar ajuda para se desvencilhar de seus tormentos, limitações para tornar-se melhor já aqui e agora, por meio de ajuda psicológica e espiritual é a única e melhor solução para todos nós.

Por tudo isso é que muitos espíritos que atentam contra a própria vida, chegam a enlouquecer e se revoltar no plano espiritual porque seu ato insano, sua falta grave para com Deus, não os libertou daquilo que tanto queriam se libertar e que está na sua consciência, que jamais se desmembra do espírito. Do físico, sim, do espírito, jamais.

Quem atenta contra o próximo, seja por paixão ou qualquer outra razão, reencarna em piores formas, muitos deles, leprosos. Pois tal como a paixão e os pensamentos negativos, a comunhão constante com o mal vai sugando das pessoas suas energias, distorcendo a realidade e o corpo acompanha. O físico vai se desfazendo tal como o indivíduo vai permitindo que o mal vá apagando e depreendendo de seu corpo os *pedaços* que lhe eram bons. Ou matando células boas.

Engano pensar que quem mata alguém será assassinado numa próxima reencarnação. Ou quem foi morto, foi morto porque assassinou alguém na reencarnação anterior. Se assim fosse aquele que revida o ato insano, atentado e desrespeito ao próximo e consequentemente a Deus, estaria cometendo a mesma barbárie para si próprio, tornando assim suas existências um eterno acerto de contas por meio de assassinatos sem fim.

Quem mata o próximo, seja por qual for o motivo e não se arrepende do que faz, julgando-se sempre com razão, segue para o umbral após o desencarne, onde permanece até que se arrependa verdadeiramente do que fez, podendo assim ser resgatado dali por espíritos socorristas.

Aqueles que não se arrependem do que fizeram, mantêm-se duros feito pedras, fechados num calabouço de ignorância, têm uma reencarnação compulsória, ou seja, sem que seja consultado, reencarnando em condições bem difíceis.

Ao tomarmos conhecimento do que essas pessoas fizeram no passado, bem como nós, podemos compreender que não podemos responsabilizar Deus por qualquer injustiça que julgamos ser vítimas. Afinal, tudo o que vivemos hoje, coisas boas ou más, são efeitos das causas (Lei da ação e reação) cometidas em vidas passadas, assim como as consequências negativas que obtemos nesta mesma reencarnação, diante de atitudes desatentas e maldosas que tomamos. Daí a importancia de refletir bem antes de fazer algo.

Um equívoco que muitos espíritas, declarados ou não, cometem, é pensar que se fulano está passando por algo desagradável em sua vida é porque ele merece passar por ter feito algo de ruim em vidas passadas e por isso não lhe estende a mão. Ainda que esse indivíduo tenha feito algo de ruim, estender a mão ao próximo até onde podemos alcançar é cumprir o maior mandamento do espiritismo: não há evolução sem solidariedade.

A *paixão,* quando não controlada, além de nos tirar fora do prumo, nos faz acabar sofrendo por um ciúme doentio, razão pela qual muitos também acabam cometendo barbáries. Faz também com que muitos sejam iludidos por charlatões, prometendo-lhes através de "trabalhos" a conquista de sua paixão, prendendo-os ainda mais a uma falsa esperança, atrasando ainda mais sua tomada de consciência para mudar sua vida para melhor.

Mais dois bons motivos para pedirmos ajuda quando nos vemos embriagados de paixão e nos permitir ser ajudados, pois muita gente pede ajuda, mas não deixa ser ajudado. É preciso se permitir receber ajuda.

Ainda que seja difícil de encarar o fato de que o outro por quem você está tão apaixonado não seja recíproco à sua paixão, você, eu, todos nós temos de encarar essa realidade e aceitá-la sob o amparo de Deus.

Ele não te ama. Ela não me ama. Tudo bem, mas se eu a/o amo de verdade desejo do fundo do meu coração que ele/ela seja feliz ao lado de quem ele/ela escolher para amar. Isso é sinal de que se ama o próximo verdadeiramente, sinal de respeito, compaixão e evolução.

Sinal inclusive de respeito a si próprio, pois quem não aceita que os sentimentos do outro não sejam recíprocos, fica birrento, chato e desagradável, não só para os que o cercam, mas especialmente para consigo mesmo. Os outros não ficam com você 24 horas por dia, você sim.

Reforço, para aqueles que um dia se pegarem doentes de paixão e se perceberem sem forças para se salvar do caos emocional que ele provoca em nós, que peçam ajuda psicológica e espiritual.

Praticar o Evangelho no Lar é uma das formas mais úteis de ajuda que você pode se dar. O Evangelho no Lar consiste em tirar de 15 a 30 minutos por dia para realizá-lo.

Começando sempre com uma prece, o Pai-Nosso ou uma simples e espontânea prece, valorizando os sentimentos que emergem ao declamá-la.

Depois, lendo um trecho do Evangelho e a seguir meditando a respeito do que leu para obter maior compreensão.

Em seguida, fazendo vibrações positivas pelo seu lar, seus familiares, si próprio... Pelo planeta, pelo país, por sua cidade... Pelos carentes, doentes, no corpo e na alma, pelos idosos... Pela confraternização entre as religiões... Por seus amigos e inimigos... Encerrando com uma prece.

Como o Espiritismo não tem por finalidade combater outras religiões e sim respeitá-las, deixo a cada um a escolha do Evangelho a ser lido. Para os espíritas, o *Evangelho Segundo o Espiritismo*.

E, por favor, não faça do momento do Evangelho no Lar o mesmo que fez Nofretiti, usando a religião somente a seu favor, na busca insana de realizar seus objetivos. Peça ajuda sim para você, mas uma ajuda do bem e não para espezinhar pessoas, colegas, familiares, pessoas que não simpatiza, colegas de trabalho, para que você suba de posto, derrube pessoas do poder ou em prol de qualquer outra interferência bizarra. Ore pelo melhor. E o melhor Deus encaminha.

No entanto, todos devem se lembrar sempre, de que todos merecem ser amados. Como diz Kameni para Açucena diante do Nilo:

"Não te feches para o amor, Açucena. Não é porque um sentimento teu não foi correspondido que tu não nasceste para ter sucesso no amor. Abre teu coração para outro, ainda que ames profundamente quem não correspondeu ao teu amor. E ao fazeres isso, encontrarás com certeza alguém cujo amor vai te surpreender. E vai te fazer muito feliz. E que fará também com que percebas que tu acabaste ficando com a pessoa com que realmente deveria estar. E que essa foi mais uma lição que a vida quis te ensinar."

Essa é uma grande verdade sobre a arte de amar. Lembre-se disso.

Não é só na área afetiva que a *paixão* nos afeta e nos faz cometer loucuras contra nós mesmos e o próximo. Nas demais áreas da vida corremos os mesmos riscos. Área profissional ou econômica, por exemplo.

Tem gente, para não dizer a maioria, que se *apaixona* pelo dinheiro, acorda, toma café da manhã, almoça, janta e vai dormir só pensando nele. E não sossega enquanto não conseguir materializá-lo em proporções numéricas na sua vida.

Almejar um bom trabalho, um salário digno, conforto para si mesmo e sua família e trabalhar com empenho e honestidade para isso, é saudável. Mas viver obcecado por dinheiro é o mesmo que se tornar escravo nas mãos de Ma-Krut em meio a uma caravana pelo deserto. Cometer barbáries para consegui-lo, que vão desde atos desonestos a criminosos, é conquistar a pobreza e não a riqueza. Porque somente as riquezas de caráter seguem com você além da vida e fazem diferenças positivas em vidas futuras.

O mesmo acontece em relação à *paixão* por status. O status exige, cada vez mais de nós, que tenhamos algo ou sejamos algo para nos tornarmos apreciados pelo próximo, pela sociedade e o mais terrível, por nós mesmos. Assim que se conquista uma coisa, surge a necessidade de outra.

Essas *paixões* quando não conquistadas levam muitas pessoas, desequilibradas espiritualmente, às drogas, à bebida em excesso, aos ataques histéricos e à depressão, o que é lamentável.

Para saber se você é uma dessas pessoas obsidiadas por dinheiro e status é só observar se perde o sono quando há uma queda na bolsa de valores ou quando o dólar sobe. Quem possui uma poupança no banco, que tem um trabalho que vai de vento em popa, nunca sofrerá por falta de dinheiro, mas ainda assim se preocupa, movido por sua ganância.

Pessoas obsidiadas pelo dinheiro são aquelas que quanto mais têm, mais querem e, um dia, são obrigadas a aprender que quem tem mais do que precisa ter quase sempre se convence de que não tem o bastante e que sua busca insana pelo dinheiro é tal como a busca pelo poder, quando se conquista, é efêmera. E não é à toa que assim seja, afinal, toda ilusão leva à desilusão.

A paixão por ter um "físico sarado" é outro tipo de *paixão* que complica a vida de muita gente. Malhar faz bem, fazer uma alimentação sadia idem, refresca a cabeça, nos mantém com o corpo flexível, com a autoestima em alta, mas quando o indivíduo se torna obcecado por deixar seu físico cada vez mais "sarado", algo geralmente exigido pela vaidade desmedida, sua vida se transforma num caos emocional também e ao invés de embelezar seu físico, passa a deformá-lo.

A *paixão* por aparência física também nos causa problemas horríveis, é só observar aqueles que vivem fazendo plásticas intermináveis na busca insana de voltar a ter uma aparência de 20, 30 anos atrás ou de que seu rosto se pareça com o padrão de beleza ideal eleito no ano e que no ano que vem já é outro. Cabe aqui mais uma vez a lição da aceitação. Neste caso, aceitar que nosso físico muda a cada fase da vida e que cada uma delas tem suas maravilhas e que todos são diferentemente bonitos, o resto é comparação.

Paixão, seja pelo que for, enquanto nos é saudável é ótima, maravilhosa, mas paixão, quando começa a nos tirar fora do eixo, tornar-se doentia, porta da rua, serventia da casa. Como diz Babeth para Ankh: *"Tudo aquilo de que nos tornamos dependentes na vida não nos faz bem. É altamente perigoso"*. É verdade. É tal e qual um vício. Toda dependência não nos é saudável. Saber conviver com tudo no limite certo é uma bênção. Um sinal de evolução.

A história de Kameni vem para nos mostrar também que não importa aonde você reencarne, você tem sempre condições de superar seus deslizes cometidos em vidas passadas, ao procurar manter sua mente e consequentemente seu coração, cercada de pensamentos positivos, nobres, evitando jamais se debandar para o lado daqueles que comungam com o mal, que o instigam ao mal.

Que esse livro tenha chegado até você no momento certo e que desperte reflexões e mudanças positivas na sua vida, abra novos horizontes, acrescente algo de bom, pois essa é a nossa proposta ao transpor para o papel histórias em forma de romance.

Escrito em setembro de 2006

SUCESSOS BARBARA

Trilogia "Paixões"

LIVRO 1

"Paixões que ferem"

Ela sabia que era errado sentir-se atraída por ele, desejá-lo mais do que tudo e, mesmo assim, o desejo era mais forte que seu bom senso e sua moral e, seu medo de penar pelo resto da vida no inferno.

Ele também não queria, sabia que estaria pecando ainda mais, condenando-se ao inferno eterno se cedesse àquela paixão proibida. Entretanto ele a desejava loucamente. Até quando conseguiria se conter diante dela, ele não sabia, que os céus o ajudassem a se controlar, acalmar o desejo que incendiava seu peito e seu coração.

A vida era mesmo imprevisível. Ele já não sabia mais no que pensar para se esquecer dela, a mulher que desde o temporal desejava ardentemente dia e noite, noite e dia.

Diante do fato, ele percebia mais uma vez o quanto a vida surpreendia a todos com momentos bons e maus, talvez com mais momentos maus do que bons. Ele já sofrera anteriormente, quando o filho, sem querer, tirara o banquinho em que a mãe estava prestes a se sentar e, por isso, ela, grávida, caiu sentada ao chão e perdeu o bebê. Foi horrível, mais horrível foi pensar que o garoto fizera aquilo por querer, embora inconscientemente. Pensar assim era loucura, nenhuma criança chegaria a tanto, fora uma fatalidade, sim, só podia ser, afinal ele não passava de um menino inocente.

O romance "Paixões que ferem" fala do poder do amor unindo casais e mais casais para que cada um de nós nasça e renasça ao longo da vida. Fala do desejo carnal que cega a todos, muitas vezes sem medir as consequências, fala de ciúme e frustração, do desejo insano de prender o outro a você.

Narra a história de duas famílias que vieram tentar a vida no Brasil no século dezoito e as gerações seguintes, reencarnações que culminam nos dias de hoje, provando que as paixões atravessam vidas, e são, para muitos, eternas. Uma obra surpreendente e comovente, respondendo muitas das perguntas que fazemos em relação a nossa existência no cosmos.

LIVRO 2
"O lado oculto das paixões"

Em "O lado oculto das paixões", continuação do romance "Paixões que ferem", o leitor vai conhecer detalhadamente o destino que os descendentes das famílias Corridoni e Nunnari tiveram.

Inaiá Corridoni sonhou com um casamento feliz porque toda mulher almeja ter um, com filhos saudáveis e adoráveis, engrandecendo a felicidade do casal. Viu em Roberto Corridoni o marido ideal, o homem certo para realizar seus sonhos. Estava apaixonada tanto quanto ele parecia estar apaixonado por ela, só não sabia que havia um lado oculto em toda paixão. Mesmo que lhe dissessem, ela não se importaria, tampouco temeria, porque o que ela queria acima de tudo era ser feliz ao lado dele, nem que para isso tivesse de sacrificar a própria felicidade.

O porquê de Roberto ser tão severo para com ela e os filhos seria porque ainda guardava sentimentos por Liberata Nunnari, aquela que no passado pareceu amar perdidamente e, subitamente, abandonou-a por um desejo de vingança? Ninguém sabia ao certo, talvez nem ele soubesse...

O que Inaiá não aceitava em hipótese alguma era o fato de Roberto querer manter a tradição da família: deixar herança só para os filhos homens, para as mulheres nada além de uma casinha modesta. Se quisessem mais do que isso, que procurassem se casar com um bom partido. Foi assim que as filhas acabaram entregues a uma vida limitada e os irmãos a uma vida endinheirada, propiciando o melhor para seus filhos e mulheres. Isso não era certo, não, na sua visão.

Tudo isso a fez adoecer o que acabou alegrando muito o marido e a amante dele que sonhava casar-se com ele de papel passado e morar na casa-grande, linda e aconchegante da maravilhosa fazenda. Ter a vida que sempre sonhou ao lado dele, mas não mais como amante, agora, como esposa legítima.

A esposa só precisava morrer, sim, morrer, para deixar-lhe o caminho livre para realizar seu maior sonho.

Prepare-se, você viverá ainda muitas emoções ao longo desta fascinante história, o segundo livro da trilogia "Paixões".

LIVRO 3
"A eternidade das paixões"

Em a "Eternidade das paixões", continuação do livro "O lado oculto das paixões" o leitor vai se emocionar ainda mais com a saga das famílias Nunnari e Corrridoni.

Muito aconteceu desde que as duas famílias se mudaram para o Brasil na esperança de terem uma nova perspectiva de vida. O impiedoso Roberto Corridoni, por meio da reencarnação, torna-se filho de Florisbela Gallego que se mostra uma mãe amorosa e disposta a lhe dar uma educação que faça dele um ser humano de caráter e brio.

Tempos depois, o misterioso e surpreendente destino leva Roberto à fazenda dos Nunnari onde a saga de ambas as famílias teve início. A impressionante sensação de já ter estado ali acompanha Roberto desde então, e mesmo sua prima lhe dizendo que a sensação acontece por ele, certamente, já ter vivido ali numa vida anterior àquela, Roberto duvida.

Nessa nova encarnação Roberto reencontra Inaiá para uma nova oportunidade de aprendizado no amor e no convívio a dois. Os filhos nascem e Roberto, esquecendo-se dos bons conselhos de sua mãe, torna-se novamente um pai severo e impiedoso, condenando-se a crescer espiritualmente pela dor, a dor que ele insiste em ser sua maior mentora.

Noutra encarnação, Roberto reencontra Madalena, aquela que noutra vida foi sua escrava e permitiu que usassem e abusassem dela sem nenhum respeito. Os dois estarão frente a frente desta vez durante a Segunda Guerra Mundial.

Mais tarde, no Brasil da época do regime militar, todos que tomaram parte nessa história (Elenara, Gianni, Gianluza, Lamartine, Sílvia, Mássimo, Gabriela, entre outros) voltam a se reencontrar, para que juntos possam transpor obstáculos antigos, renovar o espírito, evoluir... Comprovar mais uma vez a eternidade das paixões.

Trilogia "Paixões"

FALSO BRILHANTE

Marina está radiante, pois acaba de conquistar o título de Miss Brasil. Os olhos do mundo estão voltados para sua beleza e seu carisma.

Ela é uma das favoritas do Concurso de Miss Universo. Se ganhar, muitas portas lhe serão abertas em termos de prosperidade, mas o que ela mais deseja, acima de tudo, é ser feliz ao lado de Luciano, seu namorado, por quem está perdidamente apaixonada.

Enquanto isso, Beatriz, sua irmã, se pergunta: como pode alguém como Marina ter tanta sorte na vida e ela não? Ter um amor e ela ninguém, sequer alguém que a paquere?

Pessoas na cidade, de todas as idades, questionam: Como pode Beatriz ser irmã de Marina, tão linda e Beatriz, tão feia, como se uma fosse um brilhante e a outra um diamante bruto?

Entre choques e decepções, reviravoltas e desilusões segue a história dessas duas irmãs cujas vidas mostram que nem tudo que reluz é ouro, nem tudo que brilha é brilhante e que aquilo que ainda é bruto também pode irradiar luz.

A VIDA SEMPRE CONTINUA...

Geórgia perde totalmente o interesse pela vida depois da morte de seu alguém especial. Foram meses de sofrimento até sua partida e muitos outros depois. Só lhe resta agora chorar e aguardar a própria morte, diz ela para si mesma. Acontece então algo surpreendente: uma tia que não via há mais de vinte anos deixa-lhe como herança, a casa no litoral na qual viveu com o marido nos últimos anos de vida. Por causa desta herança, Geórgia é obrigada a ir até o local para decidir o que será feito de tudo aquilo. Acontecimentos misteriosos vão surpreendê-la e resgatá-la do caos emocional, da depressão pós-luto, e dar uma nova guinada em sua vida, na sua existência dentro do cosmos.

A OUTRA FACE DO AMOR

Eles passavam a lua de mel na Europa quando ela avistou, ao longe, pela primeira vez, uma mulher de rosto pálido, vestida de preto da cabeça aos pés, olhando atentamente na sua direção. Então, subitamente, esta mulher arrancou uma rosa vermelha, jogou-a no chão e pisou até destruí-la.

Por que fizera aquilo?Quem era aquela misteriosa e assustadora figura?

E por que estava seguindo o casal por todos os países para os quais iam?

Prepare-se para viver emoções fortes a cada página deste romance que nos revela a outra face do amor, aquela que poucos pensam existir e os que sabem, preferem ignorá-la.

NINGUÉM DESVIA O DESTINO

Heloise ama Álvaro. Os dois se casam, prometendo serem felizes até que a morte os separe.

Surge então algo inesperado.

Visões e pesadelos assustadores começam a perturbar Heloise.

Seriam um presságio?

Ou lembranças fragmentadas de uma outra vida? De fatos que marcaram profundamente sua alma?

Ninguém desvia o destino é uma história de tirar o fôlego do leitor do começo ao fim. Uma história emocionante e surpreendente. Onde o destino traçado por nós em outras vidas reserva surpresas maiores do que imaginam a nossa vã filosofia e as grutas do nosso coração.

SUAS VERDADES O TEMPO NÃO APAGA

No Brasil, na época do Segundo Reinado, em meio às amarguras da escravidão, Thiago conhece a bela Melinda Florentis, moça rica de família nobre e europeia. Disposto a conquistá-la, trama uma cilada para afastar o noivo da moça e assim se casa com ela.

Essa união traz grandes surpresas para ambos, mostrando que atraímos na vida o que almejamos, porém, tudo na medida certa para contribuir com nossa evolução espiritual.

Esta é uma história emocionante para guardar para sempre no seu coração. Um romance que revela que **suas verdades o tempo não apaga** jamais, pois, geralmente, elas sempre vêm à tona e, ainda que sejam rejeitadas, são a chave da libertação pessoal e espiritual.

QUANDO O CORAÇÃO ESCOLHE

(Publicado anteriormente com o título: "A Alma Ajuda")

Sofia mal pôde acreditar quando apresentou Saulo, seu namorado, à sua família e eles lhe deram as costas.

– Você deveria ter-lhes dito que eu era negro – observou Saulo.

– Imagine se meu pai é racista! Vive cumprimentando todos os negros da região, até os abraça, beija seus filhos...

– Por campanha política, minha irmã – observou o irmão.

Em nome do amor que Sofia sentia por Saulo, ela foi capaz de jogar para o alto todo o conforto e *status* que tinha em família para se casar com ele.

Ettore, seu irmão, decidiu se tornar padre para esconder seus verdadeiros sentimentos.

Mas a vida dá voltas e nestas voltas a família Guiarone aprendeu que amor não tem cor, nem raça, nem idade, e que toda forma de amor deve ser vivida plenamente. E essa foi a maior lição naquela reencarnação para a evolução espiritual de todos.

VIDAS QUE NOS COMPLETAM

Vidas que nos completam conta a história de Izabel, moça humilde, nascida numa fazenda do interior de Minas Gerais, propriedade de uma família muito rica, residente no Rio de Janeiro.

Com a morte de seus pais, Izabel é convidada por Olga Scarpini, proprietária da fazenda, a viver com a família na capital carioca. Izabel se empolga com o convite, pois vai poder ficar mais próxima de Guilhermina Scarpini, moça rica, pertencente à nata da sociedade carioca, filha dos donos da fazenda, por quem nutre grande afeto.

No entanto, os planos são alterados assim que Olga Scarpini percebe que o filho está interessado em Izabel. Para afastá-la do rapaz, ela arruma uma desculpa e a manda para São Paulo.

Izabel, então, conhece Rodrigo Lessa, por quem se apaixona perdidamente, sem desconfiar que o rapaz é um velho conhecido de outra vida.

Uma história contemporânea e comovente para lembrar a todos o porquê de a vida nos unir àqueles que se tornam nossos amores, familiares e amigos... Porque toda união é necessária para que vidas se completem, conquistem o que é direito de todos: a felicidade.

A LÁGRIMA NÃO É SÓ DE QUEM CHORA

Christopher Angel, pouco antes de partir para a guerra, conhece Anne Campbell, uma jovem linda e misteriosa, muda, depois de uma tragédia que abalou profundamente sua vida. Os dois se apaixonam perdidamente e decidem se casar o quanto antes, entretanto, seus planos são alterados da noite para o dia com a explosão da guerra. Christopher parte, então, para os campos de batalha prometendo a Anne voltar para casa o quanto antes, casar-se com ela e ter os filhos com quem tanto sonham.

Durante a guerra, Christopher conhece Benedict Simons de quem se torna grande amigo. Ele é um rapaz recém-casado que anseia voltar para a esposa que deixara grávida. No entanto, durante um bombardeio, Benedict é atingido e antes de morrer faz um pedido muito sério a Christopher. Implora ao amigo que vá até a sua casa e ampare a esposa e o filho que já deve ter nascido. Que lhe diga que ele, Benedict, os amava e que ele, Christopher, não lhe deixará faltar nada. É assim que Christopher Angel conhece Elizabeth Simons e, juntos, descobrem que quando o amor se declara nem a morte separa as pessoas que se amam.

POR ENTRE AS FLORES DO PERDÃO

No dia da formatura de segundo grau de sua filha Samantha, o Dr. Richard Johnson recebe uma ligação do hospital onde trabalha, solicitando sua presença para fazer uma operação de urgência numa paciente idosa que está entre a vida e a morte.

Como um bom médico, Richard deixa para depois a surpresa que preparara para a filha e para a esposa para aquele dia especial. Vai atender ao chamado de emergência. Um chamado que vai mudar a vida de todos, dar um rumo completamente diferente do almejado. Ensinar lições árduas...

"Por entre as flores do perdão" fará o leitor sentir na pele o drama de cada personagem e se perguntar o que faria se estivesse no lugar de cada um deles. A cada página viverá fortes emoções e descobrirá, ao final, que só as flores do perdão podem nos libertar dos lapsos do destino. Fazer renascer o amor afastado por uma tragédia.

Uma história de amor vivida nos dias de hoje, surpreendentemente reveladora e espiritual.

A SOLIDÃO DO ESPINHO

Virginia Accetti sonha desde, menina, com a vinda de um moço encantador, que se apaixone por ela e lhe possibilite uma vida repleta de amor e alegrias.

Evângelo Felician é um jovem pintor, talentoso, que desde o início da adolescência apaixonou-se por Virginia, mas ela o ignora por não ter o perfil do moço com quem sonha se casar.

Os dois vivem num pequeno vilarejo próximo a famosa prisão "Écharde" para onde são mandados os piores criminosos do país. Um lugar assustador e deprimente onde Virginia conhece uma pessoa que mudará para sempre o seu destino.

"A Solidão do Espinho" nos fala sobre a estrada da vida a qual, para muitos, é cheia de espinhos e quem não tem cuidado se fere. Só mesmo um grande amor para cicatrizar esses ferimentos, superar desilusões, reconstruir a vida... Um amor que nasce de onde menos se espera. Uma história de amor como poucas que você já ouviu falar ou leu. Cheia de emoção e suspense. Com um final arrepiante.

QUANDO É INVERNO EM NOSSO CORAÇÃO

Clara ama Raymond, um humilde jardineiro. Então, aos dezessete anos, seu pai lhe informa que chegou a hora de apresentar-lhe Raphael Monie, o jovem para quem a havia prometido em casamento. Clara e Amanda, sua irmã querida, ficam arrasadas com a notícia. Amanda deseja sem pudor algum que Raphael morra num acidente durante sua ida à mansão da família. Ela está no jardim, procurando distrair a cabeça, quando a carruagem trazendo Raphael entra na propriedade.

De tão absorta em suas reflexões e desejos maléficos, Amanda se esquece de observar por onde seus passos a levam. Enrosca o pé direito numa raiz trançada, desequilibra-se e cai ao chão com grande impacto.

– A senhorita está bem? – perguntou Raphael ao chegar ali.

Amanda se pôs de pé, limpando mecanicamente o vestido rodado e depois o desamassando. Foi só então que ela encarou Raphael Monie pela primeira vez. Por Deus, que homem era aquele? Lindo, simplesmente lindo. Claro que ela sabia: era Raphael, o jovem prometido para se casar com Clara, a irmã amada. Mas Clara há muito se encantara por Raymond, do mesmo modo que agora, Amanda, se encantava por Raphael Monie.

Deveria ter sido ela, Amanda, a prometida em casamento para Raphael e não Clara. Se assim tivesse sido, ela poderia se tornar uma das mulheres mais felizes do mundo, sentia Amanda. Se ao menos houvesse um revés do destino...**Quando é inverno em nosso coração** é uma história tocante, para nos ajudar a compreender melhor a vida, compreender por que passamos certos problemas no decorrer da vida e como superá-los.

NENHUM AMOR É EM VÃO

Uma jovem inocente e pobre, nascida numa humilde fazenda do interior do Paraná, conhece por acaso o filho do novo dono de uma das fazendas mais prósperas da região. Um rapaz elegante, bonito, da alta sociedade, cercado de mulheres bonitas, estudadas e ricas.

Um encontro que vai mudar suas vidas, fazê-los aprender que **nenhum amor é em vão**. Todo amor que acontece, acontece porque é a única forma de nos conhecermos melhor, nos perguntarmos o que realmente queremos da vida? Que rumo queremos dar a ela? Pelo que vale realmente brigar na nossa existência?

O QUE RESTOU DE NÓS DOIS

Alexandre (herdeiro do laboratório farmacêutico mais importante e próspero do mundo) ao nascer, torna-se o centro da atenção e do amor de seus pais, especialmente de sua mãe.

Anos depois, enfurecido com o nascimento da irmã, chega a pensar, sem pudor algum, sufocá-la durante o sono tranquilo no berço.

Quando maior, cada vez mais fascinado por sua progenitora, passa a disputá-la com o pai, voltando-se contra ele de todas as formas, especialmente ao saber que teve amantes e um filho bastardo. Decide então, assim que possível, descobrir quem é ele para impedi-lo de recorrer à justiça seus direitos na herança do pai.

Ao completar a faculdade, fascinado por Nova York, muda-se para a cidade onde se transforma num dos empresários mais atuantes e revolucionários dos Estados Unidos. É ali que conhece Hefestião, um publicitário em ascensão de quem se torna grande amigo e vive o seu maior desafio, o que o leva para um mundo onde a dor e o amor se confundem.

O pior acontece quando a irmã de Alexandre se apaixona por seu amigo, provocando-lhe ira, reforçando seu ódio por ela.

Em meio a tudo isso, chega o relatório do detetive contratado por Alexandre para descobrir o nome da amante e do filho bastardo do pai. Misteriosamente este relatório desaparece da casa antes que ele possa ler o resultado. Inexplicável também se torna o fato de o detetive ter sumido do país sem deixar pistas.

Mais tarde, ao saber que a irmã vai conceber um herdeiro, Alexandre se vê forçado a gerar um, o mais rápido possível. Casa-se com Roxane, uma linda francesa, que nada suspeita de suas verdadeiras intenções.

Nesse entrementes, o rapaz multimilionário anseia por encontrar a cura para a AIDS, não por querer ajudar as pessoas, mas para marcar presença na história do mundo e lucrar a ponto de se tornar o homem mais rico do planeta.

Entre dores e amores acontece esta história de amor surpreendente e apaixonante, cujo desfecho revela que a maldade humana pode não ter limites, mas o mundo espiritual está atento, não tarda em interceder em nome do bem e da paz mundial.

DEPOIS DE TUDO, SER FELIZ

Greta tinha apenas 15 anos quando foi vendida pelo pai para um homem que a desejava mais do que tudo. Sua inocência não lhe permitia imaginar o verdadeiro motivo da compra.

Sarina, sua irmã, quis desesperadamente ir atrás dela para salvá-la das garras do indivíduo impiedoso, mas o destino lhe pregou uma surpresa, ela apaixonou-se por um homem cujo coração já tinha dona, uma mulher capaz de tudo para impedir sua aproximação.

Em meio a tudo isso, ocorre uma chacina: jovens lindas são brutalmente mortas e Rebecca, a única sobrevivente do caos, quer descobrir quem foi o mandante daquilo para fazer justiça.

Noutra cidade, Gabael, um jovem cujo rosto deformado por uma doença misteriosa, vive numa espécie de calabouço para se esconder de todos que olham horrorizados para ele e o chamam de monstro.

Num vale, Maria, uma linda menina, tenta alegrar todos os confinados ali por causa de uma praga contagiosa, odiada e temida pela humanidade, na época.

Dentre todos os acontecimentos desta fascinante e surpreendente história que se desenrola na época em que Jesus fez inúmeros milagres e marcou para sempre a história do mundo, os personagens vão descobrir que, por mais triste e desafiadora que possa ser a nossa vida, o que nos resta mesmo, depois de tudo, é procurar ser feliz.

Depois de "Falso Brilhante", "Se não amássemos tanto assim", "A outra face do amor", da trilogia "A eternidade das paixões", dentre outros romances de sucesso, o Autor nos leva a mais uma viagem emocionante pelo mundo da literatura espiritual.

LEIA TAMBÉM...

AMANDO EM SILÊNCIO

O DOCE AMARGO DA INVEJA

O AMIGO QUE VEIO DAS ESTRELAS

TEOBALDO, O ELEFANTE

BENEDITO, O DRAGÃO ESPECIAL

ENTRE OUTROS

visite o nosso site: www.barbaraeditora.com.br

Para adquirir um dos livros ou obter informações sobre os próximos
lançamentos da Editora Barbara, visite nosso site:

www.barbaraeditora.com.br
E-mail: barbara_ed@estadao.com.br

ou escreva para:
BARBARA EDITORA
Rua Primeiro de Janeiro, 396 – 81
Vila Clementino – São Paulo – SP
CEP 04044-060
(11) 5594 5385

Contato c/ autor: americosimoes@estadao.com.br
Facebook: Américo Simões
Blog: http://americosimoes.blogspot.com.br